律智知识产权
INTELLEGAL IP ATTORNEYS

知识产权实务文集

北京律智知识产权代理有限公司　编

法律出版社 LAW PRESS · CHINA
北京

图书在版编目(CIP)数据

知识产权实务文集 / 北京律智知识产权代理有限公司编著. -- 北京 : 法律出版社, 2024
ISBN 978-7-5197-8527-7

Ⅰ. ①知… Ⅱ. ①北… Ⅲ. ①知识产权-中国-文集 Ⅳ. ①D923.404-53

中国国家版本馆CIP数据核字(2023)第212790号

知识产权实务文集
ZHISHICHANQUAN SHIWU WENJI

北京律智知识产权代理有限公司 编著

责任编辑 韩梦超
装帧设计 汪奇峰 臧晓飞

出版发行 法律出版社
编辑统筹 司法实务出版分社
责任校对 张翼羽
责任印制 胡晓雅
经　　销 新华书店

开本 710毫米×1000毫米 1/16
印张 19.25 **字数** 388千
版本 2024年3月第1版
印次 2024年3月第1次印刷
印刷 北京新生代彩印制版有限公司

地址:北京市丰台区莲花池西里7号(100073)
网址:www.lawpress.com.cn
投稿邮箱:info@lawpress.com.cn
举报盗版邮箱:jbwq@lawpress.com.cn

销售电话:010-83938349
客服电话:010-83938350
咨询电话:010-63939796

书号:ISBN 978-7-5197-8527-7
定价:119.00元

目　录

知识产权法律研究

知识产权律师观点

知识产权实务探讨

知识产权法律研究

不同国家或地区"抵触申请"制度解读*

韩　冬

新颖性和创造性是判断一件专利申请获得授权的重要指标之一。

一、中国的"抵触申请"制度

根据中国《专利法》第 22 条第 2 款:新颖性,是指该发明或者实用新型不属于现有技术;也没有任何单位或者个人就同样的发明或者实用新型在申请日以前向国务院专利行政部门提出过申请,并记载在申请日以后公布的专利申请文件或者公告的专利文件中。

根据中国《专利审查指南》第二部分第三章第 2.2 节,在发明或者实用新型新颖性的判断中,由任何单位或者个人就同样的发明或者实用新型在申请日以前向专利局提出并且在申请日以后(含申请日)公布的专利申请文件或者公告的专利文件损害该申请日提出的专利申请的新颖性。为描述简便,在判断新颖性时,将这种损害新颖性的专利申请,称为抵触申请。

可见,在中国,抵触申请仅可以用于评价新颖性,而不能用于评价创造性。而且,抵触申请是指**在中国专利局**提出的申请在前、公布在后的专利申请,且包括申请日以前由任何单位或者个人提出,并在申请日之后(含申请日)由专利局作出公布或公告的且为同样的发明或者实用新型的国际专利申请,但不包含在申请日提出的同样的发明或者实用新型专利申请。

---

* 原文于 2022 年 1 月公开发表,编入本书时进行个别修改,由于文章发表时所对应的法律法规如今可能会修改,为保留文章原貌,本书对法条时效性不做过多改动。全书下同。——编者注

需要注意的是,中国《专利法实施细则》第 11 条第 1 款规定:“除专利法第二十八条和第四十二条规定的情形外,专利法所称申请日,有优先权的,指优先权日。”因此作为判断抵触申请标准的申请日将被提前到优先权日。

那么,域外是否也存在与中国类似的抵触申请的概念?抵触申请的适用情况又如何?笔者带着这样的疑问查阅了欧洲、美国、印度等的相关法条,并总结如下:

二、欧洲的“抵触申请”制度

《欧洲专利公约》第 54 条对新颖性进行了规定,其中第 2、3 款如下:

(2)The state of the art shall be held to comprise everything made available to the public by means of a written or oral description, by use, or in any other way, before the date of filing of the European patent application.

(3) Additionally, the content of European patent applications as filed, the dates of filing of which are prior to the date referred to in paragraph 2 and which were published on or after that date, shall be considered as comprised in the state of the art.

也就是说,在欧洲,现有技术应包括:在欧洲专利申请的申请日之前,通过书面表述或口头表述、使用或者任何其他方式为公众所获知的任何事物。此外,现有技术应包括:提交的欧洲专利申请内容,其申请日在第 2 款所指日期之前,并在该日期或该日期之后公布(抵触申请)。

《欧洲专利公约》第 89 条对优先权的效力进行了规定:

Article 89 Effect of Priority Right

The right of priority shall have the effect that the date of priority shall count as the date of filing of the European patent application for the purposes of Article 54, paragraphs 2 and 3, and Article 60, paragraph 2.

在欧洲,优先权的效力仅仅适用于新颖性审查,即在确定现有技术和抵触申请时使用。因此,在确定抵触申请时需要考虑优先权日。

此外,《欧洲专利公约》第 56 条还明确规定了:An invention shall be considered as involving an inventive step if, having regard to the state of the art, it is not obvious to a person skilled in the art. **If the state of the art also includes documents within the meaning of Article 54, paragraph 3, these documents shall not be considered in deciding whether there has been an inventive step。**

《欧洲专利公约》第54条第3款所涉及的抵触申请在判断创造性时不予考虑。

因此,尽管在欧洲抵触申请属于现有技术,但与中国类似,抵触申请仅可以用于评价新颖性,而不能用于评价创造性。

另外,欧洲抵触申请与中国还有一点类似之处在于,该抵触申请必须是本国的专利申请,或者是进入欧洲地区阶段的PCT申请。

三、美国的“抵触申请”制度

在《莱希—史密斯美国发明法案》(AIA)中,实际上并不存在明确的抵触申请制度,但其第102条(a)款第2项中的例外规定包括了类似中国的“抵触申请”的情况。

Section 102(a) Novelty; Prior Art – A person shall be entitled to a patent unless(1)...(2) the claimed invention was described in a patent issued under section 151, or in an application for patent published or deemed published under section 122(b), **in which the patent or application, as the case may be, names another inventor and was effectively filed before the effective filing date of the claimed invention.**

美国的现有技术包括在申请日以前另一发明人的授权或者公开或者已申请(包括优先权)的专利,该专利申请或授权专利包括美国专利、已公开的美国专利申请,以及已公开的指定进入美国国家阶段的PCT申请。这里,指定进入美国国家阶段的PCT申请可以是向美国专利局以外的专利局提交的PCT申请(以英文公开)。

另外,AIA第103条还规定了:A patent for a claimed invention may not be obtained, notwithstanding that the claimed invention is not identically **disclosed as set forth in section 102, if the differences between the claimed invention and the** prior art are such that the claimed invention as a whole would have been obvious before the effective filing date of the claimed invention to a person having ordinary skill in the art to which the claimed invention pertains. Patentability shall not be negated by the manner in which the invention was made。

可见,AIA 第 102 条(a)款所规定的类似抵触申请的现有技术不仅能用于评价新颖性,还能用于评价创造性。

四、印度的"抵触申请"制度

印度《专利法》第 13 条对现有技术以及 prior claim issue(类似抵触申请)进行了规定。

13. Search for anticipation by previous publication and by prior claim—(1) The examiner to whom an application for a patent is referred under section 12 shall make investigation for the purpose of ascertaining whether the invention so far as claimed in any claim of the complete specification—(a) has been anticipated by publication before the date of filing of the applicant's complete specification in any specification filed in pursuance of an application for a patent made in India and dated on or after the 1st day of January, 1912;

(b) is claimed in any claim of any other complete specification published on or after the date of filing of the applicant's complete specification, **being a specification filed in pursuance of an application for a patent made in India and dated before or claiming the priority date earlier than that date.**

(2) The examiner shall, in addition, make such investigation for the purpose of ascertaining whether the invention, so far as claimed in any claim of the complete specification, has been anticipated by publication in India or elsewhere in any document other than those mentioned in sub – section (1) before the date of filing of the applicant's complete specification.

可见,在印度,现有技术的公开日必须早于本申请的申请日。而对于申请日(优先权日)在先、公布在后的印度申请[或具有申请日(优先权日)在先、公布在后的印度同族的专利申请],其虽不属于印度《专利法》规定的现有技术,但属于印度专利的 prior claiming issue。

答复印度专利的 prior claiming issue 与创造性的答复类似，因此可以看作印度《专利法》规定的“抵触申请”不仅可以用于评价新颖性，也可以用于评价创造性。

五、澳大利亚的“抵触申请”制度

澳大利亚《专利法》的附表 1 规定了现有技术基础（prior art base），其中包括类似抵触申请的概念：**Schedule 1** Dictionaryprior art base means：(a) in relation to deciding whether an invention does or does not involve an inventive step or an innovative step：(i) information in a document that is publicly available, whether in or out of the patent area；and (ii) information made publicly available through doing an act, whether in or out of the patent area. (b) **in relation to deciding whether an invention is or is not novel：** (i) information of a kind mentioned in paragraph (a)；and (ii) information contained in a published specification filed in respect of a complete application where：(A) **if the information is, or were to be, the subject of a claim of the specification, the claim has, or would have, a priority date earlier than that of the claim under consideration；** and (B) the specification was published on or after the priority date of the claim under consideration；and (C) the information was contained in the specification on its filing date。

可见，澳大利亚《专利法》的附表 1 规定申请在前、公开在后的专利申请（类似抵触申请）仅可以用于评价新颖性，澳大利亚《专利法》规定的“抵触申请”不仅限于澳大利亚专利。

六、加拿大的“抵触申请”制度

加拿大《专利法》第 28.2 条未披露的主题（类似新颖性条款）中涉及抵触申请：

28.2 Subject – matter of claim must not be previously disclosed

(a)…

(b)…

(c) in an application for a patent that is filed in Canada by a person other than the applicant, and has a filing date that is before the claim date; or...

(d) in an application (the "co – pending application") for a patent that is filed in Canada by a person other than the applicant and has a filing date that is on or after the claim date if

(i) the co – pending application is filed by

(A) a person who has, or whose agent, legal representative or predecessor in title has, previously regularly filed in or for Canada an application for a patent disclosing the subject – matter defined by the claim, or

(B) a person who is entitled to protection under the terms of any treaty or convention relating to patents to which Canada is a party and who has, or whose agent, legal representative or predecessor in title has previously regularly filed in or for any other country that by treaty convention or law affords similar protection to citizens of Canada an application for a patent disclosing the subject – matter defined by the claim,

(ii) **the filing date of the previously regularly filed application is before the claim date of the pending application,**

(iii) **the filing date of the co – pending application is within twelve months after the filing date of the previously regularly filed application, and**

(iv) **the applicant has, in respect of the co – pending application, made a request for priority on the basis of the previously regularly filed application.**

可见,加拿大《专利法》第 28.2 条规定了本案申请人之外的申请人提出的 1) **申请在前的加拿大申请**,或者,2) **申请日不早于本案申请日但具有申请日在前的在先申请的加拿大专利("co – pending application")**可以用于评价新颖性(类似抵触申请)。其中,加拿大《专利法》对"co – pending application"的申请人有详细规定[见上述 28.2(d)(i)(A)(B)]。

28.3(非显而易见)规定了:Invention must not be obvious. The subject – matter defined by a claim in an application for a patent in Canada must be subject – matter that would not have been obvious on the claim date to a person skilled in the art or science to which it pertains, having regard to(a) information disclosed more than one year before the filing date by the applicant, or by a person who obtained knowledge, directly or indirectly from the applicant in such a manner that the information became available to the public in Canada or elsewhere; and(b) information disclosed before the claim date by a person not mentioned in paragraph(a) in such a manner that the information became available to the public in Canada or elsewhere。

可见,第28.3条的非显而易见(类似创造性条款)中没有涉及“抵触申请”,因此,加拿大专利的“抵触申请”仅可用于评价新颖性。

七、印度尼西亚的“抵触申请”制度

印度尼西亚并没有限制抵触申请的申请国家,也没有限制发明人是否为同一发明人。也即,在印度尼西亚《专利法》的规定中,申请在前、公开在后的专利申请(类似抵触申请)既可以用于评价新颖性,也可以用于评价创造性。

笔者为了便于理解,总结出抵触申请相关事项供读者参考,如表1所示。

表1 抵触申请的相关事项

国家/地区	抵触申请是否影响创造性	申请人和/或发明人是否可以相同	非本国申请或非PCT国家阶段是否可以构成抵触申请
中国	否	是	否
欧洲	否	是	否
美国	是	否	是,只要PCT使用英文公布且指定美国,未进入美国国家阶段也构成
印度	是	是	是,只要有申请日在先或优先权日在先的印度同族
澳大利亚	否	是	是
加拿大	否	否	否
印度尼西亚	是	是	是

在实践中,笔者还遇到过如印度案或者加拿大案的审查员在实质审查过

程中直接引用其同类型美国案件的对比文件来反驳创造性的情况,在这种情况下,由于美国与其他各国关于抵触申请存在很大不同,故我们需要首先判断该对比文件在美国之外的其他国家是否也适用。此外,在处理美国案件的过程中,笔者还遇到过对比文件的优先权日在待审案件的申请日之前,但审查员引用的内容并没有记载在优先权文件中的情况,在这种情况下,所引用的内容也是无效的。因此对于涉及优先权文件的情形,在验证对比文件的有效性之后,也要验证审查员所引用的内容的有效性。

对正确拟定专利申请保护主题的一些思考*

勾黎敏

关于什么是高价值专利？我国明确将以下5种情况的有效发明专利纳入高价值发明专利拥有量的统计范围：(1)战略性新兴产业的发明专利；(2)在海外有同族专利权的发明专利；(3)维持年限超过10年的发明专利；(4)实现较高质押融资金额的发明专利；(5)获得国家科学技术奖或中国专利奖的发明专利。以上分别从应用领域、地域、维持年限、运营和获奖的不同宏观角度对高价值专利进行定义，而从微观层面，高价值专利可被定义为：高价值专利＝好的技术方案＋高质量专利申请文件＋高应用。

可见，想要获得高价值专利，高质量专利申请文件的撰写工作是必不可少的重要环节之一，权利要求由保护主题＋连接词＋技术特征构成，本文将从如何正确选择权利要求的保护主题的角度，浅谈高质量专利申请文件中权利要求书的撰写工作。

一、常见的保护主题

根据我国《专利审查指南》，发明创造的技术主题可以是方法、产品、设备或材料。其中，设备或材料也属于产品范畴，而系统(无论是实体系统，还是虚拟系统)其实也属于产品范畴。为了便于说明，本文将“系统”单独作为一类保护主题，即本文将常见的保护主题概括为方法、产品和系统。

---

* 原文于2022年2月公开发表。

如图 1 所示,方法类保护主题主要涉及计算机程序实现的方法和离不开人的统筹方法(如药品制备方法、器件制备方法、需要人机协同实现的方法等),产品类保护主题主要涉及虚拟装置和实体产品/装置(如电路、器件、药品、设备和装置等),系统类保护主题主要涉及实体系统和虚拟系统。

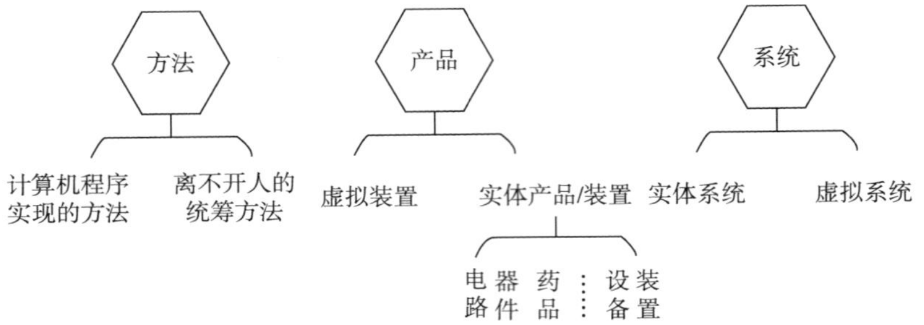

图 1　常见的保护主题

其中,虚拟装置权利要求与方法权利要求对应,虚拟装置权利要求包括多个模块,每个模块对应一个步骤,例如,一种游戏地图生成的装置包括:场景获取模块,用于响应生成游戏地图的指令,获取与所述指令对应的游戏场景;颜色设置模块,用于根据预设的模型类型与颜色之间的映射关系将所述游戏场景中的目标模型设置为对应的颜色;位图生成模块,用于对设置颜色后的所述游戏场景进行航拍,生成初始位图;地图生成模块,用于根据所述初始位图得到与所述游戏场景对应的地图。

而实体系统可以为一种客户端设备、服务器,虚拟系统可以为一种教学功能的视频播放系统(包括教学模块、视频播放模块以及考试模块)。通常虚拟装置中各模块功能的逻辑关联程度相对较高,而虚拟系统中各模块功能的逻辑关联程度相对弱一些,虚拟系统在日常撰写中不是很常见。例如,根据客户想要开发的某一程序(包括不同板块)进行系统性的保护可采用虚拟系统的撰写方式。

二、选取保护主题时要考虑的几个因素

1. 贴合方案本质

考虑方案本质,就是先"虚实",后"关联"。如图 2 所示,首先考虑方案创

新点的虚实:若方案创新点偏重于实现形式,则方案本质侧重产品(实体装置)/实体系统;若方案创新点偏重于原理实现,则方案本质侧重于方法(虚拟装置)/虚拟系统。其次考虑方案中各要素之间的关联程度,对于产品(实体装置)/实体系统,需要考虑要素之间的物理关联程度:若物理距离离得远且在硬件上相对独立,表明要素之间的物理关联程度相对较低,则可以确定保护主题为实体系统;相反,则表明要素之间的物理关联程度相对较高,则可以确定保护主题为产品。对于方法(虚拟装置)/虚拟系统,需要考虑要素之间的逻辑关联程度:若逻辑关联程度高,可以确定保护主题为方法;相反,则可以确定保护主题为虚拟系统。

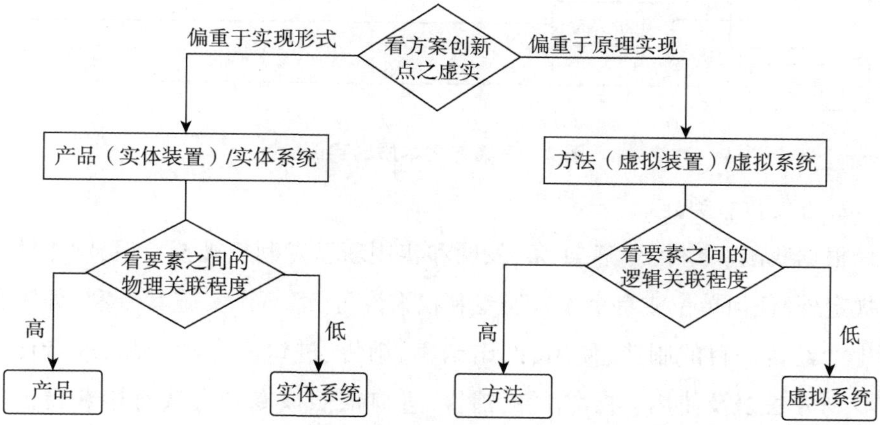

图2　考虑方案本质的因素

如图3所示,是否为实体系统?

该方案的本质为:确定激光和所送粉体对应的静电干扰作用力的大小和方向,根据静电干扰作用力的大小和方向确定粉体在待熔覆基体上的熔覆结果。

如上述例子,通过选择贴合方案本质的保护主题,可以避免在权利要求书中引入"激光器""送粉设备""电极夹持""控制系统"等非必要技术特征,也避免权利要求缺乏"确定激光和送粉对应的激光干扰作用的大小和方向、根据静电干扰作用力的大小和方向确定粉体在待熔覆基体上的熔覆结果"的必要技术特征,此外,也可以使所写(权利要求书)与所用(方案的实际应用情况)保持一致。

因此,选择保护主题时,需要考虑是否贴合方案本质。

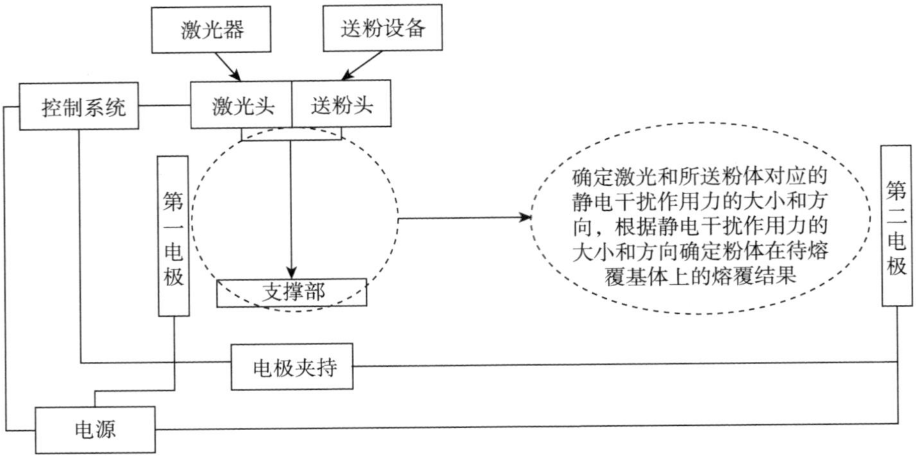

图 3　考虑方案本质的实例

2. 方便侵权判定

根据我国《专利法》第 11 条,发明和实用新型专利权被授予后,除本法另有规定外,任何单位或者个人未经专利权人许可,都不得实施其专利,即不得为生产经营的目的制造、使用、许诺销售、销售、进口其专利产品,或者使用其专利方法以及使用、许诺销售、销售、进口依照该专利方法直接获得的产品。

举个例子:

一种显示面板的制造方法,其特征包括:

在一基板上形成衬底;

在所述衬底的一侧形成驱动层,所述驱动层包括阵列分布的多个薄膜晶体管;

在所述驱动层背离所述衬底的一侧形成发光层,所述发光层设有贯穿所述发光层、所述驱动层和所述衬底的通孔;

形成封装层,所述封装层覆盖所述发光层,且覆盖所述通孔的侧壁;

将所述基板与所述衬底剥离。

针对以上专利申请:

a. 不得使用该方法制造显示面板，取证较难；

b. 即使制造了，也不得对该显示面板进行使用、许诺销售、销售、进口，取证较难。

再举个例子：

一种显示面板，其特征包括：

衬底；

驱动层，设于所述衬底一侧，所述驱动层包括阵列分布的多个薄膜晶体管；

发光层，设于所述驱动层背离所述衬底的一侧，所述发光层设有贯穿所述发光层、所述驱动层和所述衬底的通孔；

封装层，覆盖所述发光层，且覆盖所述通孔的侧壁。

针对以上专利申请：产品结构直观，比较好取证。

由此可见，方法专利可诉性差，产品专利可诉性强，因此对于能够产品化的方法，需要尽可能布局产品权利要求。

但是，针对由计算机程序实现的方法而言，真正需要保护的对象是方法本身，而非依照方法获得的产品。根据我国《专利法》的规定，方法本身只能禁止他人使用，不能禁止他人销售、许诺销售、进口。基于此可以引出布局虚拟装置权利要求的实际意义，即涉及计算机程序的发明专利申请的权利要求可以布局方法权利要求，也可以同时布局产品权利要求（实现该方法的装置）。

根据我国《专利审查指南》，如果装置权利要求中的各组成部分与计算机程序流程的各组成部分与计算机程序流程的各个步骤或者方法权利要求中的各个步骤完全对应一致，则这种装置权利要求中的各组成部分应当理解为实现该程序流程各步骤或者该方法各步骤所必须建立的功能模块。由一组功能模块限定的装置权利要求应当理解为主要通过说明书记载的计算机程序实现该解决方案的功能模块架构，而不应当理解为主要通过硬件方式实现该解决方案的实体装置。

以上可知，虚拟装置权利要求实质上保护的是由计算机程序实现的方法本身，其属于产品权利要求，除可禁止他人使用外，还可禁止他人销售、许诺销售、进口。然而,虚拟装置权利要求在后续维权过程中可能存在不被法院认可的情况,且欧美等可能不认可虚拟装置属于专利保护客体。

例如,美国《专利法》第 101 条规定:“任何人发明或发现任何新的有用的方法、机器、产品或组合物,或对它们的任何新的、有用的改进,都可以因此而获得专利权。”可见,美国《专利法》从正面规定了属于保护客体的四大类别:方法(process)、机器(machine)、产品(manufacture)和组合物(composition of matter)。当包含虚拟装置的权利要求的 PCT 国际申请进入美国时,根据美国《专利法》的相关规定,虚拟装置权利要求不符合美国《专利法》规定的属于保护客体的方法类别和组合物类别。此外,美国审查员通常会将采用“XX 模块,用于 XX”撰写方式的虚拟装置权利要求理解为软件模块,从而认为其不属于美国《专利法》规定的属于保护客体的机器类别和产品类别。

与此同时,美国《专利法》规定,虚拟装置权利要求属于典型的功能性限定装置的方式进行撰写的权利要求,因此当 PCT 国际申请对应的美国国家阶段申请中记载有虚拟装置权利要求时,审查员通常会让申请人指明在说明书中哪个部分描述了虚拟装置权利要求中的装置的具体实现方式。

针对上述问题,在保留虚拟装置权利要求的同时,可以在说明书中除了描述与虚拟装置权利要求对应的实施例外,还可以增加一个实体实施例进行支持。因此,对于由计算机程序实现的方案,布局实体设备权利要求相比布局虚拟装置权利要求显得更具必要性。

3. 保护范围

参见以下两个对比示例:

示例 1:

一种 CT 成像方法,其特征包括:

S1,利用 X 射线对成像物进行扫描,获取初始投影数据,所述初始投影数据包括至少一个成像几何参数的数据。

S2,对所述至少一个成像几何参数进行参数采样并逐次进行模拟 CT 投影,以获取对应的一系列模拟 CT 投影数据。

S3,在所述一系列模拟 CT 投影数据中寻找到与所述初始投影数据最接近的两个模拟 CT 投影数据。

S4,通过差值算法计算获得所述至少一个成像几何参数的更新值。

S5,基于所述至少一个成像几何参数的更新值,进行图像重建,获得所述成像物的 CT 断层图像。

S6,评价所述 CT 断层图像,若符合要求,则输出结果;若不符合要求,则返回至步骤 S2 重新执行。

示例 2:

一种成像设备,其特征包括:

X 射线发生装置,用于发射 X 射线,其包括第一机械手臂和设置于所述第一机械手臂上的 X 射线源。

信号接收装置,用于接收 X 射线,其包括第二机械手臂和设置于所述第二机械手臂上的探测器。

模拟扫描模块,用于选取所述至少一个成像几何参数中的任意一个作为变化参数;将所述至少一个成像几何参数进行参数取样后逐次进行模拟 CT 投影,以获取对应的一系列模拟 CT 投影数据。

更新模块,用于在所述一系列模拟 CT 投影数据中寻找与所述初始投影数据最接近的两个模拟 CT 投影数据,基于所述初始投影数据与所述一系列模拟 CT 投影数据之间的相关性,通过差值算法计算获得所述至少一个成像几何参数的更新值。

重建模块,用于基于所述至少一个成像几何参数的更新值,进行图像重建,获得所述成像物的输出结果。

以上可知,产品权利要求不可避免地限定动作的执行主体或产品形式,把动作所对应的功能限定到某一具体的实体模块上,导致保护范围比方法权利要求小。可见,对于方法专利,保护范围大,维权面广;对于产品专利,保护范围偏小,维权面窄。但方法专利和产品专利各有优势,彼此互补,对于高质量的申请文件撰写,争取做到“两手抓,两手都硬”。

三、总结

对于一份专利申请,保护主题的确定在专利申请文件的撰写过程中,有着基础性、方向性的重要作用,选取保护主题的原则至少包括:贴合方案本质;偏于产品化的方案，产品先行，方法为辅；偏于原理性的方案，方法先行，产品跟进；而由计算机程序实现的方法，同时布局虚拟装置和实体设备，且后者更优先考虑。当然，在实际作业中，还可能存在其他选取原则，但无论如何，均需要代理人多维度思考确定合适的保护主题，甚至可以在满足中国《专利法》规定的情况下，全面、完整地对各个保护主题进行保护，并将技术方案用法律语言进行准确、合理的描述、概括和布局，从而实现专利更高的法律价值。

关于虚假宣传案件中的“造成相关公众误解”要件之认定*

朱　悦

对北京知识产权法院和上海知识产权法院近年的“虚假宣传”案例进行检索,发现两地法院在虚假宣传案件中就“造成相关公众误解”的认定标准并不完全相同。根据我国《反不正当竞争法》(2019 修正)第 8 条第 1 款,经营者不得对其商品的性能、功能、质量、销售状况、用户评价、曾获荣誉等作**虚假**或者**引人误解**的商业宣传,欺骗、误导消费者。同时,最高人民法院《关于审理不正当竞争民事案件应用法律若干问题的解释》(2020 修正)第 8 条对“引人误解的虚假宣传行为”作了进一步解释,并列举了经营者具有三种行为之一①,足以造成相关公众误解的,可以认定为《反不正当竞争法》第 9 条第 1 款规定的引人误解的虚假宣传行为②。

虽然上述条文将“虚假”和“引人误解”的商业宣传并列为受法律规制的不正当行为,但“虚假”的商业宣传要被规制,还需要以“造成相关公众误解”为必要条件,即虚假信息也必须“引人误解”才被规制,否则如不正当竞争民

---

* 原文于 2022 年 3 月公开发表。

① 三种行为包括:(1)对商品作片面的宣传或者对比的;(2)将科学上未定论的观点、现象等当作定论的事实用于商品宣传的;(3)以歧义性语言或者其他引人误解的方式进行商品宣传的。

② 该解释已被最高人民法院《关于适用〈中华人民共和国反不正当竞争法〉若干问题的解释》(法释〔2022〕9 号)废止。以下同。

事案件的司法解释[①]所述“以明显的夸张方式宣传商品，不足以造成相关公众误解的，不属于引人误解的虚假宣传行为”。

法律和司法解释虽是明确的，但笔者发现，在司法实践中，两地法院对“造成相关公众误解”的理解不同，北京法院的理解趋于“引起错误的认知”即可，上海法院的理解趋于“引起误解并足以造成被侵权人损失”，两地法院的代表性案例如下。

一、北京知识产权法院的两例判决

• 案例1：(2020)京73民终2186号，北京禧乐峰旅游有限公司等与北京新赛点体育投资股份有限公司虚假宣传纠纷上诉案

从判决书记载的内容来看，一审**北京市朝阳区人民法院**认为：“针对序号8‘2003年，已拥有中国**最大的**高尔夫会员俱乐部’、序号10‘延续了中国年度订场量的**最高记录**’、序号12‘1998年—2004年作为华堂国际高尔夫俱乐部的独家会籍代理商，连续三年占据北京总计20多个球场年会籍总销售量的50%以上，该记录保持至今’等内容，三被告未举证证明相关事实，俱乐部拥有高尔夫会员多少、订场数量、会籍总销量情况也确实会影响消费者对企业经营规模、服务质量的判断，最终影响其消费行为。**该没有事实依据的宣传确有可能不正当提升三被告自身的市场竞争优势，从而获得更多的交易机会，一定程度上损害了其他同行业竞争者的利益，特别是与之具有相同市场的新赛点公司，破坏公平竞争的市场经济秩序，故上述宣传内容构成虚假宣传。**”二审**北京知识产权法院**认为：“三上诉人未能提供充分证据证明涉案序号8-12中宣传内容的事实依据，其相关数据并不真实、准确且缺乏出处，**其关于‘最长久’‘最丰富’‘最高纪录’‘最大’等宣传在不当提升自身企业形象的同时贬损了其他同行业竞争者；三上诉人的上述涉案宣传足以误导相关消费者的选择从而获得更多的交易机会，同时损害其他同行业竞争者的利益，故应认定构成虚假宣传行为**。在公司网站上将另一公司列为合作机构足以造成相关公

---

① 包括最高人民法院《关于审理不正当竞争民事案件应用法律若干问题的解释》(2020修正)和2021年8月18日发布的最高人民法院《关于适用〈中华人民共和国反不正当竞争法〉若干问题的解释(征求意见稿)》(现已失效)。

众误解两者存在业务往来。”

• 案例 2:(2019)京 73 民终 3643 号,北京中创东方教育科技集团有限公司与北京市海淀区启航考试培训学校虚假宣传纠纷上诉案

一审北京市海淀区人民法院认为:“本案中启航学校举证证实中创公司在其网站进行的宣传中,部分内容与其实际经营的情况不符,包括师资情况、学校规模、历史业绩、获得荣誉情况等,与中创公司成立时间不符,部分年份的陈述明显相互矛盾,部分内容过于夸张,明显非中创公司的实际经营状况和业绩。其称承继了中创培训学校的相关荣誉,亦未举证证实上述荣誉系该学校取得。**上述内容均为考研行业的核心要素和卖点,系足以让人误解的虚假宣传行为。中创公司以此造成相关公众误解,获得竞争优势,损害了同行竞争者的合法权益。**”二审**北京知识产权法院**认为:“**中创公司针对考研行业的核心要素和卖点进行虚假宣传,进而取得竞争优势,会削弱作为同业经营者的启航学校的竞争优势,启航学校会因此受到直接或间接的损害**……”

从北京知识产权法院的两个案例可知,法院论证了虚假宣传行为会给相关公众造成错误的认知,侵权人会因此获得竞争优势,损害同行竞争者的合法权益,因此即便在这两个案件中原告都未举证该虚假宣传给其造成了何种针对性的、特定的损害,法院仍坚持认为被侵权人作为同行业竞争者,必然属于被侵权人之一,因此侵权人实施的行为会损害特定被侵权人的合法权益,构成虚假宣传。

二、上海知识产权法院的两例判决

• 案例 3:(2021)沪 73 民终 444 号,上海南翔食品股份有限公司与上海豫园旅游商城(集团)股份有限公司等不正当竞争纠纷上诉案

一审**上海市杨浦区人民法院**认为:“关于南翔馒头店内名为‘南翔小当家文化亲子活动’宣传册中有‘作为小笼鼻祖的百年南翔馒头店’字样所涉及的宣传,考虑到南翔馒头店的创办人吴某与南翔小笼的创制者日华轩的黄明贤的历史联系,**虽‘鼻祖’一词可能涉及绝对化的用语从而不符合相关广告法律法规的规定,但被诉的相关宣传尚未构成《反不正当竞争法》意义上的虚假宣传行为。**”二审**上海知识产权法院**认为:“涉案相关南翔馒头店内张贴的宣传图文、宣传册等处所载‘天下一笼’‘小笼鼻祖’‘笼的传人’‘2014 年……南翔小笼馒头制作技艺被定为国家级非物质文化遗产’‘上海南翔小笼的正源与代表’‘……没吃过城隍庙的南翔小笼馒头，就等于没到过上海一说’等内容，**均存在一定的事实基础、客观依据，虽有一定程度的夸大，但尚不构成《反不正当竞争法》意义上的虚假宣传行为。**”

• 案例 4：(2019) 沪 73 民终 311 号，上海河姆渡实业发展有限公司商标权权属、侵权纠纷上诉案

一审上海市浦东新区人民法院认为：“仅凭单个平台‘业内最低价’的宣传用语不会产生左右消费者选择的宣传效果。河姆渡公司平台亦不可能从该广告语中不当获得较康普公司及其他同业竞争者更多的竞争利益。该广告语不会造成康普公司及其他同业竞争者利益受损。因此，河姆渡公司该行为虽有不妥，但不构成虚假宣传。”二审上海知识产权法院驳回康普公司上诉，维持原判。

从上海知识产权法院的案例可知，法院除论证了虚假宣传行为会给相关公众造成错误的认知，侵权人会因此获得竞争优势，损害了同行竞争者的合法权益外，还要求被侵权人对其遭受的特定损失予以说明，否则不予支持原告的主张。特别地，在上海知识产权法院的下述案件中，一审上海市杨浦区人民法院和二审上海知识产权法院对“引起误解并足以造成被侵权人损失”的观点给出了明确详述。

• 案例 5：(2017) 沪 73 民终 330 号，深圳市新益技术有限公司与上海益麦电磁技术有限公司虚假宣传纠纷上诉案

一审上海市杨浦区人民法院认为，益麦公司这种虚假、不真实的宣传，可能会使相关公众对益麦公司的规模、技术水准造成误认，但是无论相关公众是否会产生混淆或者误认，新益公司并未举证证明益麦公司的上述宣传行为使新益公司自身受到了直接损害，**即使益麦公司的上述宣传行为可能违反相关管理规定，可以由有关行政主管部门处理，但并不能得出新益公司遭受了直接损害的结论**。因此，**不能简单地以相关公众可能产生误导性后果来代替新益公司对自身受到损害的证明责任**。本案中，新益公司现有证据不能得出益麦公司的上述宣传行为及其可能存在的市场混淆行为构成对新益公司的不正当竞争。

二审上海知识产权法院认为，从上诉人新益公司在本案中主张的4项被控虚假内容来看，均是对被上诉人益麦公司自身情况的宣传，虽经一审法院查明存在不实，且可能会使相关公众对被上诉人的规模和技术水准产生误认，**但所宣传内容并未提及或指向上诉人**，在此情况下，作为同业竞争者的上诉人属于非特定被侵权人，即便被上诉人因被控虚假宣传行为增加了商业机会获取的可能性，也**不能因此得出必然会对上诉人造成损害后果的结论**，故与特定权利受到侵害的著作权、商标权、专利权或商业秘密等其他知识产权案件的被侵权人不同，此类案件不应存在可能遭受损失而请求侵权赔偿问题。**只有当提起泛主体不正当竞争纠纷之诉的被侵权人同时举证证明其合法权益因被控虚假宣传行为已遭受直接损害时，其才有权要求被控侵权行为实施者对其承担相应的民事责任**。因此，一审法院将对同业者造成直接损害作为本案被控虚假宣传构成与否的认定基本条件之一，并无不当。

除北京知识产权法院与上海知识产权法院的案例外，笔者还列举广州知识产权法院的一个案例，该案的审理思路与上海知识产权法院相同。

• 案例6：(2018)粤73民终4628号，广州粤蒲文化传播有限公司与深圳粤蒲文化传播有限公司不正当竞争纠纷上诉案

二审广州知识产权法院认为：“至于‘粤语地区第一好玩微信’宣传语的问题，因其中用语未涉及具体内容及服务的比较，且广州粤蒲公司也未能举证证实该用语会误导相关消费者，广州粤蒲公司主张该宣传语构成不正当竞争依据不足，一审法院对此不予采纳亦无不当，本院予以维持。”

笔者在检索虚假宣传案例中发现，虽然在此类案件中，法律或司法解释从未要求将被侵权人的“直接损害”作为认定要件，但像上海知识产权法院、广州知识产权法院等还是会区分《反不正当竞争法》和《广告法》对虚假宣传的不同认定标准，考虑是否存在“针对被侵权人的特定损害”。就上述案例3中，上海法院更是直接点出被诉的部分相关宣传可以通过广告法律法规进行规制——“虽‘鼻祖’一词可能涉及绝对化的用语**从而不符合相关广告法律法规的规定**，但被诉的相关宣传尚未构成《反不正当竞争法》意义上的虚假宣传行为”。而北京的法院则把广告法律法规的相关规定也纳入不正当竞争法的规则体系中，比如，北京市高级人民法院于2016年4月发布的《关于涉及网络知识产权案件的审理指南》第36条就明确规定：在宣传自身及其相关产品或者服务时，使用“国家级”“最高级”“最佳”等用语等的行为，足以造成相关公众误解的，可以认定为《反不正当竞争法》第9条第1款规定的引人误解的虚假宣传行为。

经验与展望:我国惩罚性赔偿制度司法实践的类型化梳理*

张孟春　邓思涵

如何适用惩罚性赔偿是知识产权侵权案件的焦点问题。2021 年 3 月,最高人民法院颁布的《关于审理侵害知识产权民事案件适用惩罚性赔偿的解释》(以下简称《惩罚性赔偿解释》)和《侵害知识产权民事案件适用惩罚性赔偿典型案例》(以下简称《惩罚性赔偿典型案例》)明确了惩罚性赔偿在知识产权案件中的适用要件和裁判思路,对于正确适用惩罚性赔偿具有很强的司法指引作用。

本文在研究相关法律法规、典型案例和其他在先案例,以及总结我们代理的适用惩罚性赔偿案例的基础上,对惩罚性赔偿司法实践,特别是对其适用要件进行类型化梳理,并就证据搜集策略提出建议。

一、惩罚性赔偿适用要件的法律规定

2013 年 8 月修正的《商标法》首次在知识产权法律中规定惩罚性赔偿条款,即惩罚性赔偿的适用需要建立在构成商标侵权的基础上,并满足"恶意"和"情节严重"两个要件。此后,《民法典》《种子法》《反不正当竞争法》《专利法》《著作权法》等也都对惩罚性赔偿的适用要件进行了规定。此外,最高人民法院及一些地方法院针对如何在司法实践中具体适用惩罚性赔偿条款进行

---

* 原文于 2021 年 10 月公开发表。

了进一步的细化规定。

根据前述法律和司法解释的规定,中国知识产权惩罚性赔偿制度的构成要件分为主观要件和客观要件,主观要件为“故意”(“恶意”),客观要件为“情节严重”。值得注意的是,2019 年《商标法》将主观要件表述为“恶意”,2019 年《反不正当竞争法》以及北京市高级人民法院 2020 年 4 月公布的《关于侵害知识产权及不正当竞争案件确定损害赔偿的指导意见及法定赔偿的裁判标准》亦延续了《商标法》的表述,但《民法典》等其他法律或司法解释均将主观要件规定为“故意”,在表述上存在不一致。

为统一司法适用,最高人民法院在《惩罚性赔偿解释》中明确“故意”与“恶意”的含义是一致的,并规定“故意”包括《商标法》和《反不正当竞争法》规定的“恶意”,以防止产生“恶意”适用于商标、不正当竞争领域,而“故意”适用于其他知识产权领域的误解。

二、适用惩罚性赔偿的主观要件——故意实施侵权行为

根据《惩罚性赔偿解释》第 3 条第 1 款,侵害知识产权的故意的认定,人民法院应当综合考虑被侵害知识产权客体类型、权利状态和相关产品知名度、被告与原告或者利害关系人之间的关系等因素。

鉴于主观要件“故意”的本质属性是人的主观心理状态,因此需要根据侵权人的客观行为进行推定。《惩罚性赔偿解释》和相关司法案例已对此进行了大量的探索,比如,《惩罚性赔偿解释》第 3 条第 2 款规定:“对于下列情形,人民法院可以初步认定被告具有侵害知识产权的故意:(一)被告经原告或者利害关系人通知、警告后,仍继续实施侵权行为的;(二)被告或其法定代表人、管理人是原告或者利害关系人的法定代表人、管理人、实际控制人的;(三)被告与原告或者利害关系人之间存在劳动、劳务、合作、许可、经销、代理、代表等关系,且接触过被侵害的知识产权的;(四)被告与原告或者利害关系人之间有业务往来或者为达成合同等进行过磋商,且接触过被侵害的知识产权的;(五)被告实施盗版、假冒注册商标行为的;(六)其他可以认定为故意的情形。”

根据前述规定并结合相关典型案例,认定为“故意”的情形可分为如下五

类:基于通知认定"故意",基于特定关系认定"故意",基于盗版、假冒认定"故意",基于知名度认定"故意",基于同一地域同领域认定"故意"。具体分析如下:

(一)基于通知认定"故意"

1. 通知、警告、行政处罚:被告经原告或者利害关系人通知、警告或受到行政处罚后,仍继续实施侵权行为的

案例1:在巴洛克木业(中山)有限公司诉浙江生活家巴洛克地板有限公司、太仓市城厢镇门迪尼地板商行等侵害商标权纠纷案中,**权利人多次发送侵权警告函**……完成了对侵权人故意的举证。①

2. 和解协议:达成和解协议后,再次实施侵权行为的

案例2:在原告平衡身体公司诉被告永康一恋运动器材有限公司侵害商标权纠纷案中,**被告早在2011年已因出口西班牙的产品涉嫌侵权而被原告发函警告,并最终与原告签署和解协议,被告承诺今后不会从事任何可能侵犯或妨碍原告所拥有的工业产权的活动,但时隔几年之后,被告被再次发现生产销售侵犯原告注册商标专用权的产品**。被告侵权恶意极其严重。②

3. 生效判决:侵权人或者其控股股东、法定代表人等在生效判决作出后,重复或变相重复实施相同侵权行为的

案例3:在广州天赐高新材料股份有限公司等与安徽纽曼精细化工有限公司等侵害技术秘密纠纷案中,**安徽纽曼公司的前法定代表人刘某在关联的刑事案件中因侵害技术秘密被追究刑事责任,仍继续实施侵权行为**,销售范围多至20余个国家和地区,主观故意明显。③

(二)基于特定关系认定"故意"

1. 关联关系:被告或其法定代表人、管理人是原告或者利害关系人的法定代表人、管理人、实际控制人的

案例4:在广州市红日燃具有限公司与广东智美电器股份有限公司等侵

---

① 参见江苏省高级人民法院民事判决书,(2017)苏民终1297号。
② 参见上海市浦东新区人民法院民事判决书,(2018)沪0115民初53351号。
③ 参见最高人民法院民事判决书,(2019)最高法知民终562号。

害商标权纠纷案中，**被告之一石某文曾是广州红日公司市场部员工，具有明显的主观故意**。①

2. 合作关系：被告与原告或者利害关系人之间存在劳动、劳务、合作、许可、经销、代理、代表等关系，且接触过被侵害的知识产权的

同案例1：法院认定，**浙江巴洛克公司根据巴洛克木业公司的委托生产地板，在双方合作终止后，浙江巴洛克公司仍继续使用"巴洛克"企业字号以及巴洛克木业公司注册商标相同或近似的标识**……具有明显的主观故意。

3. 业务往来：被告与原告或者利害关系人之间有业务往来或者为达成合同等进行过磋商，且接触过被侵害的知识产权的

案例5：在福建某公司诉上海某公司、某食品加工厂侵害商标权纠纷案中，**上海某公司明知福建某公司向其出具的《授权书》为寄售使用，且不包含被诉侵权商品**，仍然向网络销售平台提供该《授权书》，以该欺骗手段使该平台审核通过，侵权手段恶劣，主观故意明显。②

（三）基于盗版、假冒认定"故意"

盗版假冒：被告实施盗版、假冒注册商标行为的

案例6：在五粮液股份有限公司诉徐某华等人侵害商标权纠纷案中，**徐某华等人大量销售五粮液白酒的仿冒商品，其使用的标识与五粮液公司涉案商标相同或高度近似，仿冒商品的包装装潢及标识使用位置与五粮液白酒的包装装潢及商标使用位置几乎完全相同**，具有明显全面模仿的主观故意。③

（四）基于知名度认定"故意"

1. 驰名商标：侵权人在相同或类似商品上使用权利人驰名商标

案例7：在内蒙古鄂尔多斯资源股份有限公司诉北京米琪贸易有限公司侵害商标权纠纷案中，**"鄂尔多斯"系列商标在字体设计上具有较强显著特**

---

① 参见广东省高级人民法院民事判决书，(2019)粤民终477号。

② 参见《鼓楼法院宣判全市首例知识产权惩罚性赔偿案件》，载微信公众号"福州市中级人民法院"2021年10月13日，https://mp.weixin.qq.com/s/Tr0CLOxZ7WcYrrDdzn5yMQ。

③ 参见浙江省杭州市中级人民法院民事判决书，(2020)浙01民终5872号。

征,且在服装类商品上经过使用已具有较高的知名度,曾被商标局认定为驰名商标……被告具有明显的主观故意,符合惩罚性赔偿的适用条件。①

2. 申请注册近似商标:侵权人抢注权利人驰名商标,或商标注册申请被认为与在先商标近似,驳回后继续使用

案例 8:在大自然家居(中国)有限公司诉福建因尔心安木业有限公司、周某良等侵害商标权纠纷案中,**周某良在地板商品上注册了大量与大自然公司涉案商标近似的被诉侵权商标,在被诉侵权商标无效宣告期间及行政诉讼一审判决后**……周某良、因尔心安公司属于恶意侵权且侵权情节严重,符合惩罚性赔偿的适用条件。②

(五)基于同一地域同领域认定"故意"

同一地域竞争者:被告与原告处于同一地域,且属于同领域竞争者的

案例 9:在北京炎黄盈动科技发展有限责任公司诉亚马逊通技术服务(北京)有限公司等侵害商标权纠纷案中,**亚马逊公司作为与炎黄盈动公司同在一个地域范围内的竞争者,明知炎黄盈动公司享有涉案商标的专用权,仍与光环新网公司共同实施本案被控侵权行为**……属于恶意侵犯商标专用权的行为且情节严重,符合适用惩罚性赔偿的条件。③

三、适用惩罚性赔偿的客观要件——情节严重

《惩罚性赔偿解释》第 4 条规定:对于侵害知识产权情节严重的认定,人民法院应当综合考虑侵权手段、次数,侵权行为的持续时间、地域范围、规模、后果,侵权人在诉讼中的行为等因素。被告有下列情形的,人民法院可以认定为情节严重:(1)因侵权被行政处罚或者法院裁判承担责任后,再次实施相同或者类似侵权行为;(2)以侵害知识产权为业;(3)伪造、毁坏或者隐匿侵权证据;(4)拒不履行保全裁定;(5)侵权获利或者权利人受损巨大;(6)侵权行为可能危害国家安全、公共利益或者人身健康;(7)其他可以认定为情节严重的

① 参见北京知识产权法院民事判决书,(2015)京知民初字第 1677 号。

② 参见江苏省苏州市中级人民法院民事判决书,(2020)苏 05 民初 60 号。

③ 参见北京市高级人民法院民事判决书,(2018)京民初 127 号。

情形。

根据前述规定并结合相关典型案例，认定为“情节严重”的情形可分为“侵权行为性质恶劣”和“侵权行为后果严重”两类。具体分析如下：

（一）侵权行为性质恶劣

1. 重复侵权：因侵权被行政处罚或者被法院裁判承担责任后，再次实施相同或者类似侵权行为

案例10：在阿迪达斯有限公司与阮某强等人侵害商标权纠纷案中，**阮某强曾三次因销售侵害阿迪达斯公司商标权的鞋帮商品被处以行政处罚**……主观故意十分明显、侵权情节严重，符合适用惩罚性赔偿的条件。[①]

2. 以侵权为业：以侵害知识产权为业

同案例3：法院认定，**安徽纽曼公司自称是专业研发、生产、销售被诉侵权商品的企业，且没有证据证明其还有其他产品，故一审法院认定其完全以侵权为业**。

3. 证据妨害：伪造、毁坏或者隐匿侵权证据

同案例3：法院认定，**安徽纽曼公司在一审阶段无正当理由拒不提供相关会计账册和原始凭证，构成举证妨碍**，足见其侵权主观故意之深重、侵权情节之严重。

4. 不履行保全：拒不履行保全裁定

同案例4：法院认定，**广东智美公司等在一审法院作出停止在消毒柜、集成灶等商品上使用广州红日公司涉案商标的行为保全裁定后，仍继续实施侵权行为**，且侵权规模较大，侵权情节严重。

5. 全方位侵权：侵权行为方式多样，属于知识产权全方位侵权

案例11：在兰西佳联迪尔油脂化工有限公司、约翰迪尔（丹东）石油化工有限公司等与约翰迪尔（中国）投资有限公司、迪尔公司侵害商标权纠纷案中，**约翰迪尔北京公司、约翰迪尔丹东公司及兰西佳联迪尔公司实施的被诉侵权行为方式多样……在商标侵权的同时实施了多种不正当竞争行为，属于商**

① 参见浙江省温州市中级人民法院民事判决书，（2020）浙03民终161号。

标、不正当竞争全方位侵权。因此将根据 2013 年《商标法》第 63 条,对于恶意侵犯商标专用权,情节严重的,按照上述方法确定数额的 3 倍确定赔偿数额。①

(二)侵权行为后果严重

1. 获利巨大:侵权获利或者权利人受损巨大

案例 12:在小米科技有限责任公司等诉中山奔腾电器有限公司等侵害商标权纠纷案中,**被告被诉侵权的 23 家店铺侵权获利逾 2000 万元人民币**,江苏省高级人民法院适用 3 倍惩罚性赔偿后全额支持了小米公司 5000 万元的损害赔偿诉讼请求。②

2. 损失巨大:侵权行为对权利人的商誉、市场份额等合法权益造成严重损害

同案例 1:法院认定,**巴洛克木业公司 2015 年及 2016 年因被告销售侵权商品而损失的利润约为 868.708 万元,因价格侵蚀而损失的利润已超过 1000 万元。巴洛克木业公司的实际损失已逾 1800 万元**,江苏省高级人民法院适用 2 倍惩罚性赔偿后全额支持了巴洛克木业公司主张的 1000 万元损害赔偿。

3. 危害公共利益:侵权行为可能危害国家安全、公共利益或者人身健康

案例 13:在欧普照明股份有限公司诉广州市华升塑料制品有限公司侵害商标权纠纷案中,华升公司注册的经营范围和批准的经营项目并不包含照明灯具的制造,加上灯类产品属于国家强制认证产品,**产品质量不合格极易引发安全事故,损害消费者利益,影响社会公共安全**。华升公司的侵权行为影响大,后果较为严重,足以认定属于情节严重情形。③

四、举证策略建议

惩罚性赔偿是打击恶意侵犯知识产权行为的重要武器,适用该条款的核

---

① 参见北京知识产权法院民事判决书,(2016)京 73 民初 93 号;北京市高级人民法院民事判决书,(2017)京民终 413 号。

② 参见江苏省高级人民法院民事判决书,(2019)苏民终 1316 号。

③ 参见广东省高级人民法院民事判决书,(2019)粤民再 147 号。

心策略在于从“故意”和“情节严重”主客观要件着手，全方位多维度搜集证据证明侵权人具有主观故意且行为性质恶劣或行为结果严重，从而依法适用惩罚性赔偿条款。此外，惩罚性赔偿的适用要件“故意”和“情节严重”也与惩罚性赔偿数额的基数和倍数计算直接相关。

据此，我们建议权利人在诉讼过程中可以从表 1 所示的角度收集和整理证据：

表 1　主客观要件的证据

主观要件的证据
(1)权利人获奖情况、销量情况等知名度证据；
(2)侵权人重复侵权的证据，如权利人曾发送的律师函、警告函，各方达成的和解协议，法院作出的生效裁判，行政机关作出处罚等；
(3)调查侵权人成立时间、住所地、从事行业及与权利人之间的人员关系、合作关系等信息；
(4)调查侵权人商标注册情况，有无抢注权利人商标及驳回等情形；
(5)侵权人的具体侵权行为、侵权规模、侵权形式等证据。
客观要件的证据
(1)侵权人重复侵权的证据，如侵权人是否被行政处罚或已受到法院判决或保全裁定；
(2)侵权人的具体侵权方式、销售产品的情况或是否存在证据妨害行为；
(3)侵权商品售价、销量、行业利润率等侵权获利证据；
(4)权利人销量减少、价格降低等实际损失证据以及市场份额减少的证据；
(5)侵权行为对公共利益造成的损害等证据。

在笔者代理的原告平衡身体公司诉被告永康一恋运动器材有限公司侵害注册商标专用权民事纠纷案中，我们从被告签署协议后继续侵权以及被告全面抄袭原告产品两个维度证明了被告具有侵权的“故意”，并且从侵权行为影响范围大、侵权产品存在质量问题、对原告商誉造成严重不利影响三个方面论证了侵权行为“情节严重”，据此，上海市浦东新区人民法院突破性地认定被告应承担惩罚性赔偿，全额支持了原告 300 万元的损害赔偿诉讼请求。该案是上海地区法院第一例适用惩罚性赔偿的知识产权案件，并被评选为最高人民法院 2019 年中国法院 10 大知识产权案件。上海浦东新区人民法院通过对

主观恶意大的重复侵权行为人施加惩罚性赔偿,不仅给侵权人以极大的威慑力,也为惩罚性赔偿的适用提供了很好的指引。笔者期待司法实践中涌现出更多的优秀案例,进一步规范和完善我国惩罚性赔偿制度。

美国同族专利审查意见对创造性答辩的启发*

祁竹轩

前　言

同族专利是基于同一优先权文件，在不同国家或地区，以及地区间专利组织多次申请、多次公布或批准的内容相同的一组专利文献。研究同族专利在其他国家的审查文件对我们答复该专利在本国专利局的审查意见往往具有启发性，能起到事半功倍的效果。为更好地利用同族专利的审查意见，本文以美国专利商标局的同族专利审查意见为研究对象，就美国的发明专利创造性审查标准进行简要梳理，并探讨中美评价创造性的标准的异同，以便准确有效地进行借鉴，从而提高答复审查意见的质量及效率。

一、美国发明专利创造性评价标准

（一）法条规定

美国《发明法案》（AIA）第103条规定了非显而易见性的一般概念，即如果要求保护的发明与现有技术之间的差异使要求保护的发明整体在要求保护的本发明的有效申请日之前对于要求保护的所属技术领域的普通技术人员来说是显而易见的，则可能无法获得要求保护的发明的专利。① 此外，还在以下法院典型案例中形成了评价创造性的具体标准：

---

* 原文于2022年12月公开发表。

① See AIA 103 or 35 U. S. C. 103.

(二)法院判例

1. Graham v. John Deere 案

Graham v. John Deere 案[①]为美国联邦最高法院审理涉及美国《专利法》第103条的第一案(1966年),最高法院在该案中确立了判断创造性的Graham框架,其包括三个要素:

(1)现有技术的范围和内容;

(2)现有技术和本发明的区别;

(3)相关领域的普通技术水平。

此外,还提出多个辅助判断考量的要素,如取得商业上的成功、解决了长期困扰的问题、其他人的失败等。

2. KSR v. Teleflex 案

在Graham案之后,判断专利是否具有创造性仍面临着一个问题,即在分析前述三个要素后,如何最终判断发明是否具有非显而易见性,自由度仍然很大,Graham案对此并没有进一步明确具体标准。面对该问题,美国联邦上诉法院指出,在判断非显而易见性的时候需要注意避免"事后诸葛亮"(hindsight bias),因此,需要仔细界定现有技术的范围,并限制所参考的现有技术的结合,考虑辅助考量因素。为此,美国联邦上诉法院提出了教导—启示—动机(teaching,suggestion or motivation,TSM)检验法,即只有当现有技术中存在教导、启示或动机,才能将现有技术结合起来,从而才能评价专利的非显而易见性。

针对美国联邦上诉法院所提出的TSM检验法,美国联邦最高法院在KSR v. Teleflex 案[②](2007年)中质疑严格遵循TSM检验法判断创造性,但最高法院并没有否定TSM检验法的效力,只是表明TSM检验法只是判断创造性的方法之一。如美国联邦最高法院的常见做法,其并没有提出新的判断方法,而是将该问题仍然留给了联邦上诉法院解决。

---

① See Graham v. John Deere Co. ,383 U. S.1,148 U. S. P. Q(BAN)459(1966).

② See KSR International v. Teleflex Inc. (KSR),550 U. S. 398,82 USPQ2d 1385(2007).

3．Perfect Web Techs. v. InfoUSA 案

美国联邦上诉法院随后在 Perfect Web Techs. v. InfoUSA 案[①]（2009 年）中对 KSR 案进行了回应，指出联邦法院在之前的 In re Lee 案中要求 USPTO 明确 TSM 的证据现已缺乏法律基础，但同时提出可以引用公知常识（common sense）对非显而易见性进行评价。该判决以及 Arendi v. Apple[②]（2016 年）等类似判决表明联邦法院评价非而易见性的标准变得更加灵活。[③]

（三）美国《专利审查手册》规定

在美国联邦最高法院以及上诉法院的上述判决影响及要求下，USPTO 也相应更改了美国《专利审查手册》（Manual of Patent Examining Procedure，MPEP），在 MPEP（2020 年）中列举了七种可以判断为显而易见的情形[④]：

（1）根据已知方法组合现有技术元素以产生可预测的结果；

（2）简单地将一个已知元素替换为另一个已知元素以获得可预测的结果；

（3）使用已知技术以相同方式改进类似设备（方法或产品）；

（4）将已知技术应用于准备改进的已知设备（方法或产品）以产生可预测的结果；

（5）"显而易见的尝试"——从有限数量的已确定、可预测的有合理成功期望的方案中进行的选择；

（6）在一个工作领域的已知作品可能会促使其在同一领域或不同领域的使用中产生各种变型，如果这些变型对本领域的普通技术人员来说是可以预测的；

（7）现有技术中的一些教导、启示或动机，会导致普通技术人员修改现有技术或结合现有技术的教导，从而实现所要求的发明。

---

① See Perfect Web Technologies, Inc. v. InfoUSA, Inc., 587 F. 3d 1324, 1329, 92 USPQ2d 1849, 1854 (Fed. Cir. 2009).

② See Arendi v. Apple, 832 F. 3d 1355, 1363, 119 USPQ2d 1822, 1827 (Fed. Cir. 2016).

③ See Robert Patrick Merges & John Fitzgerald Duffy, *Patent Law and Policy: Cases and Materials 7th Edition*, Carolina Academic Press, 2017, p. 20.

④ See MPEP 2143.

据对美国判例法的近期发展观察，除了第 7 种（TSM 检验法），上述第 1 种、第 2 种和第 5 种情形出现的频率要更高。且这 7 种情形并不是穷举式的详尽列表，可以使用任何理论依据提供事实认定和显而易见的法律结论之间的联系，即 USPTO 不对形成显而易见推理路线的任何具体方法进行限制。①

二、我国发明专利创造性评价标准

我国《专利法》第 22 条第 3 款对发明的创造性进行了规定，即发明的创造性是指与现有技术相比具有突出的实质性特点和显著的进步。我国《专利审查指南》正是以该条为创造性的审查基准，进一步规定了突出的实质性特点的判断标准，即判断对本领域的技术人员来说，要求保护的发明相对于现有技术是否显而易见，并按“三步法”具体判断：

1. 确定最接近的现有技术；

2. 确定发明的区别特征和发明实际解决的技术问题；

3. 判断要求保护的发明对本领域技术人员来说是否显而易见。

在该步骤中，要从最接近的现有技术和发明实际解决的技术问题出发，判断要求保护的发明对本领域技术人员来说是否显而易见。在判断过程中，要确定的是现有技术整体上是否存在某种技术启示，即现有技术中是否给出将区别技术特征应用到最接近的现有技术以解决存在的技术问题的启示，这种启示会使本领域技术人员在面对所述技术问题时，有动机改进该最接近的现有技术以获得要求保护的发明。可用图 1 表示该判断过程：

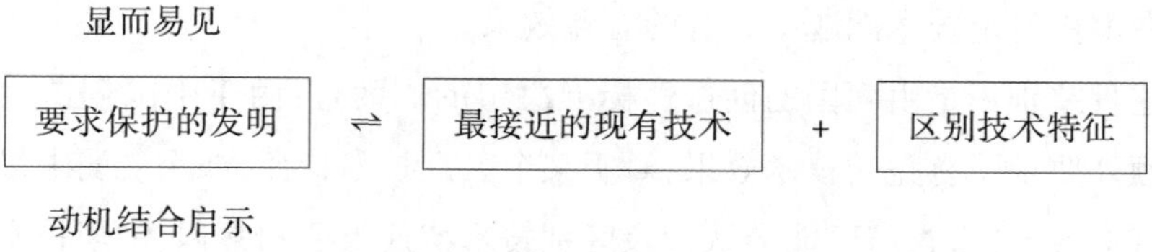

图 1　显而易见的判断过程

同时，我国《专利审查指南》还进一步规定了显著的进步的判断标准，即

① 参见［美］本杰明·皓普曼、黎建、［中］脱颖：《美国专利申请撰写及审查处理策略》，知识产权出版社 2017 年版，第 143 页。

应当考虑发明是否具有有益的技术效果。

三、中美发明专利创造性评价标准的异同

从以上内容可以看出，中美在评价发明专利创造性的时候都需要审查非显而易见性，即实质性特点。其实，中国关于非显而易见性的判断标准除了借鉴了《欧洲专利公约》，也对 MPEP 进行了借鉴，比如我国《专利审查指南》针对“区别技术特征为另一份对比文件中披露的相关技术手段，该技术手段在该对比文件中所起的作用与该区别特征在要求保护的发明中为解决该重新确定的技术问题所起的作用相同”这一情况所列举的“设置有排水凹槽的石墨盘式制动器”示例，[①]正是来源于 MPEP 中引用的案例。但在美国的发明专利申请审查过程中并不硬性要求审查发明的显著进步，即有益效果。可用图 2 表示两国法律规定的差异：

我国的发明专利创造性标准 ≈ 美国的发明专利“非显而易见性”标准 + “有益的技术效果”标准

图 2　中美关于发明专利的创造性标准差异

在实务上可以明显观察到这一差别，在美国审查发明是否显而易见，并不需要在说明书中描述出区别技术特征在解决特定技术问题时具有有益效果。而在中国审查发明是否具有创造性，需要考虑说明书中是否描述出区别技术特征在解决特定技术问题中具有的有益效果。

这种差别正是由两国的创造性标准决定的。而且，由于中国创造性审查标准额外要求了有益的技术效果，对于某个区别技术特征，如果说明书没有描述其有益效果，审查员可能会认为该区别技术特征为公知常识、常规技术手段或容易想到，因而认为权利要求不具有创造性。不仅如此，在有些情况下，尤其是当审查员认为最接近的现有技术与本发明比较接近时，即使说明书记载

---

① 参见国家知识产权局制定：《专利审查指南 2010》，知识产权出版社有限责任公司 2020 年版，第 176 页。

了区别技术特征的有益技术效果，但在对比文件中也有同样或类似的技术效果时，此时需要更进一步从申请的技术原理上证明区别技术特征与有益效果的强联系或举出其他更有说服力的理由，否则审查员仍可能会认为该区别技术特征是公知技术。①

四、创造性答辩实务上的启发示例

从上述分析可以看出中美在发明专利的创造性评价标准上的相同之处要大于差异之处，特别是关于“显而易见性”方面的判断标准基本相似。这构成了我们在答复审查意见中有关创造性的意见时借鉴美国同族专利审查过程的法理基础；而在同族专利的技术方案相同或基本相同的情况下，如果两国审查意见引用的对比文件相同或相似，驳回理由也相似，就构成了借鉴美国同族专利审查过程的事实基础。在满足上述条件的情况下，可以研究美国同族专利的审查文件，对中国发明申请的答辩或许具有启发借鉴的价值。

比如，笔者在答复某发明申请的审查意见时，该审查意见引用的对比文件与美国同族专利审查意见中引用的对比文件相同，且美国同族专利已经得到了授权。于是，进一步查阅美国同族专利的审查意见，发现其审查理由与我国突出的实质性特点的判断标准是基本一致的：基于 Graham 案及第 103 条，判断非显而易见性依据下述标准：（1）确定现有技术的范围和内容；（2）确定现有技术和该发明的区别；（3）确定相关领域的普通技术水平；（4）考虑申请中存在的表明显而易见或非显而易见的客观证据。

随后查阅发现美国该同族专利被驳回的理由也与本申请被驳回的理由类似。美国审查员首先分析了对比文件的技术内容，从而确定了该对比文件与该发明的区别，在认定该区别对本领域普通技术人员是显而易见的基础上驳回了该申请。而本申请的驳回理由与此也基本一致，审查员指出了相似的区别技术特征，并认为该区别技术特征属于常规技术手段。

再查阅美国同族专利的答辩意见，其对权利要求进行了修改，将说明书中

---

① 参见[美]本杰明·皓普曼、黎建、[中]脱颖：《美国专利申请撰写及审查处理策略》，知识产权出版社 2017 年版，第 225－226 页。

的一个技术特征加入了独立权利要求。阅读说明书后可以确定该特征正是本申请的发明点之一,并且在说明书中也记载了相应的技术效果。而对比文件没有记载该技术特征,也没记载相同或类似的技术效果,那么将该技术特征加入本申请的独立权利要求中便是一个可选的答辩理由。显然美国该同族专利的答辩对本申请的答辩具有一定的启发和借鉴意义。

从上文论述的法理基础和事实基础可知,由于中国关于创造性的审查标准中除了“非显而易见性”标准,还有“有益效果”标准,在实务上表现出来的是中国对创造性的审查更严格,审查员可能会认定没有相应技术效果的区别特征为公知技术。因此,在借鉴美国同族专利审查意见的基础上,我们针对创造性答辩时还需要留意对“有益效果”进行进一步分析。

浅议中国药品专利纠纷早期解决机制*

张永康

一、引言

在我国,药品专利行政保护和药品上市审批管理权分别由国家知识产权局、国家药品监督管理局两个行政管理部门承担,其在审批、管理等方面完全具有独立性,导致上市仿制药若存在专利侵权纠纷问题,往往只能留待药品上市后通过法院的司法途径或知识产权局的行政保护途径来解决,由此,专利权人和仿制药企均需要为此耗费大量时间及金钱等成本。为解决此问题,我国尝试探索建立药品专利纠纷早期解决机制。

2020 年 10 月 17 日,第十三届全国人民代表大会常务委员会第二十二次会议作出了《关于修改〈中华人民共和国专利法〉的决定》,对现行《专利法》进行了第四次修正,并于 2021 年 6 月 1 日起施行。修订后的《专利法》第 76 条规定,药品上市审评审批过程中,药品上市许可申请人与有关专利权人或者利害关系人,因申请注册的药品相关的专利权产生纠纷的,可以向法院起诉,请求就申请注册的药品相关技术方案是否落入他人药品专利权保护范围作出判决,也可以就申请注册的药品相关的专利权纠纷,向国家知识产权局请求行政裁决,国家药品监督管理局在规定的期限内,可以根据法院生效裁判作出是否暂停批准相关药品上市的决定。

2021 年 7 月 4 日,国家药品监督管理局、国家知识产权局共同发布了《药

---

* 原文于 2022 年 4 月公开发表。

品专利纠纷早期解决机制实施办法(试行)》(以下简称《药品专利纠纷实施办法》),并于同日开始施行。

2021 年 7 月 5 日,国家知识产权局发布了《药品专利纠纷早期解决机制行政裁决办法》(以下简称《药品专利纠纷行政裁决办法》),并于同日开始施行。

2021 年 7 月 4 日,最高人民法院公布了《关于审理申请注册的药品相关的专利权纠纷民事案件适用法律若干问题的规定》(以下简称《药品专利纠纷司法解释》),自 2021 年 7 月 5 日起施行。

二、药品专利纠纷早期解决机制的相关内容

根据上述多项法律、规定以及司法解释,随着我国药品专利纠纷早期解决机制的正式落地,相应出台了下述制度:平台建设和信息公开制度、专利权登记制度、仿制药专利声明制度、司法链接和行政链接制度、批准等待期制度、药品审评审批分类处理制度、首仿药市场独占期制度等。

(一)平台建设和信息公开制度

《药品专利纠纷实施办法》第 2 ~ 3 条规定,国务院药品监督管理部门组织建立中国上市药品专利信息登记平台,供药品上市许可持有人登记在中国境内注册上市的药品相关专利信息。国家药品审评机构负责建立并维护中国上市药品专利信息登记平台,对已获批上市药品的相关专利信息予以公开。

(二)专利权登记制度

《药品专利纠纷实施办法》第 4 条规定,药品上市许可持有人在获得药品注册证书后 30 日内,自行登记药品名称、剂型、规格、上市许可持有人、相关专利号、专利名称、专利权人、专利被许可人、专利授权日期及保护期限届满日、专利状态、专利类型、药品与相关专利权利要求的对应关系、通讯地址、联系人、联系方式等内容。相关信息发生变化的,药品上市许可持有人应当在信息变更生效后 30 日内完成更新。

药品上市许可持有人对其登记的相关信息的真实性、准确性和完整性负

责，对收到的相关异议，应当及时核实处理并予以记录。登记信息与专利登记簿、专利公报以及药品注册证书相关信息应当一致；医药用途专利权与获批上市药品说明书的适应症或者功能主治应当一致；相关专利保护范围覆盖获批上市药品的相应技术方案。相关信息修改应当说明理由并予以公开。

根据《药品专利纠纷实施办法》第5、12条，可以在中国上市药品专利信息登记平台中登记的具体药品专利包括：化学药品（不含原料药）的药物活性成分化合物专利、含活性成分的药物组合物专利、医药用途专利；中药的中药组合物专利、中药提取物专利、医药用途专利；生物制品的活性成分的序列结构专利、医药用途专利。另外，需要注意的是，相关专利不包括中间体、代谢产物、晶型、制备方法、检测方法等的专利。并且，根据《药品专利纠纷行政裁决办法》第10条，如果涉案专利不属于中国上市药品专利信息登记平台规定的专利主题类型，国家知识产权局将不受理该专利的纠纷行政裁决。

根据《药品专利纠纷司法解释》第3条，专利权人或者利害关系人依据《专利法》第76条起诉的，应当提交中国上市药品专利信息登记平台中登记的相关专利信息，包括专利名称、专利号、相关的权利要求等。根据《药品专利纠纷行政裁决办法》第4条，国家知识产权局在受理纠纷行政裁决时，相关专利信息需要已登记在中国上市药品专利信息登记平台上。因此，专利权在中国上市药品专利信息登记平台登记是药品专利纠纷早期解决机制的基础，若无登记，则不可依据《专利法》第76条起诉，也不能向国家知识产权局寻求行政裁决。

（三）仿制药专利声明制度

《药品专利纠纷实施办法》第6、12条规定，化学仿制药申请人、中药同名同方药申请人、生物类似药申请人提交药品上市许可申请时，应当对照已在中国上市药品专利信息登记平台公开的专利信息，针对被仿制药每一件相关的药品专利作出声明。

上述声明分为四类：一类声明，中国上市药品专利信息登记平台中没有被仿制药的相关专利信息；二类声明，中国上市药品专利信息登记平台收录的被仿制药相关专利权已终止或者被宣告无效，或者仿制药申请人已获得专利权人相关专利实施许可；三类声明，中国上市药品专利信息登记平台收录有被仿制药相关专利，仿制药申请人承诺在相应专利权有效期届满之前所申请的仿制药暂不上市；四类声明，中国上市药品专利信息登记平台收录的被仿制药相关专利权应当被宣告无效，或者其仿制药未落入相关专利权保护范围。

仿制药申请被受理后10个工作日内，仿制药申请人应当将相应声明及声明依据通知上市许可持有人。其中，声明未落入相关专利权保护范围的，声明依据应当包括仿制药技术方案与相关专利的相关权利要求对比表及相关技术资料。除纸质资料外，仿制药申请人还应当向上市许可持有人在中国上市药品专利信息登记平台登记的电子邮箱发送声明及声明依据，并留存相关记录。

根据《药品专利纠纷司法解释》第3条、《药品专利纠纷行政裁决办法》第8条，在提起诉讼或行政裁决时，均应提交上述声明。

（四）司法链接和行政链接制度

《药品专利纠纷实施办法》第7条规定，纠纷解决的司法链接和行政链接机制。纠纷解决启动是由专利权人或利害关系人对四类声明有异议，提出异议的期限是在公开仿制药上市许可申请之日起45日内，提出异议的方式是就申请上市药品的相关技术方案是否落入相关专利权保护范围向人民法院提起诉讼或者请求国务院专利行政部门行政裁决。对行政裁决结果不服的可以向法院起诉。

专利权人或者利害关系人如在规定期限内提起诉讼或者请求行政裁决的，应当自人民法院立案或者国务院专利行政部门受理之日起15个工作日内将立案或受理通知书副本提交国家药品审评机构，并通知仿制药申请人。

专利权人或者利害关系人未在规定期限内提起诉讼或者请求行政裁决的，国家药品监督管理部门根据技术审评结论和仿制药申请人提交的声明情形，直接作出是否批准上市的决定；仿制药申请人可以提起诉讼或者请求行政裁决。

在行政链接机制中，《药品专利纠纷行政裁决办法》第4条还规定，请求行政裁决应符合的具体条件，包括人民法院此前未就该药品专利纠纷立案。第16条规定，当事人对涉案专利提出无效宣告请求的，国家知识产权局可以不中止案件办理。

在司法链接机制中,《药品专利纠纷司法解释》第 5 条规定,针对相同纠纷,在行政裁决请求已经受理的前提下,若当事人再向法院提起诉讼,法院应当受理。第 6 条规定,相关专利无效宣告请求已被受理的,法院一般不中止所述诉讼。

在司法链接机制中,《药品专利纠纷司法解释》第 10 ~ 11 条还规定,专利权人或者利害关系人在《专利法》第 76 条所称诉讼中申请行为保全,请求禁止药品上市许可申请人在相关专利权有效期内实施《专利法》第 11 条规定的行为的,人民法院依照《专利法》《民事诉讼法》有关规定处理;请求禁止药品上市申请行为或者审评审批行为的,人民法院不予支持。在针对同一专利权和申请注册药品的侵害专利权或者确认不侵害专利权诉讼中,当事人主张依据《专利法》第 76 条所称诉讼的生效判决认定涉案药品技术方案是否落入相关专利权保护范围的,人民法院一般予以支持。但是,有证据证明被诉侵权药品技术方案与申请注册的药品相关技术方案不一致或者新主张的事由成立的除外。

(五)批准等待期制度

根据《药品专利纠纷实施办法》第 7 ~ 8 条,专利权人或者利害关系人对化学仿制药注册申请的四类专利声明有异议的,就申请上市药品的相关技术方案是否落入相关专利权保护范围向人民法院提起诉讼或者向国家知识产权局请求行政裁决。国务院药品监督管理部门收到人民法院立案或者国务院专利行政部门受理通知书副本后,对化学仿制药注册申请设置 9 个月的等待期。

此处需要注意的是,当专利权人或者利害关系人提起的“确认是否落入相关专利权保护范围”之诉被立案或行政裁决请求被受理之后,国家药监局启动仿制药注册申请的等待期。当仿制药申请人提起“确认不落入权利要求保护范围”之诉或提出行政裁决请求,等待期不启动。等待期为 9 个月,且等待期只设置一次。同时,等待期内技术审评不停止。

为了避免当事人滥用等待期制度,根据《药品专利纠纷司法解释》第 12 条,如果专利权人或者利害关系人知道或者应当知道其主张的专利权应当被宣告无效或者申请注册药品的相关技术方案未落入专利权保护范围,仍提起《专利法》第76条所称诉讼或者请求行政裁决的,药品上市许可申请人可以向北京知识产权法院提起损害赔偿之诉。

需要注意的是,等待期制度仅适用于化学仿制药,对中药同名同方药、生物类似药不适用。

(六)药品审评审批分类处理制度

《药品专利纠纷实施办法》第9条规定,药品审评审批分类处理制度,其中,对技术审评通过的化学仿制药注册申请,国家药品审评机构结合人民法院生效判决或者国务院专利行政部门行政裁决作出相应处理:

(1)确认落入相关专利权保护范围的,待专利权期限届满前将相关化学仿制药注册申请转入行政审批环节;

(2)确认不落入相关专利权保护范围或者双方和解的,按照程序将相关化学仿制药注册申请转入行政审批环节;

(3)相关专利权被依法无效的,按照程序将相关化学仿制药注册申请转入行政审批环节;

(4)超过等待期,国务院药品监督管理部门未收到人民法院的生效判决或者调解书,或者国务院专利行政部门的行政裁决,按照程序将相关化学仿制药注册申请转入行政审批环节;

(5)国务院药品监督管理部门在行政审批期间收到人民法院生效判决或者国务院专利行政部门行政裁决,确认落入相关专利权保护范围的,将相关化学仿制药注册申请交由国家药品审评机构按照第(1)项的规定办理。

国务院药品监督管理部门作出暂缓批准决定后,人民法院推翻原行政裁决的、双方和解的、相关专利权被宣告无效的,以及专利权人、利害关系人撤回诉讼或者行政裁决请求的,仿制药申请人可以向国务院药品监督管理部门申请批准仿制药上市,国务院药品监督管理部门可以作出是否批准的决定。

(七)首仿药市场独占期制度

《药品专利纠纷实施办法》第11条规定,首仿药市场独占期制度,获得市场独占期的条件是首个挑战专利成功且首个获批上市的化学仿制药。

挑战专利成功是指化学仿制药申请人提交四类声明，且根据其提出的宣告专利权无效请求，相关专利权被宣告无效，因而使仿制药可获批上市，不包括获得确认未落入权利要求保护范围的判决或行政裁决结果。获得独占期的仿制药还需要满足“首个获批上市”而非“首个申请上市”的条件，除了要求仿制药申请人积极地提起专利挑战，还要求仿制药企尽早立项、研发、提出上市注册申请、提交完备的审评资料等多方面的积极准备。

独占期是指国家药监局在该药品获批之日起 12 个月内不再批准同品种仿制药上市，共同挑战专利成功的除外。市场独占期限不超过被挑战药品的原专利权期限。市场独占期内国家药品审评机构不停止技术审评。对技术审评通过的化学仿制药注册申请，待市场独占期到期前将相关化学仿制药注册申请转入行政审批环节。

需要注意的是，首仿药市场独占期制度仅适用于化学仿制药，对中药同名同方药、生物类似药不适用。

（八）其他

未在中国上市药品专利信息登记平台登记相关专利信息的，不适用上述的药品专利纠纷早期解决机制；专利权人或者利害关系人未在规定期限内提起诉讼或者请求行政裁决的，不设置等待期。对此类未能早期解决专利纠纷的，相关药品获批上市后，如专利权人认为相关药品侵犯其相应专利权，引起纠纷的，依据《专利法》等法律法规的规定解决。已经依法批准的药品上市许可决定不予撤销，不影响其效力。

三、目前相关案例及探讨

（一）中国上市药品专利信息登记平台相关运行情况

中国上市药品专利信息登记平台于 2021 年 7 月 4 日正式运行。截至 2022 年 4 月，在专利信息公示方面，中药专利信息公示共 302 条，化药专利信息公示共 615 条，生物制品专利信息公示共 96 条。

另外,共收到专利声明1568条,在每条中可能涉及针对多项专利的多项声明,其中,1类声明共1256条,2类声明共76条,3类声明共145条,4.1类声明共31条,4.2类声明共60条。专利声明仅涉及化学仿制药与生物类似药,尚未涉及中药同名同方药的声明。

(二)案例简介

尼洛替尼胶囊是诺华股份有限公司(以下简称诺华公司)研发的用于临床治疗慢性粒细胞白血病的酪氨酸激酶抑制剂,2007年10月获得FDA批准上市,2009年7月获批进入中国国内市场。诺华公司于2021年6月29日在中国上市药品专利信息登记平台登记了三件专利ZL03818728.0、ZL200680026444.6、ZL201080051819.0,并且记录了药品与相关专利权利要求的对应关系。

2021年9月15日,苏州特瑞药业有限公司(以下简称特瑞药业)仿制药尼洛替尼胶囊申报上市,为国内首家申报上市的仿制药。特瑞药业在中国上市药品专利信息登记平台针对被仿制药的每一件相关的专利作出了声明。其中,针对ZL03818728.0的相关权利要求作出了3类声明,并且针对ZL200680026444.6的相关权利要求以及ZL201080051819.0的相关权利要求作出了4.1类声明。

然后,针对ZL200680026444.6,特瑞药业于2021年9月16日向国家知识产权局提出了无效宣告请求,该专利于2022年2月18日被宣告专利权全部无效。针对ZL201080051819.0,特瑞药业于2021年9月16日向国家知识产权局提出了无效宣告请求,该专利于2022年2月10日被宣告维持专利权有效。

上述案例是笔者在公开数据库中能够查到的专利声明及挑战脉络,至于权利要求人及请求人之间是否选择了国家知识产权局行政裁决或者北京知识产权法院诉讼,以及双方是否已针对上述两件专利的无效结果提起行政诉讼,尚不得而知。

（三）案例探讨

尼洛替尼胶囊共涉及三件专利 ZL03818728.0、ZL200680026444.6、ZL201080051819.0，但是仿制药企仅选择了挑战后两件专利，针对第一件专利则选择等待专利权保护期届满。

ZL03818728.0 的权利要求 1～3、5、7 保护了药物活性成分化合物，权利要求 8 保护了含活性成分的药物组合物，权利要求 9 保护了医药用途，上述专利权的保护期限至 2023 年 7 月 4 日。笔者认为可能是由于保护期限将至，而且无效难度大，目前 ANDA 的技术审评周期需要约两年的时间，技术审评通过后保护期限已过，因此，仿制药企选择了等待该专利权保护期届满。

ZL200680026444.6 的权利要求 1 保护了药物活性成分化合物，权利要求 3 保护了含活性成分的药物组合物，权利要求 4 保护了医药用途，上述专利权的保护期限至 2026 年 7 月 18 日。针对该专利，特瑞药业向国家知识产权局提出了无效宣告请求，该专利于 2022 年 2 月 18 日被宣告专利权全部无效，算是初步成功。

ZL201080051819.0 的权利要求 1 保护了医药用途，上述专利权的保护期限至 2030 年 11 月 17 日，特瑞药业向国家知识产权局提出了无效宣告请求，该专利于 2022 年 2 月 10 日被宣告维持专利权有效，但是该 ZL201080051819.0 的权利要求 1 的医药用途中存在“活性成分和载体分散在苹果酱中”的限定，对于特瑞药业而言，规避该权利要求的保护范围应该不难。

笔者对于特瑞药业能否享受首仿药市场独占期进行一下展望：本案中，ZL03818728.0 保护期结束后，ZL200680026444.6 被宣告专利权全部无效的最终结果可能也已经出来，而且，如果规避了 ZL201080051819.0 的权利要求 1 的“活性成分和载体分散在苹果酱中”的特殊限定，如果能够首个获批上市，那么在 ZL200680026444.6 的保护期限 2026 年 7 月 18 日以前，有望使国家药品监督管理局在该药品批准之日起 12 个月内不再批准同品种仿制药上市。

因此，综合研判，针对尼洛替尼胶囊的挑战，特瑞药业是成功的。

四、结论

随着《专利法》修正、《药品专利纠纷实施办法》《药品专利纠纷行政裁决办法》《药品专利纠纷司法解释》相继面世，关于药品专利纠纷早期解决机制形成了一个有机衔接的整体，原研药企、仿制药企、国家药品监督管理局、国家知识产权局和法院在司法以及行政程序上的互动和衔接，为仿制药上市之前解决与原研药专利权人之间可能发生的专利侵权提供了法律基础和操作指南。本文对我国药品专利纠纷早期解决机制进行了梳理以及探讨，希望能够使读者更好地理解并能灵活运用药品专利纠纷早期解决机制，或能够对决策者在修法、执法或司法过程中起到些许作用。

商标分类变化对权利影响的救济实践及思考*

刘雨婷

在办理商标续展时，知识产权局会对商标是否在有效期内办理、申请人是否符合资质、申请信息是否正确等内容进行审查。而在续展申请时，申请人无法对商标及商标申请的具体内容及信息进行任何改变。

在商标实务中，我们发现，在办理商标续展时，某知识产权局在权利人不知情的情况下，将注册证上原有的类别改变了，即注册证上的类别与办理续展后下发续展核准证明文件上的类别不一致。由于申请人指定的商品为非规范名称，即使按照现行分类表的规定，也不能确定性地划入官方直接改变后的分类中。更为尴尬的是，类别的改变，使他人在后的相近似的商标得以在原注册证显示的类别注册成功。由此，商标权利人认为，某知识产权局未经告知及同意，改变商标类别的行为是错误的，且这种类别的改变，导致了权利人的商标权利受到损害。具体案件情况如下。

一、案件情况介绍

权利人于1990年提出A商标申请，指定商品：油封。该商标于1991年获得注册。其类别显示为第6类。2011年6月，申请人对该商标第一次进行续展，按照当时的规定，续展核准证明文件上不会显示商标类别，这使权利人无法知晓，在此次续展核准时，该商标的类别从原来的"第6类"变为"第7类"。

---

* 原文于2022年11月公开发表。

2021 年 3 月，权利人办理第二次续展申请时才发现，在收到的商标续展注册证明文件上，商品类别已变更为第 7 类。

针对此情况，我们作为权利人的代理人，致电官方了解情况，官方回复称：由于 A 商标申请较早，随着分类表的变化，该商品由申请时的第 6 类，现已被划分至第 7 类。同时，我们了解到，因分类表的变化而修改商品类别的情况，知识产权局不会再主动通知权利人，亦不会再下发任何官方文件对这种变化单独确认。

权利人对此解释非常不认同。首先，权利人并未接到官方的任何通知；其次，"油封"这一项商品无论是按照以往的分类表，还是现行的分类表，均不是分类表中规范的商品名称。官方在未给予申请人解释说明的情况下，断然划分至第 7 类，缺乏法律依据。权利人认为，"油封"这项商品所指，与注册证上的第 6 类，即 07 组中的"金属垫圈、垫片（填隙片）"的商品内涵与实质更为贴切，而非第 7 类"机器零部件商品"，如仅在第 7 类获得保护，商品的权利范围并不完整。

与此同时，我们发现了一个对权利人非常不利的情况：通过检索，我们发现，在第 6 类上存在一件与权利人 A 商标几乎完全相同的 B 商标，且已注册于与权利人的 A 商标相类似的商品上。也即，权利人即使现在重新提出一件第 6 类上新的申请，也会被此件商标阻碍，不可能获得注册。

基于此情况，我们多次通过电话、函件以及当面向相关部门反映此情况，并要求确认权利人在第 6 类上的商标权利，但一直未能得到令权利人满意的回复与处理。为了最大限度地维护权利人合法商标权益，能使 A 商标权利范围符合权利人提出申请时的本意，降低经营风险，我们建议权利人进行了下述行动：

2021 年 12 月，权利人重新在第 6 类 07 组商品上提出了与 A 商标完全相同的 C 商标。之后，国家知识产权局予以驳回，驳回理由为：B 商标在先存在，其与 C 商标构成类似商品上的近似商标。2022 年 4 月，权利人提出了复审申请，并在复审理由中阐明了该案的原委始末，但复审理由未得到支持，理由是，两商标构成使用于类似商品上的近似商标，同时，本案中阐明的其他情况不属于该案的审理范围。

2022 年 1 月，权利人对 A 商标提出了更正申请，期望通过更正程序把错误变更的第 7 类的类别更正为正确的第 6 类。但收到了不予核准更正申请的通知,理由为“该续展已经核准”。

2022 年 3 月,权利人对阻碍申请商标注册的 B 注册商标提出了撤销三年不使用申请,以期 B 商标可被撤销。

为了避免进入诉讼而增加案件成本,权利人于 2022 年 5 月第二次在第 6 类上提出了与 A 商标相同的新的申请,即 D 商标,知识产权局以同样理由予以驳回。2022 年 9 月,权利人对 D 商标提起复审申请。2022 年 11 月,权利人收到了针对 B 商标被撤销的官方决定。

二、案件启示

通过本案,我们提示商标权利人应关注自己的商标权利:

首先,要杜绝“一证在手,高枕无忧”的权利取得和权利保护思想。目前,商标分类表的变化非常频繁,截至 2022 年 11 月份,就已发布过三次变更分类表信息的公告。根据最新的分类规定,定期核查注册证上的商品及服务项目是否仍符合自身需求,商品及服务项目是否有遗漏、变更等情况,并及时进行相应的权利补充及维护非常重要。

其次,提倡“积极应对,灵活处理”以化解危机的案件处理思路。通过本案介绍,可以看出,在通过各种渠道反馈而未得到进一步解决后,权利人一方面做好了通过行政诉讼对此案进行申辩的准备,另一方面,也接受了我们的意见,通过提出新申请、更正申请、撤销三年不使用申请、驳回复审申请等任何可能的途径进行救济。为重新拿回第 6 类上的商标权利进行了各种努力和尝试,而从目前的结果看,这种努力是非常必要也是非常有效的。

最后,商标注册证和商标续展注册证明文件是商标权人行使商标权利时唯一、有效的证明文件,该文件由国家知识产权局下发,文件上的信息经权力机关确认核准,具有至高的法律效力。在本案中,两份文件上显示的类别信息并不相同。这两份信息不同的文件同时存在,同时使用,不但易使他人对法律文件的有效性产生怀疑,影响申请人行使商标权利,更会影响法律文件的权威性和严肃性。而在本案中,不仅仅是文件上类别显示不同的问题,对于在分类表变化的客观情况下,如何有效妥善地衔接、通知、确权,以切实维护不同时期的商标权利人的合法权益,更是值得思考的问题。

商标指示性使用的构成要件及实践中的问题*

尹渤亚

商标指示性使用和描述性使用是商标合理使用的两种主要形式。在我国，立法层面并没有对商标指示性使用和描述性使用进行明确定义和阐释。现行《商标法》第59条第1、2款[①]的内容实质为商标描述性使用的具体情形，但对于商标指示性使用的定义及构成要件，理论和实践仍有一些分歧。本文将探讨商标指示性使用的定义和构成要件，并通过相关司法案例梳理商标指示性使用的本质、明晰商标指示性使用在实践中的运用现状。

一、关于商标指示性使用的来源及定义辨析

关于商标指示性使用的最早概念源于美国的 New Kids on the Block vs. News America Pub. ,Inc. 案[②]。该案虽未对指示性使用进行定义，但确立了构成指示性使用的相关要件。简要地说，可以总结为必要性、使用符合必要限度以及不得暗示与商标权利人有特定联系。随着实践的发展，美国不同法院将

---

* 原文于2022年11月公开发表。

① 《商标法》第59条第1、2款：注册商标中含有的本商品的通用名称、图形、型号，或者直接表示商品的质量、主要原料、功能、用途、重量、数量及其他特点，或者含有的地名，注册商标专用权人无权禁止他人正当使用。三维标志注册商标中含有的商品自身的性质产生的形状、为获得技术效果而需有的商品形状或者使商品具有实质性价值的形状，注册商标专用权人无权禁止他人正当使用。

② See New Kids on the Block vs. News America Pub. ,Inc. ,971 F. 2d 302(9th Cir. 1992).

第 3 个要件修改为不存在混淆可能性。[①] 直至 2004 年,美国最高法院在 Micro Colors 案件中确认,即使混淆可能性存在,法定合理使用的抗辩也能成立,而被告在抗辩时并没有义务否定混淆可能性的存在。

《欧盟商标条例》第 14 条第 1 款(c)项和第 2 款对指示性使用作了规定,即商标权人无权禁止第三方在商业贸易过程中,为了确定及提及商品或者服务用途,以符合工商业诚实信用惯例的方式使用商标权利人的商标,特别是在配件或者零部件领域的使用。[②] 可见,在欧盟,混淆可能性并不是指示性使用的构成要件。

我国学者对商标指示性使用的解读不同,有部分学者认为商标指示性使用是借助他人商标表明商品或者服务的真实来源,司法实践中也不乏这样的判决。[③] 对于此种观点争论较大,笔者认为:在评判时首先需要考虑指示性使用是否是商标性使用;如不是,则不应发挥指示商品来源的作用。但也有学者认为,指示性使用属于商标性使用,侵权与否取决于指示性使用的抗辩能否成立。实际上,北京市高级人民法院《关于审理商标民事纠纷案件若干问题的解答》第 26 条指出了商标合理使用的构成要件:(1)使用出于善意;(2)不是作为自己商品的商标使用;(3)使用只是为了说明或者描述自己的商品。

由此可见,上述解答并未以混淆可能性作为指示性使用的判定要素,同时明确了指示性使用不应是商标性使用行为。虽然该解答适用地域范围有限,但应更符合商标制度的构建体系,即充分保护权利人的合法权利,同时平衡公共利益。权利人不应对商标标识完全垄断,造成权力滥用和异化,而应当允许公众在合理的范围内进行必要使用。《商标法》旨在保护商标权,维护生产、经营者的利益,因此,主要调整商标性使用及不当使用;商标的合理使用,包括指示性使用应当是对《商标法》受保护客体的限制和平衡,不应落入商标性使用的范围。

---

① 参见钱程:《论商标指示性使用:使用与混淆要件的澄清》,载上观新闻网,https://sghexport.shobserver.com/html/baijiahao/2022/05/24/750553.html。

② 参见《欧盟商标条例》第 14 条第 1 款(c)项和第 2 款。

③ 参见江苏省徐州市中级人民法院民事判决书,(2021)苏 03 民初 92 号。

二、构成商标指示性使用需要考量的要素

对指示性合理使用的构成要件存在不同观点。有学者认为须衡量三个要素:必要性、使用的合理限度以及是否引起混淆。也有学者认为主要在于两个方面:一为必要性,二为合理使用限度。是否引起混淆是认定构成要件的主要分歧点,但在司法实践中,大多数的法院在判决中都提及了混淆可能性的问题。笔者将结合案例对前述因素进行分析。

(1)使用他人商标的必要性。这种必要性可以理解为,在经营活动中如果不使用他人的商标则无法向消费者传达准确的信息,而且没有其他可以替代的方式进行此种信息的传达。实践中尤为明显地需要使用他人商标传达商品/服务信息的领域主要包含产品配件、零部件以及维修服务等。如电子、工业产品的零配件,经营者经常需要在经营过程中向消费者告知零配件适用于某品牌的某型号商品,而这种信息的准确传达,有赖于提及或者使用他人商标。再如维修行业,大到汽车小到家电,经营者也需要告知消费者能对哪些品牌的商品提供修理服务,这种信息传递也无法用其他文字精准替代。经营者在使用他人商标时向消费者传达的应当仅仅是服务内容或产品用途、特点,而不能有主观地攀附他人商誉或者搭便车的心理。

在贵阳南明老干妈风味食品公司与北京家乐福公司、贵州永红食品侵害商标权纠纷案①中,法院认定:“涉案产品配料中添加了老干妈牌豆豉,但标注老干妈字样并非描述涉案产品之必需,被告贵州永红公司可以直接采取标注麻辣味、豆豉味等字样来说明涉案牛肉棒的口味,而非替代性地直接借用涉案商标。”该案被告使用他人商标的行为不具备不可替代性,因而不能满足必要性要件。

(2)使用他人商标未超出合理限度。一般来说,合理使用限度要求经营者不能大量、大范围地对他人商标使用。由于必要性的限制,该种使用只要达到可以向消费者准确传达信息即可。未超出合理限度表现为以下几个方面:第一,经营者未将他人商标作为区分自己商品或服务来源的标志进行使用;第

① 参见北京知识产权法院民事判决书,(2016)京73民初108号。

二,未突出使用他人商标;第三,在使用他人商标时注明相关说明文字,向消费者解释与他人品牌没有关联。①

在奇瑞汽车等与吉尼斯世界纪录有限公司侵害商标权纠纷案②中,奇瑞汽车等在涉案活动的宣传大屏幕、舞台背景、特技表演车辆的车身等活动现场的显著、焦点位置和网页宣传的中心位置,大幅、突出使用“我是吉尼斯”“GUINNESS”等标识,还在现场工作人员的服装、活动设施上大量突出使用了以上标识。法院认定奇瑞汽车等对他人商标的使用已经超出了“善意指示”目的的合理限度;同时提到奇瑞汽车等也未在涉案活动中进行明确的、足以让相关公众不会与吉尼斯公司产生混淆的说明或表述,不足以让相关公众将涉案挑战赛与吉尼斯公司相区别。本案中奇瑞汽车等使用他人商标的行为明显超出了必要限度,此种大量、突出、多形式使用他人商标的行为难谓合理,反而从使用形式的复杂多样性可以推断出使用人主观上有一定攀附的故意。

(3)关于混淆可能性的考虑,笔者赞同不将该点作为商标指示性使用的判断要素。混淆可能性是指商标的使用行为易使相关公众对商品的来源产生误认或者认为商品来源与注册商标的商品有特定的联系,是商标侵权的判断标准。商标标识近似和商品类似是判断混淆可能性的基本因素。经营者在对他人商标进行指示性使用时,使用的标识基本完全相同,而提供的产品和服务也与商标权人的商品有较高的关联性,容易被认定为类似商品或者服务。因而,如果考虑混淆可能性,则大部分的商标指示性使用可能都会满足商标标识近似、商品服务类似的构成因素,从而导致主张商标指示性使用的被告无法满足不构成混淆误认的条件而失去抗辩的理由。也正因此,越来越多的国家趋向于不采用混淆可能性作为判断标准。

虽然我国很多法院在审理商标指示性使用并认为构成指示性使用的案件中提及了混淆可能性,但笔者认为,多数情况是对原告主张商标侵权的回应,而不能一概认为法院将混淆可能性认定为指示性使用的判定要件。如九牧厨卫公司与吉首市吉宏建材经营部侵害商标权纠纷案,法院的论述为:“……为

① 参见冯晓玉:《论我国商标指示性合理使用的认定及其构建》,载《法学》2021年第1期。

② 参见广东省高级人民法院民事判决书,(2017)粤民终2347号。

一种商标指示性合理使用,有利于向消费者恰当地描述其所销售商品的类别,属于商标合理的指示性使用,不会导致消费者对于商品来源产生认知上的混淆,也不构成对原告涉案商标权益的损害。"[①]又如海南纯绿农业研发有限公司与广州灵感之茶餐饮管理有限公司的商标纠纷案[②]中,广州市天河区人民法院认为,被告在其"多肉玫珑瓜""玫珑芒芒甘露"两款水果茶产品名称以及推广语"优秀玫珑瓜,好吃人人夸"中使用"玫珑"二字,仅为指明两款水果茶产品特点以及作为主要原料之一的瓜肉来源,属于商标指示性使用,且已举证该原料具有合法来源,该种使用主观上并无恶意,亦未超出合理范围。在被告已在店铺门头及广告牌、微信小程序以及提供的胶袋、纸袋上使用"喜茶""HEYTEA"及图形商标用于识别其产品及服务来源的情况下,该种使用并不会造成相关公众混淆,相关公众并不会因此对被告水果茶产品的来源造成误认。

由此可见,法院通常会在得出构成指示性使用的结论后,回应原告的侵权主张,从而提及混淆可能性;虽然司法实践中也有明确将混淆可能性作为判定商标指示性使用的构成要件的案例,但不能说明司法实践均已把混淆可能性作为指示性使用的判定要件。

三、商标合理使用制度构建的必要性

任何权利都不是绝对的,商标权也不例外。法律在赋予商标权利人对商标的独占性权利时,需要构建制约该权利的、独立的、完善的商标合理使用制度,避免权利无限扩张和滥用。随着商业活动的日益多元繁杂,商标权纠纷逐渐增多,商标合理使用制度的立法缺失会导致商标法体系不平衡、导致司法审判机关没有统一适用标准、案件当事人对审判实践感到无所适从且无法预期。有鉴于此,笔者呼吁相关机关完善立法并出台相应的法律法规和司法解释,区分不同的商标合理使用行为,明确构成要件或判定标准,拣选有典型意义的司法案例供从业者学习探讨。

---

① 参见湖南省湘西土家族苗族自治州中级人民法院民事判决书,(2022)湘31知民初8号。

② 参见广东省广州市天河区人民法院民事判决书,(2021)粤0106民初2546号。

探讨指导性案例 20 号失去指导作用的原因*

张思悦　马　越

2020 年 12 月,最高人民法院自 2010 年建立案例指导制度以来首次决定“不再参照”两件指导性案例。指导性案例 20 号是其中之一。该案例是知识产权领域的代表性案例,其中确立的“专利权人无权禁止他人对专利临时保护期内制造、销售、进口的被诉专利侵权产品的后续使用、许诺销售、销售”的裁判观点多年来一直在学界和实务界争议颇大。本文以指导性案例 20 号“与新的法律、行政法规或者司法解释相冲突”为主要视角,分析和探讨该案例失去指导作用的主要原因,并辅以对该案例其他不当之处的评述和观点。

一、引言

2013 年 11 月 8 日,最高人民法院发布第五批指导性案例,[①]其中包括指导案例 20 号深圳市斯瑞曼精细化工有限公司诉深圳市坑梓自来水有限

* 本文原载于斯坦福法学院《中国法律连接》第 13 期,第 43 页(2021 年 6 月),亦见于斯坦福法学院中国指导性案例项目,专家连接™,http://cgc. law. stanford. edu/zh – hans/commentaries/clc – 13 – 202106 – connect – 15 – zhang – ma。中文原文由熊美英博士编辑。

① 参见《最高人民法院关于发布第五批指导性案例的通知》,载中国法院网,http://www. china-court. org/law/detail/2013/11/id/147238. shtml。

公司、深圳市康泰蓝水处理设备有限公司侵害发明专利权纠纷案，①供各级人民法院在审判类似案件时参照。该案例的“裁判理由”主要包括：

《专利法》虽然规定了申请人可以要求在发明专利申请公布后至专利权授予之前（**专利临时保护期**内）实施其发明的单位或者个人支付适当的费用，即享有请求给付发明专利临时保护期使用费的权利，但对于专利临时保护期内实施其发明的行为并不享有请求停止实施的权利。因此，在发明专利临时保护期内实施相关发明的，不属于《专利法》禁止的行为。在专利临时保护期内制造、销售、进口被诉专利侵权产品不为专利法禁止的情况下，其后续的使用、许诺销售、销售该产品的行为，即使未经专利权人许可，也应当得到允许。也就是说，**专利权人无权禁止他人对专利临时保护期内制造、销售、进口的被诉专利侵权产品的后续使用、许诺销售、销售**。当然，这并不否定专利权人根据《专利法》第13条规定行使要求实施其发明者**支付适当费用的权利**。对于在专利临时保护期内制造、销售、进口的被诉专利侵权产品，在销售者、使用者提供了合法来源的情况下，销售者、使用者不应承担支付适当费用的责任。

2020年12月29日公布的《最高人民法院关于部分指导性案例不再参照的通知》指出：②

为保证国家法律统一正确适用，根据《中华人民共和国民法典》

---

① 参见郎贵梅、吴光侠：《指导案例20号〈深圳市斯瑞曼精细化工有限公司诉深圳市坑梓自来水有限公司、深圳市康泰蓝水处理设备有限公司侵害发明专利权纠纷案〉的理解与参照——专利临时保护期内实施发明所得产品的后续使用不侵害专利权》，载《中国法律连接》2014年第1期，亦见于斯坦福法学院中国指导性案例项目，中文指导性案例（CGC20），2021年3月，https://cgc.law.stanford.edu/zh-hans/guiding-cases/guiding-case-20。

关于指导案例12号所依据的最终判决，见（2011）民提字第259号民事判决，2011年12月20日由最高人民法院作出，全文载于斯坦福法学院中国指导性案例项目网站，http://cgc.law.stanford.edu/zh-hans/judgments/spc-2011-min-ti-zi-259-civil-judgment。前述的指导案例12号的双语版本亦展示了中国指导性案例项目对该指导性案例和（2011）民提字第259号民事判决的说理部分所作出的比较。

② 参见《最高人民法院关于部分指导性案例不再参照的通知》，载中华人民共和国最高人民法院网2020年12月30日，http://www.court.gov.cn/fabu-xiangqing-282441.html。

> 等有关法律规定和审判实际，经最高人民法院审判委员会讨论决定，9 号、**20 号指导性案例不再参照**。但该指导性案例的裁判以及参照该指导性案例作出的裁判仍然有效。

该通知自 2021 年 1 月 1 日起施行。然而，最高人民法院并未提供上述两件指导性案例不再参照的理由。

《最高人民法院关于案例指导工作的规定》第 1 条规定："对全国法院审判、执行工作**具有指导作用**的指导性案例，由最高人民法院确定并统一发布。"第 7 条规定："最高人民法院发布的指导性案例，各级人民法院审判类似案例时**应当参照**。"根据上述两条，指导性案例一旦不再具有指导作用，将不再参照。

此外，《〈最高人民法院关于案例指导工作的规定〉实施细则》第 12 条对于"不再具有指导作用"的情形作出了规定：

> 指导性案例有下列情形之一的，不再具有指导作用：
> （一）与新的法律、行政法规或者司法解释相冲突的；
> （二）为新的指导性案例所取代的。

由于最高人民法院并未公布新的指导性案例来取代指导性案例 20 号，因此，"与新的法律、行政法规或者司法解释相冲突"应当是指导性案例 20 号不再参照的主要理由，本文将主要从这个角度进行分析，并指出该案例与新的司法解释以及《专利法》[①]新的条款相冲突之处。

《〈最高人民法院关于案例指导工作的规定〉实施细则》第 2 条还规定：

> 指导性案例应当是裁判已经发生法律效力，**认定事实清楚，适用法律正确，裁判说理充分，法律效果和社会效果良好，对审理类似案件具有普遍指导意义**的案例。

因此，指导性案例 20 号也有可能是由于不符合上述条件而不再参照，本

① 《专利法》，1984 年 3 月 12 日通过和公布，1985 年 4 月 1 日起施行，经四次修正，最新修正于 2020 年 10 月 17 日，2021 年 6 月 1 日起施行，http://www.moj.gov.cn/Department/content/2020-11/19/592_3260623.html。

文亦尝试通过这些条件来理解和分析指导性案例 20 号在理论和实践方面存在的局限性。

二、指导性案例 20 号与新的司法解释相冲突

2016 年最高人民法院《关于审理侵犯专利权纠纷案件应用法律若干问题的解释(二)》①(以下简称《专利司法解释(二)》)自 2016 年 4 月 1 日起开始施行,对于指导性案例 20 号而言,属于新的司法解释。其中,第 18 条在该司法解释于 2020 年 12 月修正时维持不变。第 18 条规定:

权利人依据**专利法第十三条**诉请在**发明专利申请公布日至授权公告日期间**实施该发明的单位或者个人支付适当费用的,人民法院可以参照有关专利许可使用费合理确定。

发明专利申请公布时申请人请求保护的范围与发明专利公告授权时的专利权保护范围不一致,被诉技术方案均落入上述两种范围的,人民法院应当认定被告在前款所称期间内实施了该发明;被诉技术方案仅落入其中一种范围的,人民法院应当认定被告在前款所称期间内未实施该发明。

发明专利公告授权后,未经专利权人许可,为生产经营目的使用、许诺销售、销售**在本条第一款所称期间内**已由他人制造、销售、进口的产品,且该他人**已支付或者书面承诺支付**专利法第十三条规定的**适当费用的**,对于权利人关于上述使用、许诺销售、销售行为侵犯专利权的主张,人民法院不予支持。

(强调后加)

有观点认为,指导性案例 20 号"裁判要点"不符合《专利司法解释(二)》

---

① 最高人民法院《关于审理侵犯专利权纠纷案件应用法律若干问题的解释(二)》,2016 年 1 月 25 日由最高人民法院审判委员会通过,2016 年 3 月 21 日公布,2016 年 4 月 1 日起施行,并于 2020 年 12 月 23 日修正,2021 年 1 月 1 日起施行。

第18条第1款。[①] 这也是对指导性案例20号“与新的法律、行政法规或者司法解释相冲突”的一种解释。指导性案例20号的“裁判要点”是：

> 在发明专利申请公布后至专利权授予前的临时保护期内制造、销售、进口的被诉专利侵权产品不为专利法禁止的情况下,其后续的使用、许诺销售、销售,即使未经专利权人许可,也**不视为侵害专利权**,但专利权人可以依法要求临时保护期内实施其发明的单位或者个人**支付适当的费用**。(强调后加)

而《专利法》第13条规定:[②]

> 发明专利申请公布后,申请人可以要求实施其发明的单位或者个人支付**适当的费用**。(强调后加)

该观点指出,《专利法》第13条的前提是“实施其发明的单位或者个人”实际上侵害了专利权人的权利,而《专利司法解释(二)》第18条第1款的原意“与《专利法》第十三条立法精神是一致的”。但是,指导性案例20号裁判要点认为“不视为侵害专利权”,实际上是用“不当得利请求权”理论而非侵权理论解释“支付适当的费用”。这解释不符合《专利法》第13条的立法原意和《专利司法解释(二)》第18条第1款的原意。所以,该指导性案例不再参照。

以上观点有其可取之处。在接下来的部分,笔者集中分析指导性案例20号如何与《专利司法解释(二)》第18条第3款相冲突以及该款规定合理的理由。

(一)指导性案例20号与《专利司法解释(二)》第18条第3款相冲突

《专利司法解释(二)》第18条第3款的含义,可以通过讨论涉及“甲方”和“乙方”的例子作出说明。为了让读者容易明白,笔者为该款添加了“甲方”和“乙方”等表述:

---

① 郭锋:《中国〈民法典〉时代司法解释和指导性案例的清理成果与发展趋势》,载《中国法律连接》,2021年第12期,亦见于斯坦福法学院中国指导性案例项目,载 http://cgc. law. stanford. edu/zh - hans/commentaries/clc - 12 - 202103 - 34 - guo - feng。

② 《专利法》,注释6,第13条。该条在《专利法》2020年修正时维持不变。

> 发明专利公告授权后，未经专利权人许可，[**乙方**]为生产经营目的使用、许诺销售、销售在本条第一款所称期间内[**发明专利申请公布日至授权公告日期间**]已由**他人**[**甲方**]制造、销售、进口的产品，且**该他人**[**甲方**]已支付或者书面承诺支付《专利法》第 13 条规定的适当费用的，对于权利人关于[**乙方**]上述使用、许诺销售、销售行为侵犯专利权的主张，人民法院不予支持。(强调后加)

在例子中，于“发明专利申请公布日至授权公告日期间”(“专利临时保护期内”)，甲方制造、销售或进口了落入发明专利申请公开的权利要求的保护范围的产品，该发明专利申请经过审查被授予专利权(且该产品也落入授权权利要求的保护范围，见《专利司法解释(二)》第 18 条第 2 款)。由于《专利法》第 13 条关于“支付适当的费用”的规定(见上文)，甲方应当向专利权人支付或者书面承诺支付该条规定的适当的费用。甲方是否这样做会对乙方有以下影响：

- 如果甲方**已向**专利权人支付或者书面承诺支付适当的费用，在专利临时保护期内从甲方购买了该产品的乙方在专利授权后使用、许诺销售或销售该产品的行为**可以免予**侵犯专利权的责任。
- 如果甲方**未向**专利权人支付，**也未**书面承诺支付适当的费用，则乙方在专利授权后使用、许诺销售或销售该产品的行为**不能免予**侵犯专利权的责任。

下面根据《专利司法解释(二)》第 18 条第 3 款的规定分析指导案例 20 号的案情。深圳市康泰蓝水处理设备有限公司(康泰蓝公司)(类似上述例子的甲方)并未支付，也未书面承诺支付给专利权人深圳市斯瑞曼精细化工有限公司(斯瑞曼公司)适当的费用。因此，根据《专利司法解释(二)》第 18 条第 3 款，深圳市坑梓自来水有限公司(坑梓自来水公司)(类似上述例子的乙方)在专利授权后使用在专利临时保护期由康泰蓝公司制造和销售的产品的行为**不能免予**侵犯专利权的责任。据此，指导性案例 20 号中的裁判理由“在未支付，也未书面承诺支付给专利权人适当费用的情况下，专利权人**无权**禁止他人对专利临时保护期内制造、销售、进口的被诉专利侵权产品的后续使用、许诺销售、销售”，(强调后加)显然与《专利司法解释(二)》第 18 条第 3 款的规定相冲突。

(二)《专利司法解释(二)》第18条第3款的规定合理

以上涉及甲、乙方的例子反映出《专利司法解释(二)》第18条第3款的规定很好地体现了《专利法》第13条的立法目的,即在公布发明专利申请之后为申请人提供一种保护。如若不然,允许第三人在授予发明专利权之前任意实施已经公布的发明,就明显会损害专利申请人的利益。

值得一提的是,《专利司法解释(二)》第18条第3款内使用“他人”一词清楚表明涉及甲、乙两方。换言之,该条款并未免除在专利临时保护期内制造、销售或进口该产品的**甲方**在专利授权后针对该产品的使用、许诺销售或销售行为侵犯专利权的责任,即使甲方已经向专利权人支付或书面承诺向专利权人支付适当的费用。这体现了专利侵权认定中制造、销售(首次)或进口产品的**一方(甲方)**的责任要高于从其购买并使用、许诺销售或销售(二次)该产品的**另一方(乙方)**的责任的原则。可以想见,倘若在甲方向专利权人支付或书面承诺向专利权人支付适当的费用的情况下,就允许甲方在专利授权后使用、许诺销售或销售在专利临时保护期内制造、销售或进口的产品,就可能会出现甲方在临时保护期内大量制造或进口产品,然后在专利授权后一直长期使用或销售该批产品的现象,从而导致专利权人的利益受到极大的损失。

因此,《专利司法解释(二)》第18条第3款的规定合理。这更显现出与之相悖的指导性案例20号的论点和考虑的不足,其中至少涉及下文讨论的两点。

1. 指导性案例20号没有平衡好相关各方的利益

指导性案例20号在制造和销售者康泰蓝公司未向专利权人斯瑞曼公司支付,也未书面承诺向其支付适当费用的前提下(尽管斯瑞曼公司在案件中并未主张适当的费用),就认定“专利权人无权禁止他人对专利临时保护期内制造、销售、进口的被诉专利侵权产品的后续使用、许诺销售、销售”,显然不利于专利权人的权益,没有体现出专利临时保护期对于专利权人的保护,使在专利临时保护期内的违法成本很低,没有平衡好相关各方的利益。

指导性案例20号的案情很能反映出违法成本低。在该案中,涉案专利为"制备高纯度二氧化氯的设备"的发明专利,该设备中的各种部件均属于常见部件,涉案专利的发明点在于这些部件的连接关系和相互作用。所以,实施人参照专利说明书采购这些常见部件即可以实施专利方案,投入成本非常低,远低于专利权人研发和设计专利方案投入的成本。

2. 指导性案例20号不利于推动发明创造的应用

关于指导性案例20号的指导意义,有关评述是:①

> 该指导案例裁判要点旨在明确专利权人**无权**禁止他人对专利临时保护期内制造、销售、进口的被诉专利侵权产品的后续使用、许诺销售、销售。这一裁判要点解决了司法实践中的争议,对审判类似案件具有指导意义,**不仅符合专利法"以公开换保护"的立法精神,而且有利于推动发明创造的应用,促进科学技术进步和经济社会发展**。(强调后加)

然而,笔者认为:"以公开换保护"中的"保护"不仅包括专利授权后的保护,也理应包括《专利法》明确规定的专利临时保护期的保护,否则将打击创新主体申请专利和公开发明创造的愿望和动力,反而不利于"推动发明创造的应用,促进科学技术进步和经济社会发展"。

尤其需要注意的是,不同于美国、日本等采取的专利申请公开程序与实质审查程序并行的模式,在中国"早期公开、延迟审查"的模式下(发明专利申请公开与授权之间的时间与美国、日本等相比较长),且在目前有大量发明专利申请请求提前公开的情况下,发明专利申请从公开到授权的期间普遍长达1~2年。在这相对较长的专利临时保护期内,实施人可以大量抢占市场份额,获得相应的利益。例如,指导性案例20号中的被诉专利侵权产品为二氧化氯发生器,属于市场需求量不高的大型工业设备,且使用寿命一般较长。允许被告在专利授权后继续使用、许诺销售、销售在专利临时保护期制造和销售的被

---

① 参见郎贵梅、吴光侠、最高人民法院民三庭、最高人民法院案例指导工作办公室:《〈深圳市斯瑞曼精细化工有限公司诉深圳市坑梓自来水有限公司、深圳市康泰蓝水处理设备有限公司侵害发明专利权纠纷案〉的理解与参照》,载《人民司法》2014年第6期。

诉专利侵权产品,直接给专利权人造成市场份额方面的很大损失。

三、指导性案例20号与《专利法》新的条款存在冲突

《专利法》第42条规定:

> 发明专利权的期限为二十年,实用新型专利权的期限为十年,外观设计专利权的期限为十五年,均自申请日起计算。
>
> 自发明专利申请日起满四年,且自实质审查请求之日起满三年后授予发明专利权的,国务院专利行政部门应专利权人的请求,就发明专利在授权过程中的**不合理延迟**给予专利权期限补偿,但由申请人引起的不合理延迟除外……
>
> (强调后加)

第42条第2款是《专利法》2020年修正时增加的内容,其立法本意是为了补偿发明专利在授权过程中的不合理延迟造成的专利权保护期限的缩短(由于“发明专利权的期限为20年,自申请日起计算”,实际保护期限为20年减去专利申请日至专利授权公告日之间的期间),从而为专利权人提供更合理的保护期限。

值得注意的是,授权过程中存在不合理延迟,也等于专利临时保护期存在相应延长。既然第42条第2款的立法目的是为专利权人提供更合理的保护,如何让专利权人在延长了的专利临时保护期得到适当的保护也应在考虑之列。如果按照指导性案例20号的裁判理由,专利临时保护期内制造的产品在专利授权后的使用、许诺销售或销售均不被视为侵害专利权,则意味着发明专利的实施人可以在延长了的专利临时保护期内抢占专利权人更多的市场份额、获得更多的利益,对专利权人更加不利。这样一来,即使第42条第2款为专利权人补偿了保护期限,实施人的上述行为对于专利权人造成的损失仍然无法弥补。因此,要全面达到第42条第2款的立法目的(为专利权人提供更合理的保护),指导案例20号不应再具有指导作用。在这个意义上,指导性案例20号与《专利法》第42条第2款亦存在一定的冲突。

四、指导性案例20号存在理论和实践方面的局限性

(一)指导性案例20号实际上创立了新的不构成或不被视为侵犯专利权或免予侵犯专利权责任的行为

《专利法》规定的不构成或不被视为侵犯专利权的行为仅包括该法第67条①和第75条②规定的行为，而指导性案例20号发布之后实施的《专利司法解释(二)》第18条以及第25条③则规定了免予侵犯专利权责任的行为。

指导性案例20号关于临时保护期内制造、销售的被诉专利侵权产品在专利授权后的使用、许诺销售、销售的行为不被禁止的裁判理由实际上是在上述《专利法》和《专利司法解释(二)》的明确规定之外创立了新的不构成或不被视为侵犯专利权或免予侵犯专利权责任的行为。

(二)指导性案例20号"裁判理由"若认定后续实施侵权，则即是为未公开或者授权的技术方案提供保护的观点不恰当

指导性案例20号"裁判理由"部分有这样的表述：

> 专利制度的设计初衷是"以公开换保护"，且是在授权之后才能

---

① 《专利法》第67条：在专利侵权纠纷中，被控侵权人有证据证明其实施的技术或者设计属于现有技术或者现有设计的，**不构成侵犯专利权**。

② 《专利法》第75条：有下列情形之一的，**不视为侵犯专利权**：(一)专利产品或者依照专利方法直接获得的产品，由专利权人或者经其许可的单位、个人售出后，使用、许诺销售、销售、进口该产品的；(二)在专利申请日前已经制造相同产品、使用相同方法或者已经作好制造、使用的必要准备，并且仅在原有范围内继续制造、使用的；(三)临时通过中国领陆、领水、领空的外国运输工具，依照其所属国同中国签订的协议或者共同参加的国际条约，或者依照互惠原则，为运输工具自身需要而在其装置和设备中使用有关专利的；(四)专为科学研究和实验而使用有关专利的；(五)为提供行政审批所需要的信息，制造、使用、进口专利药品或者专利医疗器械的，以及专门为其制造、进口专利药品或者专利医疗器械的。

③ 最高人民法院《关于审理侵犯专利权纠纷案件应用法律若干问题的解释(二)》第25条：为生产经营目的使用、许诺销售或者销售不知道是未经专利权人许可而制造并售出的专利侵权产品，且举证证明该产品合法来源的，对于权利人请求停止上述使用、许诺销售、销售行为的主张，人民法院应予支持，但**被诉侵权产品的使用者举证证明其已支付该产品的合理对价的除外**。本条第1款所称不知道，是指实际不知道且不应当知道。本条第1款所称合法来源，是指通过合法的销售渠道、通常的买卖合同等正常商业方式取得产品。对于合法来源，使用者、许诺销售者或者销售者应当提供符合交易习惯的相关证据。

请求予以保护。对于发明专利申请来说,在公开日之前实施相关发明,不构成侵权,在公开日后也应当允许此前实施发明得到的产品的后续实施行为;在公开日到授权日之间,为发明专利申请提供的是临时保护,在此期间实施相关发明,不为专利法所禁止,同样也应当允许实施发明得到的产品在此期间之后的后续实施行为,但申请人在获得专利权后有权要求在临时保护期内实施其发明者支付适当费用。由于专利法没有禁止发明专利授权前的实施行为,则**专利授权前制造出来的产品的后续实施也不构成侵权。否则就违背了专利法的立法初衷,为尚未公开或者授权的技术方案提供了保护**。(强调后加)

发明的实施人(不包括从该实施人处购买产品并进行使用、许诺销售或销售的一方)在专利临时保护期内的实施行为已经为其获得了利益,理应向专利权人支付适当的使用费,但该适当的使用费不应造成专利权的权利用尽。如果专利授权后允许实施人对其在专利临时保护期内制造、销售或进口的产品继续实施使用、许诺销售或销售的行为,则会使专利权人丧失专利带来的排他权。禁止专利授权后的实施行为并不是为未公开或者授权的技术方案提供保护,而是为了保障专利权人在专利授权后的切实利益。

(三)指导性案例20号"裁判理由"引用先用权进行类比不恰当

指导性案例20号"裁判理由"部分亦有这样的表述:

专利法规定了**先用权**,虽然仅规定了先用权人在原有范围内继续制造相同产品、使用相同方法不视为侵权,没有规定制造的相同产品或者使用相同方法制造的产品的后续实施行为是否构成侵权,但是不能因为专利法没有明确规定就认定上述后续实施行为构成侵权,否则,专利法规定的先用权没有任何意义。(强调后加)

先用权人开始实施专利技术的行为发生在专利申请日之前,与发明专利申请公开之后至授权之前的专利临时保护期属于不同的时间范围。先用权人实施的与专利技术相同的方案多为其自主研发和设计的方案,应当被法律保护;而专利临时保护期内的实施行为多为实施人参照公开的专利申请的方案而实施的,至少难以证明是其自主研发和设计的。两者的立法宗旨无可比性,指导性案例20号不应对两者进行类比。

(四)指导性案例20号与《专利审查指南》不协调

国家知识产权局所制定的《专利审查指南》于2019年作出修改[①],并首次作出了专利申请人可以申请延迟审查的规定。[②] 该指南的第五部分第七章第8.3节对"延迟审查"规定如下:

> **申请人可以对发明和外观设计专利申请提出延迟审查请求。**发明专利延迟审查请求,应当由申请人在提出实质审查请求的同时提出,但发明专利申请延迟审查请求自实质审查请求生效之日起生效;[…]。延迟期限为自提出延迟审查请求生效之日起1年、2年或3年。延迟期限届满后,该申请将按顺序待审。必要时,专利局可以自行启动审查程序并通知申请人,申请人请求的延迟审查期限终止。(强调后加)

申请人可以主动请求延迟1~3年进行发明专利申请的实质审查,从而使申请人可以根据自身和竞争对手在技术上的发展和迭代更全面地考虑专利保护范围的侧重点,也能够在更长的时间范围内保留提出新的方案申请的可能性。

如果依照指导性案例20号的裁判理由,专利申请人很可能不愿意采用延迟审查的策略。这是因为延长专利临时保护期,专利权人不会愿意增加自己"无权禁止他人对专利临时保护期内制造、销售、进口的被诉专利侵权产品的后续使用、许诺销售、销售"的风险。这有违《专利审查指南》上述修改的原意,且会导致"早期公开、延迟审查"沦为一种失败的制度。

---

① 现已更新至2021年版。

② 参见国家知识产权局:《国家知识产权局关于修改〈专利审查指南〉的决定》,载中华人民共和国中央人民政府网,http://www.gov.cn/xinwen/2019-09/26/content_5433360.html。

五、结语

指导性案例20号存在与新的司法解释和《专利法》新的条款相冲突的情况,并且存在理论和实践方面的局限性,不再具有指导作用。关于指导性案例20号不再参照的决定具有合理性,有利于逐步完善和健全案例指导制度。后续针对其他指导性案例发布不再参照的决定时,最高人民法院亦应提供相应的理由,以便为各级人民法院和相关主体提供更好的指引和参考。

新规视角下专利权属纠纷案件中的证据问题*

段洁汝

2021 年 1 月 1 日，最高人民法院《关于适用〈中华人民共和国民事诉讼法〉的解释》（颁布于 2020 年，以下简称 2020 年《民诉解释》）生效①；2020 年 5 月 1 日，最高人民法院《关于民事诉讼证据的若干规定》（颁布于 2019 年，以下简称 2019 年《证据规定》）生效。上述两部司法解释对专利权属纠纷案件中涉及的证据问题有较大影响。

现行《专利法》第 6 条第 1 款从发明创造完成的角度规定了专利权的归属："执行本单位的任务或者主要是利用本单位的物质技术条件所完成的发明创造为职务发明创造。职务发明创造申请专利的权利属于该单位，申请被批准后，该单位为专利权人……"在大量专利权属纠纷案件中，该条第 1 款是单位作为原告请求专利权归己方所有的请求权基础。《专利法实施细则》第 12 条对《专利法》第 6 条中的"执行本单位的任务所完成的职务发明创造"进行了进一步规定，是权属纠纷案件中举证的重要依据。为此，笔者以该种情形为例对专利权属纠纷中的证据问题进行了梳理。

一、专利权属纠纷中的举证证明责任与风险分配

2020 年《民诉解释》中的"举证证明责任"沿用 2015 年《民诉解释》，与"举证责任"和"证明责任"同义。学界通说将证明责任分为"主观证明责任"

---

* 原文于 2021 年 6 月公开发表。

① 已于 2022 年被修订。以下同。

和“客观证明责任”。其中“主观证明责任”是一种当事人为进行“说服”时而证明其主张的责任,[①]是行为意义上的责任;[②]而“客观证明责任”则是在原被告双方进行举证后、事实依然不明的情况下对承担不利后果方的规制,是一种风险分配形式。[③]

虽然有学者依据主客观双重解释说对2020年《民诉解释》第90条进行解读,[④]但笔者认为上述第90条第1款[⑤]并未对客观证明责任进行规范。笔者认为,客观证明责任规定于2020年《民诉解释》第91条,该条对举证证明责任的承担从法律关系的角度进行了分配。《民法典》第1条的立法目的之一即为调整民事关系,通过调整民事关系保护民事权利。[⑥] 民法所调整的民事关系即为民事法律关系,其调整结果即为权利义务关系。[⑦] 由此可以推出,依据2020年《民诉解释》第91条第1款,[⑧]专利权属纠纷的原告需要对其所主张的专利申请权或专利权归属于原告所基于法律关系的基本事实进行举证。按照法律关系的要件,[⑨]原告(主体)应对系争专利权(客体),依据请求权基础(获得专利权或专利申请权的法条)所规定的构成要件(民事法律行为或事实行为)进行举证。被告若对前述基本事实进行简单反驳,则无须举证。或者,被告若以胜诉为目标提供了原告主张的基本事实并不存在的证据,也无须承担举证不能的不利后果。

新规对双方均对同一事实进行举证后不利后果的承担规则也有相应的更新。2001年最高人民法院《关于民事诉讼证据的若干规定》第73条对当事人双方均无足够的依据否定对方证据的情形进行了规定。依据该条,人民法院

---

① 参见周洪波:《客观—主观证明责任体系解构》,载《法学家》2021年第1期。

② 参见胡东海:《“谁主张谁举证”规则的法律适用》,载《法学》2019年第3期。

③ 参见张卫平:《民事证据法》,法律出版社2017年版,第272页。

④ 参见胡东海:《“谁主张谁举证”规则的法律适用》,载《法学》2019年第3期。

⑤ 2020年《民诉解释》第90条第1款规定:当事人对自己提出的诉讼请求所依据的事实或者反驳对方诉讼请求所依据的事实,应当提供证据加以证明,但法律另有规定的除外。2022年修订中该条款未发生变化。

⑥ 参见黄薇主编:《中华人民共和国民法典总则编解读》,中国法制出版社2020年版,第3页。

⑦ 参见李锡鹤:《论民事(法律)关系的概念和本质》,载《华东政法学院学报》2001年第1期。

⑧ 2020年《民诉解释》第91条,(1)主张法律关系存在的当事人,应当对产生该法律关系的基本事实承担举证证明责任。2022年修订中该条款未发生变化。

⑨ 参见王利明:《以法律关系为主线构建民法典总则体系》,载《社会科学文摘》2016年第1期。

可以确认证明力较大的证据，该条也被称为“优势证据”规定。2019 年《证据规定》删除了该条。在该条被删除后，2020 年《民诉解释》第 108 条第 2 款[①]对双方当事人对同一事实均提供证据的情形进行规制，根据该款规定，若基于双方当事人的举证，经审查依然认为真伪不明，则认定该事实不存在。该处修改在实质上降低了对被告证据的证明力的要求。若依据 2001 年最高人民法院《关于民事诉讼证据的若干规定》，被告提供的用于反驳专利权属归原告所有的证据证明力需要大于原告主张专利权属归其所有提供证据的证明力才可胜诉，而在 2019 年修正后，不再要求被告提供的证据至少需要使法院认为待证事实的存在具有高度可能性。

2020 年《民诉解释》第 108 条第 2 款沿袭 2015 年《民诉解释》，2019 年《证据规定》删除“优势证据”规定，进一步明确了 2020 年《民诉解释》第 108 条第 2 款的地位，消除了规则体系内的冲突。在《证据规定》修订前，前述思想已在判决中有所体现。例如，如(2016)最高法民申 465 号裁定书有如下表述，“本证需要使法官的内心确信达到高度可能性的程度；反证则只需要使本证对待证事实的证明陷于真伪不明的状态”。故在《证据规定》修订后，更应明确在原被告基于原告首先主张的同一事实均进行举证的情形下，降低了对被告提供证据证明力的要求，仅需要被告提供证据能够使原告所主张事实达到真伪不明的效果即可，而无须证明力大于原告提供的证据。

二、专利权属纠纷案件中的证据内容与形式

通过对案例的分析发现，单位基于《专利法》第 6 条诉请系争专利权属归己方所有时，通常结合《专利法实施细则》第 12 条，对“执行本单位的任务所完成的职务发明创造”进行举证。具体证明内容主要包括：系争发明创造的发明人与原告之间曾存在劳动、人事关系；系争发明创造与发明人在原告的本职工作或者原告分配的任务相关；系争发明创造是前述劳动、人事关系终结一年内做出的。

其中，对于劳动、人事关系存续、终止，通常以提供双方签订的劳动合同或

① 2022 年修订中该条款未发生变化。以下同。

离职证明、社保缴纳记录、考勤数据等方式进行举证。对发明创造的形成过程的举证方式通常包括:提供劳动合同中的岗位职责证明发明人的本职工作、提供工作过程邮件、签名的图纸证明发明人日常工作内容等。根据2019年《证据规定》第14条,前述各举证方式中的过程邮件、考勤数据为电子数据类型的证据,以下在证据领域新规生效的背景下进行进一步的讨论。

2019年《证据规定》第99条明确了书证的规定适用于电子数据。自2000年第一件以电子邮件作为定案证据的司法裁判出现,[①]关于电子数据是否能够作为诉讼证据、电子数据的范围、审查方式及证明力一直是学界研究热点。2012年《民事诉讼法》首次明确了电子数据作为一种独立证据类型的地位。2019年《证据规定》第99条的规定基于电子数据与书证属性的类似,进一步对举证、质证及认证活动中电子数据应遵循的规则进行了明确,[②]第15条根据电子数据内容对其存储介质依赖性较小的特性对电子数据的原件进行了扩张性规定,第93条和第94条规定了对电子数据真实性的判断方式。

结合如上规定,为提升在权属纠纷中频繁出现的电子邮件这种电子数据的证明力,笔者有如下建议:

第一,依据2019年《证据规定》第93条第5款规定的真实性判断标准,“电子数据是否在正常的往来活动中形成和存储”,以及第94条第3款规定的除有相反证据外,应予以认可真实性的情形,“在正常业务活动中形成的”,可以提供具有相互印证关系的电子邮件证据。例如,相比于单封电子邮件,多封具有回复关系、体现业务往来活动的邮件的真实性评价更高。

第二,同样依据2019年《证据规定》第93条第5款和第94条第3款,为体现正常往来和业务活动,相比于从当事人端口获取电子邮件,提供从第三方端口获取到的电子邮件更优。例如,在专利权属纠纷中,为证明涉案专利记载技术方案的形成时间而提供电子邮件证据时,若该证据是由当事人发送给代理机构的交底书,则更建议提供从代理机构邮箱中获取交底书。

---

① 参见王申:《全国首例以电子邮件为定案证据的劳动争议案理论研讨会综述》,载《法学》2001年第2期。

② 参见最高人民法院民事审判第一庭编著:《最高人民法院新民事诉讼证据规定理解与适用》,人民法院出版社2020年版,第865－869页。

第三,依据2019年《证据规定》第93条第3款规定的真实性判断标准,“电子数据的生成、存储、传输所依赖的计算机系统的硬件、软件环境是否具备有效的防止出错的监测、核查手段”,故对于电子邮件证据,可以提供与邮件服务商之间的协议,以体现邮件是被安全地传输和保存的。

第四,依据2019年《证据规定》第94条第2款“电子数据的内容经公证机关公证的,人民法院应当确认其真实性,但有相反证据足以推翻的除外”,应对电子邮件证据进行公证。进行公证的电子邮件最好能够体现产生该电子邮件的原始载体。

结合2020年《民诉解释》第108条,对于事实的认定需要结合审查其他相关事实,专利权属纠纷当事人不仅应注重不同类型证据之间的相互印证,也需要在案件诉讼过程中配合审理,以使所提供证据所指向事实的存在被确认为具有高度可能性。

三、专利权属纠纷案件中的自认及鉴定意见

关于诉讼过程,2019年《证据规定》集中更新了对当事人询问及自认的规定,以及鉴定的规范。以下分别结合权属纠纷进行说明。

2019年《证据规定》第3~5条对自认进行了进一步的细化规定,扩大了自认的适用场景,并且减轻了审判人员的说明义务。① 上述规定确定了自认是一种对证据裁判原则的突破,②提升了自认在诉讼中的地位,强化了自认在审判人员查明事实时的作用。

结合上述规定和2019年《证据规定》新增的第66条和2020年《民诉解释》第110条可以看出,在民事司法裁判中,更加重视民事诉讼中对抗性的作

---

① 在2019年《证据规定》中,自认范围得到扩充:在第3条中,对另一方当事人的承认事由从“另一方当事人的陈述”扩展到“于己不利的事实”,如此,承认的范围可以包括证人、鉴定人的陈述,并且不仅限于“陈述”一种形式;承认的场景扩大,进一步包括在“证据交换、询问、调查”场景;在第5条中,删除了关于自认是否会导致承认对方诉讼请求的规定。在第4条中,对审判人员说明义务的规定修改,针对的是当事人的拟制自认。在2001年最高人民法院《关于民事诉讼证据的若干规定》中,拟制自认需经审判人员进行“充分说明”,在2019年《证据规定》中,删除了“充分”二字。由此,审判人员的立场更具中立性。

② 参见张卫平:《“民事证据裁判原则”辨识》,载《比较法研究》2021年第2期。

用。在这种趋势下,律师和当事人的诉讼技巧要求更高,特别应避免当事人本人或其代理人保持沉默而导致相关事实被拟制自认的情形。另外,在专利权属纠纷案件中,若法院接受将系争专利所记载的发明人作为当事人,或者系争专利的专利权人与发明人为同一人时,人民法院可以依据2020年《民诉解释》第110条要求当事人本人到庭并对其进行涉案专利技术内容的询问,若当事人本人已遗忘该技术内容,或者原告或被告一方的多位当事人在陈述时出现逻辑冲突,则在无其他证据证明的情形下,需要承担不利后果。

关于鉴定,2019年《证据规定》新增第30条,该条对鉴定经释明后依申请启动和依职权启动进行了规定。在该条规定之前,法院也有类似于该条第1款的实践。在江苏省南京市中级人民法院审理的黄某辉与南京金中建幕墙装饰有限公司纠纷案中,被告提供电子数据证据后,原告对电子数据证据的真实性有质疑,法院对原告释明其可以申请鉴定,在该案中,原告未申请鉴定也未提供其他相反证据,法院认定了该证据的真实性。① 另外,“鉴定意见”是法定证据类型,当事人未经法院审查许可而自行提交的鉴定结果仅仅作为“书证”材料,并非法律意义上的“鉴定意见”。故在专利权属纠纷案件中,提供电子证据的当事人,可以仅将电子证据作为初步证据提交,而不必一并提交电子证据的鉴定结果,如此,可以避免支出了鉴定费用但达不到预期证明力的情形。

另外,2019年《证据规定》新增的第30条意在针对“以鉴代审”“不容当事人质疑鉴定意见”等鉴定乱象。并且在专利权属纠纷中涉及的鉴定并非“四大类”司法鉴定,可以出具权属纠纷相关鉴定意见的机构准入门槛较低,水平良莠不齐。故在专利权属纠纷案件的诉讼过程中,可以从鉴定意见的程序和内容等角度进行质疑并申请鉴定人出庭。

四、总结

综上,在新规不断颁布和生效的背景下,应更重视对证明标准和审判程序的理解,以法律法规为准绳,规范证据准备和诉讼各环节,更好地对待证事实进行整理、证明和展示,以期获得有利的诉讼结果。

① 参见江苏省南京市中级人民法院民事判决书,(2016)苏01民终222号。

以华明诉泰普案为视角 谈滥用知识产权的反垄断规制*

王小兵

最高人民法院就上海华明电力设备制造有限公司（以下简称华明公司）诉武汉泰普变压器开关有限公司（以下简称泰普公司）垄断协议纠纷一案［（2021）最高法知民终 1298 号］作出终审判决，认定双方签订的调解协议因违反《反垄断法》的强制性规定而无效。该案从是否构成横向垄断协议为逻辑出发点，认定涉案调解协议的主要条款属于横向垄断协议，进而认定整个调解协议无效。同时，最高人民法院还就泰普公司滥用知识产权的行为进行了评述。

该案涉及的调解协议是双方基于专利侵权纠纷而签订，且案件涉及知识产权的正当行使与滥用知识产权的反垄断规制之争而引发业内的广泛关注。本文对该案的基本案情和法院观点进行梳理，并就实务操作中如何从反垄断法角度规制滥用知识产权行为谈谈自己的一些看法。

一、华明诉泰普案的基本案情

泰普公司拥有名称为“一种带有屏蔽装置的无励磁分接开关”的涉案发明专利，专利号为 ZL200610019247.3。2013 年 12 月 13 日，泰普公司发现华明公司生产、销售无励磁调压的鼓形开关外周套装有筒状屏蔽罩产品（以下

---

* 原文于 2022 年 4 月公开发表。

简称被诉侵权产品)，认为该产品技术特征落入涉案专利权的权利保护范围。2015 年 10 月 12 日，泰普公司向武汉市中级人民法院起诉华明公司及湖北阳光电气有限公司，要求停止侵权并赔偿经济损失。审理中，华明公司于 2015 年 11 月 27 日向国家知识产权局申请宣告涉案专利权无效，国家知识产权局受理。2016 年 1 月 22 日，泰普公司的法定代表人刘某和华明公司的法定代表人肖某经协商达成一致，双方签署涉案调解协议。2016 年 1 月 25 日，泰普公司申请撤回专利侵权纠纷案的起诉，华明公司申请撤回宣告涉案专利权无效请求，并均已生效。

涉案调解协议的主要内容："第一条，泰普公司、华明公司有权各自使用自己的品牌和商标销售变压器无励磁分接开关。华明公司承诺专攻笼形开关，不再生产制造其他型式的无励磁开关本体部分。华明公司不再自行制造或委托除泰普公司以外任何第三方(或向其购买)除笼形开关以外的开关本体及相关零部件，华明公司承接所有鼓形、条形与筒形等开关订单的机构之外的本体，按本协议价格委托泰普公司制造后向华明公司供货。华明公司将开关本体委托泰普公司生产，双方同意每两年就无励磁开关委托生产价格进行一次重新确认；未能重新达成一致以前，依然执行上次协议价格。第五条，华明公司将为泰普公司所参股的泰普联合公司做海外市场代理，泰普公司对华明公司售价为华明公司对用户实际售价，退税部分由华明公司享有，且华明公司不自行生产，也不代理其他企业同类产品。第十条，双方同意就替代进口开关及特种开关加强合作，信息共享，避免双方之间的恶意价格竞争，共同应对国外公司。一般来说，如果一方告知另一方价格信息，被告知方成交价格不能低于主动告知方。"

2017 年 1 月 20 日，泰普公司以华明公司违反涉案调解协议为由，向法院提起违约诉讼，法院认为涉案和解协议有效，华明公司违约。2018 年 6 月 11 日，泰普公司以华明公司再次违约为由，起诉华明公司。后华明公司向武汉市中级人民法院起诉，要求确认涉案协议因违反《反垄断法》而无效，并要求泰普公司赔偿损失及合理费用。

二、法院主要观点

本案一审法院和二审法院在涉案调解协议是否属于反垄断法所规制的“横向垄断协议”这一焦点问题上有着截然不同的认识。

一审法院(武汉市中级人民法院)认为:(1)华明公司、泰普公司之间在变压器开关市场存在产品交叉业务,双方之间**存在竞争法意义上的竞争关系**。(2)双方签订涉案调解协议的目的在于了结双方之间业已存在并已诉讼到法院的专利侵权争议及避免专利侵权争议再次发生。双方签订涉案调解协议并不在于通过涉案调解协议促使双方协议结盟进入竞争市场参与竞争。**涉案调解协议目的在于约束双方之间的竞争与合作,不在于约束竞争市场的竞争。**(3)根据涉案调解协议约定的权利、义务内容分析,**协议并未针对无励磁开关产品固定变更价格、限制生产销售数量及分割市场等事项进行约定**,对应条款不具有《反垄断法》第13条第1~3项所规制的垄断属性,不能认定为垄断协议。(4)根据涉案调解协议履行效果分析,涉案调解协议如若履行,并不具有《反垄断法》第13条所规制的垄断效果。**华明公司对涉案调解协议的履行效果具有垄断属性的举证责任并未完成**,其主张涉案调解协议履行效果具有垄断属性的证据不足。综上,涉案调解协议不属于垄断协议。

二审法院(最高人民法院)认为:(1)涉案调解协议**分割了无励磁分接开关的销售市场**。在国内市场,华明公司只能自己生产和销售笼形开关,笼形开关以外的所有无励磁分接开关均由泰普公司控制。在海外市场,华明公司只能销售泰普联合公司的产品,排除、限制了华明公司及其他生产同类产品的企业在无励磁开关市场的竞争。(2)涉案调解协议具有**限制商品生产和销售数量的内容**。涉案调解协议的第一条、第五条以停止生产、限制特定品种商品销售数量的方式限制华明公司产品的生产数量、销售数量,由此可能导致相关商品的供应量减少、商品价格上涨,进而最终损害消费者的利益。(3)在生产方或供货方唯一的情况下,成本、利润率相对确定,直接导致华明公司对外销售商品的价格与华明公司委托泰普公司生产产品的价格挂钩,**具有固定销售价格的较大可能性**。涉案调解协议限定华明公司在海外市场只能销售泰普联合公司的产品,在供货方唯一的情况下,华明公司对外销售价格已经被泰普公司限定。(4)泰普公司在无载分接开关市场上具有较强市场影响力,华明公司亦是重要的无载分接开关供应商之一,双方达成分割销售市场、限制商品生产和销售数量、固定商品价格的涉案调解协议一经实施,**明显会对市场竞争产生排除、限制效果**。综上,涉案调解协议构成横向垄断协议。

三、反垄断法规制的滥用知识产权行为

最高人民法院分别从反垄断法意义上的竞争关系、涉案调解协议是否符合《反垄断法》第13条第1款第1~3项规定的形式要求、涉案调解协议是否具有排除、限制竞争的效果等角度,重点阐述了涉案调解协议构成横向垄断协议的理由,说理非常充分。同时,笔者也注意到,针对泰普公司抗辩理由之一"双方签订涉案调解协议的前提条件和原因是华明公司涉嫌侵害泰普公司的涉案专利权,目的是解决专利侵权纠纷,防止后续再次发生专利侵权",二审法院也进行了回应。上述争议涉及涉案调解协议与专利侵权纠纷之间的关系,即泰普公司拥有并行使涉案专利权这一事实是否能够排除涉案调解协议的违法性这一问题。换一个角度来说,也可以认为,这涉及泰普公司是正当行使专利权的行为,还是构成反垄断法所规制的"滥用知识产权"行为。

知识产权法和反垄断法本质上都是为了促进市场公平竞争,反对恶意破坏竞争秩序的行为,两者在出发点和终极目标上是一致的。与此同时,两者在规范市场竞争过程中又相互制约,各自享有边界。2007年《反垄断法》第55条规定:"**经营者依照有关知识产权的法律、行政法规规定行使知识产权的行为,不适用本法;但是,经营者滥用知识产权,排除、限制竞争的行为,适用本法。**"该条阐明了知识产权法与反垄断法之间的关系,即依照法律、行政法规行使知识产权的行为,是正当合法行为,不应受到反垄断法规制。只有超出知识产权保护的边界,滥用知识产权,进而产生了排除、限制竞争效果的行为才由反垄断法所规制。

对本案,最高人民法院认为,泰普公司所有的"一种带有屏蔽装置的无励磁分接开关"的发明专利权,其技术效果主要在于降低开关制造成本,增强开关使用的稳定性、可靠性,属于对无励磁分接开关的改进,并非无励磁分接开关领域无法回避的基础性专利。涉案专利的权利要求保护的是一种带有特定

结构的屏蔽装置的无励磁分接开关，不涉及特定类型或形状的无励磁分接开关，而涉案调解协议以无励磁分接开关的型式划分产品，将其分为笼形、非笼形；在海外市场，又以无励磁分接开关的生产企业划分产品，并以上述划分为基础对华明公司生产和销售某些特定类型的无励磁分接开关加以限制，但**这种限制与涉案专利的权利保护范围并无实质关联，其核心并不在于保护专利权**，而是以行使专利权为掩护，实际上追求分割销售市场、限制商品生产和销售数量、固定价格的效果，属于滥用专利权，构成排除、限制竞争的行为，违反了《反垄断法》的规定。可见，二审法院在评判泰普公司是正当行使专利权还是滥用专利权这一问题时，着重从涉案专利权的保护范围与涉案调解协议所涉及产品的关联性角度进行审查，进而发现涉案专利权保护范围与调解协议中涉及的产品没有"实质关联"，属于以"保护专利权"之名行"滥用专利权"之实。

需要说明的是，《反垄断法》提及的"滥用知识产权"行为，并不是一种独立的垄断行为，因此，判断一种"滥用知识产权"行为是否应当受到反垄断法规制，还是要回归到该种行为本身是否属于我国《反垄断法》第 3 条所列举的三种垄断行为类型：经营者达成垄断协议；经营者滥用市场支配地位；具有或者可能具有排除、限制竞争效果的经营者集中。

针对哪些行为属于"滥用知识产权"的垄断行为，《反垄断法》并未明确规定。国务院反垄断委员会曾经发布过《关于知识产权领域的反垄断指南》，从该指南中，我们可以大致归纳知识产权领域的垄断行为类型：

（一）可能排除、限制竞争的知识产权协议

1. 联合研发：是指经营者共同研发技术、产品等，及利用研发成果的行为。联合研发通常可以节约研发成本，提高研发效率，但是也可能对市场竞争产生排除、限制影响。

2. 交叉许可：是指经营者将各自拥有的知识产权相互许可使用。交叉许可通常可以降低知识产权许可成本，促进知识产权实施，但是也可能对市场竞争产生排除、限制影响。

3. 排他性回授和独占性回授：是指被许可人将其利用被许可的知识产权

所作的改进,或者通过使用被许可的知识产权所获得的新成果授权给许可人。回授通常可以推动对新成果的投资和运用,但是排他性回授和独占性回授可能降低被许可人的创新动力,对市场竞争产生排除、限制影响。

4. 不质疑条款:是指在与知识产权许可相关的协议中,许可人要求被许可人不得对其知识产权有效性提出异议的一类条款。

5. 标准制定:是指经营者共同制定或参与制定在一定范围内统一实施的涉及知识产权的标准。标准制定有助于实现不同产品之间的通用性,降低成本,提高效率,保证产品质量。但是,具有竞争关系的经营者共同参与标准制定可能排除、限制竞争。

6. 其他限制:限制知识产权的使用领域,限制利用知识产权提供的商品的销售或传播渠道、范围或者对象,限制经营者利用知识产权提供的商品数量,限制经营者使用具有竞争关系的技术或者提供具有竞争关系的商品。

(二)涉及知识产权的滥用市场支配地位行为

1. 以不公平的高价许可知识产权:具有市场支配地位的经营者,可能滥用其市场支配地位,以不公平的高价许可知识产权,排除、限制竞争。

2. 拒绝许可知识产权:具有市场支配地位的经营者,没有正当理由拒绝许可知识产权,可能构成滥用市场支配地位行为,排除、限制竞争。

3. 涉及知识产权的搭售:是指知识产权的许可、转让,以经营者接受其他知识产权的许可、转让,或者接受其他商品为条件。知识产权的一揽子许可也可能是搭售的一种形式。具有市场支配地位的经营者,没有正当理由,可能通过上述搭售行为,排除、限制竞争。

4. 涉及知识产权的附加不合理交易条件:具有市场支配地位的经营者,没有正当理由,在涉及知识产权的交易中附加不合理的交易条件,可能产生排除、限制竞争效果。

5. 涉及知识产权的差别待遇:在涉及知识产权的交易中,具有市场支配地位的经营者,没有正当理由,可能对条件实质相同的交易相对人实施不同的许可条件,排除、限制竞争。

（三）涉及知识产权的经营者集中

涉及知识产权的经营者集中，主要体现在构成经营者集中的情形、审查的考虑因素和附加限制性条件等方面。审查涉及知识产权的经营者集中，适用《反垄断法》第四章规定。经营者通过涉及知识产权的交易取得对其他经营者的控制权或者能够对其他经营者施加决定性影响，可能构成经营者集中。

（四）涉及滥用知识产权的其他情形

1. 专利联营：是指两个或者两个以上经营者将各自的专利共同许可给联营成员或者第三方。专利联营各方通常委托联营成员或者独立第三方对联营进行管理。联营具体方式包括达成协议，设立公司或者其他实体等。专利联营一般可以降低交易成本，提高许可效率，具有促进竞争的效果。但是，专利联营也可能排除、限制竞争。

2. 标准必要专利：拥有市场支配地位的标准必要专利权人通过请求法院或者相关部门作出或者颁发禁止使用相关知识产权的判决、裁定或者决定，迫使被许可人接受其提出的不公平高价许可费或者其他不合理的许可条件，可能排除、限制竞争。

3. 著作权集体管理：著作权集体管理通常有利于单个著作权人权利的行使，降低个人维权以及用户获得授权的成本，促进作品的传播和著作权保护。但是，著作权集体管理组织在开展活动过程中，有可能滥用知识产权，排除、限制竞争。

四、滥用知识产权，排除、限制竞争行为的举证和抗辩思路

根据最高人民法院《关于审理因垄断行为引发的民事纠纷案件应用法律若干问题的规定》第7条："被诉垄断行为属于反垄断法第十三条第一款第一项至第五项规定的垄断协议的，被告应对该协议不具有排除、限制竞争的效果承担举证责任。"即如果滥用知识产权，排除、限制竞争行为属于垄断协议，则适用"本身违法原则"，原告无须就该协议具有排除、限制竞争的效果进行举证，直接推定协议具有排除、限制竞争的效果，转而由被告对该协议不具有排

除、限制竞争的效果承担举证责任。

该司法解释第8条规定:"被诉垄断行为属于反垄断法第十七条第一款规定的滥用市场支配地位的,原告应当对被告在相关市场内具有支配地位和其滥用市场支配地位承担举证责任。被告以其行为具有正当性为由进行抗辩的,应当承担举证责任。"即如果滥用知识产权,排除、限制竞争行为属于滥用市场支配地位的垄断行为,则适用"合理原则",原告不仅需要证明被告在相关市场内具有支配地位,还需要进一步证明存在滥用市场支配地位(存在排除、限制竞争的效果)的行为,而不是直接推定。当然,此时被告可以进行正当性抗辩。

针对滥用知识产权,排除、限制竞争行为的举证和抗辩,笔者认为,可以重点围绕以下思路展开:

(一)针对滥用知识产权,排除、限制竞争行为的举证思路

1. 界定相关市场:通常遵循相关市场界定的基本依据和一般方法,同时考虑知识产权的特殊性。如果仅界定相关商品市场难以全面评估行为的竞争影响,可能需要界定相关技术市场。

2. 明确滥用行为的特征和表现形式:原告需举证证明滥用行为的特征和表现形式,以便进一步判断是否构成垄断行为。滥用知识产权,排除、限制竞争的行为,可能是行使知识产权的行为,也可能是与行使知识产权相关的行为。

3. 证明滥用行为对市场竞争产生的排除、限制影响:该部分主要证明滥用行为已经或可能产生排除、限制市场竞争的影响,可以从市场竞争状况,竞争者之间的竞争关系,经营者的市场影响力,行为对技术创新、传播和发展的阻碍,行为对行业发展的阻碍等方面进行举证。

(二)针对滥用知识产权,排除、限制竞争行为的抗辩思路

1. 属于依照有关知识产权的法律、行政法规规定行使知识产权的行为:被告可以从知识产权法律、行政法规的具体规定,涉案知识产权的保护范围与被诉行为之间的实质关联性等角度说明被诉行为合理、合法。

2. 被诉行为对创新和效率产生的积极影响：例如，促进技术的传播利用，提高资源的利用效率，消费者能够分享促进创新、提高效率所产生的利益等。

3. 适用“安全港规则”：国务院反垄断委员会《关于知识产权领域的反垄断指南》第13条设置了“安全港规则”。

五、思考与启示

华明诉泰普案是非常典型的由知识产权纠纷引发的反垄断案件，其中交织着知识产权合理行使与滥用的界定，保护知识产权与反垄断的争辩。从一审法院和二审法院的判决来看，该案的法律定性存在较大争议。笔者认为，最高人民法院通过该案判决，将向公众展现反垄断法在规制知识产权滥用方面的作用，在全社会加大对知识产权保护的背景下，通过该案矫正实践中可能存在的滥用知识产权行为，以促进竞争和创新，提高经济运行效率，维护消费者利益和社会公共利益。

该案的判决也对经营者基于知识产权达成的协议可能存在违反《反垄断法》的情况而被宣告无效发出警示信号。基于当事人双方真实意思表示而达成的知识产权协议，虽然遵循了意思自治的原则，但该协议的实施，可能会对相关市场竞争秩序造成不利影响，进而对消费者和社会公共利益造成损害，这恰恰是《反垄断法》存在的意义。所以，经营者在审核、评价知识产权协议条款效力时，除了适用《民法典》及知识产权相关法律、法规之外，还需要引入反垄断法律审查机制，以便更全面地评判协议效力问题。《反垄断法》从保护市场公平竞争，提高经济运行效率，维护消费者利益和社会公共利益，促进社会主义市场经济健康发展出发，从另一视角审视知识产权正当行使的边界，对企业规范参与市场竞争、合理运用知识产权都具有积极的导向意义。

以技术秘密申请专利对商业秘密的侵害行为分析*

朱俊跃

商业秘密,是指不为公众所知悉,具有商业价值,并经权利人采取相应保密措施的技术信息、经营信息等商业信息。商业秘密具有秘密性、保密性和价值性。与一般的知识产权不同,商业秘密是权利人通过秘密手段进行保护的一种权利。当秘密手段失效后,就会失去商业秘密的保护。

依据《反不正当竞争法》第 9 条,侵犯商业秘密的行为主要包括:

(1)以盗窃、贿赂、欺诈、胁迫、电子侵入或者其他不正当手段获取权利人的商业秘密;

(2)披露、使用或者允许他人使用以前项手段获取的权利人的商业秘密;

(3)违反保密义务或者违反权利人有关保守商业秘密的要求,披露、使用或者允许他人使用其所掌握的商业秘密;

(4)教唆、引诱、帮助他人违反保密义务或者违反权利人有关保守商业秘密的要求,获取、披露、使用或者允许他人使用权利人的商业秘密。

从以上条款可以看出,侵犯商业秘密的行为主要表现为获取、披露和使用。除不正当手段获取商业秘密构成侵权外,获取后的披露和使用商业秘密也构成商业秘密侵权。

所谓披露,一般理解,应是指通过各种方式向他人泄露商业秘密。有的采

---

* 原文于 2022 年 6 月公开发表。

取口头告知，如当面告诉、电话告知等；有的采取书面方式，如提供商业秘密的原件、复制件、用信件告知内容等；有的采取让人阅读、抄录、复制商业秘密等。只要通过行为能让他人了解，获知商业秘密，不管方式如何，都应以披露论处。

《中华全国律师协会律师办理商业秘密法律业务操作指引》指出“披露”包括：

(1)告知特定的第三人，使商业秘密为该特定第三人知悉。无论该第三人是否继续向其他人披露，是否使用了权利人的商业秘密，都不影响披露人侵权的构成。

(2)向特定的部分人披露，指侵权人在私下场合谈论他人的商业秘密，或在特定人员参加的会议上披露他人的商业秘密。其结果虽未达到使他人的商业秘密为社会公众所知悉的程度，但已难以控制其继续扩散和为他人所使用。

(3)向社会公开。

从以上相关的规定或意见可以看出，一般认为所谓披露只需要向他人公开商业秘密即可构成披露侵权。

所谓使用，则是指将获知的商业秘密用于生产、经营活动。

最高人民法院《关于审理侵犯商业秘密民事案件适用法律若干问题的规定》第9条规定：“被诉侵权人在生产经营活动中直接使用商业秘密，或者对商业秘密进行修改、改进后使用，或者根据商业秘密调整、优化、改进有关生产经营活动的，人民法院应当认定属于反不正当竞争法第九条所称的使用商业秘密。”

《中华全国律师协会律师办理商业秘密法律业务操作指引》指出“违法使用”：“包括但不限于将他人的商业秘密直接用于生产经营活动，如用于生产产品、制订销售计划、进行经营管理等；将他人的商业秘密间接用于生产经营目的，如用于员工培训，在他人商业秘密基础上研发新的产品、制定新的营销策略等。”

从以上相关的规定或意见可以看出，一般认为在生产经营活动中使用即可构成使用侵权。

将获取的技术秘密申请专利在商业秘密侵权案例中较为常见，这些案例中所追究的大多仅仅为公开披露行为。但公开披露只是专利公开一瞬间的行为,而专利申请耗时不短,特殊情况下可能长达数年,期间的侵权行为仍值得细分。

专利是一项发明创造受保护的独享权益。专利依申请而取得,需要向国家知识产权局(以下简称国知局)提出申请,经审查通过后授予专利权。专利两个最基本的特征就是"独占"与"公开",以"公开"换取"独占"是专利制度最基本的核心。"独占"是指法律授予专利权人在一段时间内享有排他性的独占权利;"公开"是指专利权人作为对法律授予其独占权的回报而将其技术公之于众人,使社会公众可以通过正常的渠道获得有关专利技术的信息。因此,对于非法获取商业秘密的侵权人来说,专利申请既可能使其获得"独占"的权利,又可以使该商业秘密公开,丧失秘密性从而失去商业秘密的保护,可谓一举两得。

依据我国专利法律制度及实际情况,专利申请所经过的流程大致包括申请人通过代理人撰写出申请文件、向国知局提出申请、国知局进行审查和公开、最终驳回或授权。在将商业秘密申请专利时,期间可能需要先向专利代理人提供商业秘密的技术信息,并向国知局提交该技术信息,随后才能由国知局对该技术信息进行审查并进行公开。

由此可知,在申请专利时,可能至少存在三次"披露"商业秘密的行为。除了申请人通过国知局将商业秘密进行公开的行为毫无疑义地构成公开披露侵权行为,在此之前的还可能存在向专利代理人披露、向国知局审查员披露。虽然专利代理人和国知局具有约定或法定的保密义务,此时商业秘密仍然处于秘密状态,但"披露"不应当以接收方是否有保密义务来判断。商业秘密的流传增加了泄密的可能,使商业秘密扩散的范围增大,实质上也损害了商业秘密原有"秘密性"的界限和范围。因此,申请人向专利代理人和国知局提交商业秘密技术信息时仍应当被认定为构成披露侵权行为。

此外,在构成数次披露侵权的同时,申请行为也可能构成使用侵权。

首先,从向专利代理人泄露和向国知局提交技术信息至专利公开之间,存在一段不短的时间。此时侵权人利用商业秘密的技术信息的行为处于持续的过程中,仍然需要加以制止。

其次,与其他生产经营活动类似,专利申请也能为侵权人带来利益。侵权人将商业秘密用于生产产品、员工培训、研发新的产品等其他生产经营活动时,能够增加收入、提高生产效率、增加无形财产等。而专利作为一种专有的权益,具有一定的价值,也是侵权人的财产之一。因此,进行专利申请与生产、研发、培训等类似,也属于生产经营活动。侵权人在专利申请中非法使用技术秘密,应当构成使用侵权行为。

再次,商业秘密的技术信息具有秘密性,在专利申请中使用技术秘密,能够极大地增加获得授权的概率或者可以直接导致授权。侵权人在专利申请中通过非法使用技术秘密获得非法的利益,其行为也应当被制止。

最后,如果商业秘密的技术信息最终获得授权,假定授权的技术方案也完全来源于商业秘密的技术信息,那专利权是否能够直接归属于商业秘密的权利人呢?商业秘密的权利人最初选择通过秘密手段,而不是选择专利权保护技术信息,是否就可以在秘密手段失效后当然地获得专利权的保护?专利权通过"公开"换取"保护",从公共利益出发,理应是一种位级高于商业秘密的权利,而不应当成为商业秘密的兜底手段。权利人是否可以在享受商业秘密保护的同时又享受专利权的保护?

在我国知识产权法律制度中,除了构成职务发明从而可以将专利权属归属于商业秘密所有人外,并没有明确的商业秘密的所有人可以直接获得专利权的规定。在(2020)最高法知民终296号民事判决书中,法院依据诚实信用原则判定专利权归属于商业秘密所有人享有。结合此案可以理解的是,此案的侵权人违反诚实信用原则不正当地获取了商业秘密,随后又非法使用商业秘密的技术信息进行专利申请,并最终获得了专利权。侵权人获得专利权没有法律根据,使商业秘密的所有人受到损失而自己获得了利益,应当返还该不当利益。专利权理应归属于商业秘密的所有人。

知识产权恶意诉讼损害责任纠纷案件中“恶意”的认定*

臧云霄

近几年知识产权民事侵权案件一直处于高速增长趋势，随着知识产权案件的增长，知识产权恶意诉讼损害责任纠纷的数量也呈增长趋势。“因恶意提起知识产权诉讼损害责任纠纷”是最高人民法院于2011年2月发布的《关于印发修改后〈民事案件案由规定〉的通知》新增加的一项三级案由，隶属于第五部分“知识产权与竞争纠纷”项下的二级案由“十四、知识产权权属、侵权纠纷”。根据可检索到的案例，此类知识产权恶意诉讼损害责任纠纷案件，在2001年到2017年为51件，在2018年到2021年就有112件，可见，4年来的此类案件数量是2017年之前累计案件数量的2倍还要多。

知识产权恶意诉讼损害责任纠纷案件属于侵权责任类案件，一般适用全面赔偿的原则判赔，需要举证实际发生的与恶意诉讼存在因果关系的损失，且此类案件没有适用惩罚性赔偿的法律依据，因此，大多数案件判赔金额不高，但根据已经生效的判决，也有少数案件法院判赔在500万元以上。知识产权恶意诉讼损害责任纠纷案件是知识产权的权利人在提起知识产权维权案件败诉后反被被告起诉，如果在损害赔偿案件中再次败诉，则权利人要遭受双重打击。因此，在知识产权维权案件高速增长的同时，对知识产权恶意诉讼损害责任纠纷案件非常有讨论的必要。知识产权权利人在发起维权行动之前，一定

---

* 原文于2023年4月公开发表。

要认真考虑权利来源、谨慎对待整个诉讼，以防维权行动出师不利后被对手反击。

一、知识产权恶意诉讼损害责任纠纷案件的构成要件

诚实信用原则是一切市场活动参与者所应遵循的基本准则，民事诉讼活动同样应当遵循诚实信用原则。一方面，它保障当事人有权在法律规定的范围内行使和处分自己的民事权利和诉讼权利；另一方面，它又要求当事人在不损害他人和社会公共利益的前提下，善意、审慎地行使自己的权利。作为知识产权的权利人，享有的权利依法应当受到保护，当权利被侵害时，可以依法行使诉权保护权利，但行使诉权亦应当符合诚实信用原则，善意、审慎行使权利。

恶意提起知识产权诉讼损害责任纠纷案件，从该案由的名称看，需要符合因恶意提起知识产权诉讼、导致损害以及该诉讼行为与损害后果之间具有因果关系等条件。本文主要讨论其中"恶意"的认定。关于恶意诉讼的构成要件，一般认为，当事人以获取非法或不正当利益为目的而故意提起的在法律上或事实上无依据的诉讼，即构成恶意诉讼。恶意诉讼本质上是侵权之诉，行为表现为滥用权利而非正当行使权利；目的在于获取非法或不当利益，同时亦使相对人在诉讼中遭受损害，而非对法律赋予的权利进行救济。

根据《民法典》第七编"侵权责任"第 1165 条第 1 款："行为人因过错侵害他人民事权益造成损害的，应当承担侵权责任。"在法律无特别规定时，侵权责任以过错为一般归责原则，而对于恶意提起知识产权诉讼的损害责任案件而言，行为人的主观过错应指主观故意，即明知诉讼行为无事实根据和正当理由，但为了获取不当利益或者侵害他人合法权益而提起诉讼。恶意是主观上的状态，如何认知和证明要根据客观表现而定。根据最高人民法院民三庭 2004 年《关于恶意诉讼问题的研究报告》：恶意诉讼中的"恶意"主要体现在两个方面，一是明知自己的诉讼请求缺乏事实和法律依据；二是具有侵害对方合法权益的不正当的诉讼目的。

二、恶意提起知识产权诉讼损害责任纠纷案例及分析

通过对恶意提起知识产权诉讼的损害责任典型案件的分析，我们进一步

探讨司法认定"恶意"的考虑因素,并据此获得对企业知识产权保护工作的指导。

(一)案例

案例一:宁波富邦家具有限公司与宁波梦莹家居有限公司恶意提起知识产权诉讼损害责任纠纷案[(2021)最高法民申6223号]

该案专利权利人富邦公司以外观设计专利向梦莹公司提起专利侵权之诉。根据法院查明,涉案专利的设计人在专利申请日之前在其微信朋友圈和富邦公司经销商的微信朋友圈等多个渠道发布、公开与外观设计相同的实物展示图,相关信息和图片处于公众随时能够获取的状态。法院认定:上述行为已构成《专利法》意义上的公开。发布信息用于宣传自己公司产品,富邦公司理应知晓相关情况。作为家具制造企业,富邦公司自身也申请了大量外观设计专利,对于外观设计专利的授权条件亦应当具备相应的认知能力。在此情况下,富邦公司仍依据该外观专利向梦莹公司提起侵权诉讼,并主张侵权赔偿,主观上存在恶意。

案例二:张某敏、上海凯聪电子科技有限公司与深圳市乔安科技有限公司因恶意提起知识产权诉讼损害责任纠纷案[(2019)沪民终139号]

法院经事实查明认定,凯聪公司在其经营的天猫网店公开销售与涉案外观设计专利基本相同的一款摄像机,张某敏作为凯聪公司法定代表人对上述事实应当知晓,而张某敏仍然将已经公开的产品设计申请专利,违背了诚实信用原则,属于恶意申请专利的行为。张某敏在明知其外观设计专利缺乏权利基础的情况下,仍然向法院提起专利侵权诉讼并提出高达1,000万元的赔偿诉请,使乔安公司受到经济上的损失,属于滥用诉讼权利,构成恶意提起知识产权诉讼。

案例三:山东比特智能科技股份有限公司、江苏中讯数码电子有限公司恶意提起知识产权诉讼损害责任纠纷案[(2019)最高法民申366号]

前面案例是专利维权引发的恶意诉讼案件,本案是商标侵权案件引发的恶意诉讼案件。虽权利基础不同,仍可以从中探索法院对"恶意"的认定。本案商标权利人为比特公司,曾是TELEMATRIX品牌持有人(美国TELEMA-

TRIX. INC.)在中国的代工厂,加工 TELEMATRIX 品牌的酒店专用电话机产品。2004 年,比特公司向国家商标局申请"TELEMATRIX"商标(第 9 类电话机等商品)并于 2007 年获得注册,注册号为第 4359350 号。2006 年起,中讯公司接受美国 TELEMATRIX. INC. 的委托,加工 TELEMATRIX 品牌的电话机产品。比特公司获得"TELEMATRIX"商标后以中讯公司侵犯商标权为由提起诉讼,同时还向工商部门投诉查处。中讯公司被迫终止与美国 TELEMATRIX. INC. 的代工合作,损耗了大量产品和物料,造成巨大损失。

2013 年,商标评审委员会对第 4359350 号出具裁定书认定:在该商标申请注册日之前,TELEMATRIX 商标在世界范围内尤其在美国酒店专用电话机行业领域内具有一定知名度,比特公司的该商标的申请注册已构成商标法"以不正当手段抢先注册他人已经使用并有一定影响的商标"之情形,据此裁定撤销该商标。比特公司不服该决定书提起行政诉讼,经两审终审和再审等司法审查后,该商标终被撤销。

最高人民法院认为:基于美国 TELEMATRIX. INC. 的 TELEMATRIX 商标在涉案商标申请日之前已经具有的知名度,比特公司申请注册涉案商标的行为难谓善意,根据比特公司在其网站上宣传内容及对 TELEMATRIX. INC. 的代工企业提起侵害商标权之诉等事实,确难认定比特公司是以依法维权为目的、正当行使诉讼权利的行为。

(二)案例分析

根据以上案例,知识产权恶意诉讼损害责任纠纷案件中最重要的是关于"恶意"的认定。一般而言,知识产权权利人在提起诉讼时对是否享有权利基础是知晓的,倘若权利人在缺乏权利依据的情况下提起诉讼,可能会被认定具有主观上的恶意,反之,则不能被认定为具有恶意,但需要结合不同案件的事实和证据进行具体分析。

1. 对专利侵权案件,如果专利权人知道自己的专利是将公知技术(包括他人在先公开的技术以及自己在先公开的技术)申请专利并根据该专利提起诉讼,则存在被认定为恶意的可能。以外观设计专利举例,外观设计专利相比技术类的发明专利和实用新型专利而言,简单且直观,授权过程不需要经过实质审查，专利领域内大量恶意诉讼案件主要是以外观设计专利作为权利基础，《专利法》第 23 条第 3 款“授予专利权的外观设计不得与他人在申请日以前已经取得的合法权利相冲突”，另根据最高人民法院《关于审理专利纠纷案件适用法律问题的若干规定》第 12 条：“专利法第二十三条第三款所称的合法权利，包括就作品、商标、地理标志、姓名、企业名称、肖像，以及有一定影响的商品名称、包装、装潢等享有的合法权利或者权益。”因此，如果外观设计专利跟他人在申请日以前已经取得的合法权利相冲突，该专利的权利基础可能会存在问题，专利权人若知道其权利基础存在问题而仍以此提起诉讼，则构成“恶意”。在江苏洋府酒业股份有限公司与被告宿迁市洋河镇御缘酿酒厂恶意提起知识产权诉讼损害责任纠纷案中，御缘酿酒厂的酒盒外观专利上标注了“中国洋河”或“江苏洋河”字样，已经被司法认定侵犯了洋府酒业股份的“洋河”商标专用权，在知晓其权利不符合《专利法》规定的情况下仍然以该外观设计专利提起知识产权诉讼，被认定具有明显恶意。

针对发明专利和实用新型专利，因涉及较为复杂的技术特征对比，判断具有一定的专业性、复杂性，一般不能简单地以被控侵权人提出公知技术抗辩或者提供在先公开的专利技术资料的事实，就作出专利权人对其专利权是否有效的判断。判断专利权人是否明知其专利属于公知技术而申请专利、是否明知专利权无效而恶意进行诉讼，应该根据具体案件中双方当事人提交的相关证据进行个案审查。另外，仅凭涉案专利在无效程序中被认定无效也不足以认定权利人的“恶意”。

对专利权人来说，以上案例给予的启示是，专利申请是对自主研发成果的保护，不是将在先公开的技术进行简单拼凑。如是后者，则在后续的维权诉讼案件中可能遭遇反击。对提供专业专利代理服务的机构来说，在专利申请前进行充分的检索，协助企业尽可能做好筛查，以有效避免将来被认定“恶意”。

2. 针对商标侵权案件而言，商标权人要注意申请商标的行为是否恶意，是否有明知是侵犯他人在先权利而恶意注册的情况，如是否违反《商标法》第 32 条规定。2019 年《商标法》修正中增加了第 4 条对恶意注册商标的规制和第 7 条违反诚实信用原则的商标，因此，针对可能违反这些规定而获得的商标权，权利人在行权时要考虑是否构成恶意诉讼的可能性。

3. 在著作权侵权案件中,因作品登记是形式审查,若著作权人并非独立创作作品,而是将他人已在网上公开销售的产品或公开展示的图片作为自己创作的作品进行作品登记并据此提起侵权诉讼,也会被认定为主观上存在恶意。

三、结语

根据以上对恶意提起知识产权诉讼损害责任纠纷案件的分析,知识产权权利人在提起维权诉讼时需要考虑权利基础及起诉是否有法律和事实上的依据,善意、审慎地进行诉讼。当然,权利人在提起诉讼时,并非要求其都能够准确判断是否具备充足的证据和理由,起诉也并不意味着原告的诉讼请求就一定能够得到法院的支持。只要原告提起诉讼的动机和目的是出于维护自身正当权利,且具备一定的事实基础,即便诉讼最终未能获得法院的支持,一般也不能被认定为恶意诉讼。

抓住审查意见“薄弱”环节寻找创造性答复切入点*

张　昊

一、引言

专利审查意见的答复是一名合格的专利代理师的必备技能。大多数审查意见都会涉及创造性问题,那么如何快速找准创造性答复的切入点呢?笔者认为,既然是针对审查意见进行答复,那么顺着审查意见的逻辑结构来寻找其可能存在的逻辑“漏洞”是寻找创造性答复切入点可供考虑的策略。

二、审查意见逻辑结构拆解

中国专利审查意见中的创造性评述基本是按照“三步法”的思路给出的,具体步骤大概为:

明确申请人的权利要求主张;申请的事实认定;最接近现有技术的事实认定;确定区别技术特征;对于区别技术特征的进一步评述。

在这样的评述结构中,最容易出现逻辑“漏洞”的部分就是对区别技术特征的进一步评述部分。为了得出区别技术特征相对现有技术没有创造性贡献的结论,审查意见的评述中容易出现逻辑“漏洞”之处大多在以下方面。

* 原文于2022年5月公开发表。

(一)确定区别技术特征要解决的技术问题时

确定区别技术特征要解决的技术问题是得出区别技术特征相对现有技术有无创造性的最终结论的基础,为了使后续的评述逻辑严谨,通常审查意见中确定的要解决的技术问题较为宽泛,而且会更加贴近对比文件中相应特征所解决的技术问题。那么,如此确定出来的技术问题有时会偏离区别技术特征在本申请中实际要解决的技术问题。

因此,答复创造性的关键切入点之一就是核对审查意见中确定的区别技术特征解决的技术问题是否正确。

下面笔者通过案例进行具体分析。

一件发明专利申请的权利要求 1 如下:

一种用于测量物体的方法,包括:接收计算机生成的三维虚拟参照物,其中,所接收的虚拟参照物是基于所述物体的模型图生成的,并且所述虚拟参照物包括所述物体的精确坐标,其中,所述精确坐标包括至少一个离散点的坐标;获取所述物体的至少两个图像,其中,所获取的至少两个图像是利用至少两个不同的摄像头获取的;基于所获取的所述图像确定所述物体上的至少一个离散点的三维位置,其中,所确定的三维位置与所述计算机生成的三维虚拟参照物在相同的坐标系中;确定所述虚拟参照物上相应的离散点坐标;以及基于所获取的图像上的至少一个离散点的所确定的位置和所述虚拟参照物上的相应的精确坐标,计算所述物体上的至少一个离散点的绝对标度位置。

针对该权利要求 1,审查意见确定的最接近的现有技术为 D1(US2015139535A1),并且作出了如下评述:该权利要求保护的技术方案与 D1 相比,区别技术特征为:利用至少两个不同的摄像头获取图像。基于上述区别技术特征,该权利要求实际解决的技术问题是:如何简化测量步骤。对于上述区别技术特征,D1 已公开了相机从不同视点捕获对象的多个 2D 图像;在此基础上,为了简化测量步骤,本领域技术人员不难想到设置多个摄像头从不同方向获取图像。

在该审查意见中,为了得出本领域技术人员容易想到区别技术特征的结论,同时为了贴合对比文件中相关特征要解决的技术问题,审查员将区别技术特征要解决的技术问题确定为简化测量步骤。申请人/代理师在寻找答复切入点时，首先应该核对确定的技术问题是否正确。

在核对时就可以发现，本申请中明确公开了“大量的摄像头增加了测量的覆盖范围和准确性”。可见，区别技术特征在本申请中实际要解决的技术问题是如何提高测量覆盖范围和准确性，而与简化测量步骤无关。

因此，通过核对审查意见中确定的区别技术特征要解决的技术问题是否正确可能是找到创造性答复切入点的有效策略之一。

（二）认定区别技术特征属于常规设计时

在很多情况下，区别技术特征在审查意见中容易被评述为常规设计，而申请人/代理师在面对这样的审查结论时较难找到合理的理由进行争辩。

笔者认为，在核对将区别技术特征认定为常规设计是否合理时，可以通过还原申请中设置该区别技术特征的整个发明构思进行，即确定申请中设置区别技术特征的技术动机是什么，起到何种作用、实现何种效果。

常规设计是本领域技术人员在现有技术的基础上可能能够进一步做出的技术改进，本质上属于本领域技术人员的能力范围而不是认知范围。在对比文件的基础上本领域技术人员做出常规设计是需要技术动机的。在本领域技术人员无法从对比文件公开的内容本身获得相应的技术动机，则显然不会做出相应的技术选择。下面笔者通过案例进行具体分析。

一件发明专利申请修改后的权利要求 1 如下：

一种流变仪设备，其包括：

套筒，所述套筒具有内部空间；

圆柱形浮子，所述圆柱形浮子设置在所述套筒的所述内部空间内并且连接到浮子轴的第一端；

十字弹簧枢轴，所述十字弹簧枢轴连接到所述浮子轴的第二端；

臂，所述臂连接到所述圆柱形浮子并且从所述圆柱形浮子径向突出，以及线性致动器，所述线性致动器连接到所述臂。

其中，所述十字弹簧枢轴限定被配置为旋转至少 2°而没有偏移的旋转中心。

审查意见将特征“所述十字弹簧枢轴限定被配置为旋转至少 2°而没有偏移的旋转中心”认定为常规设计。在寻找答复切入点时，应当核对将该区别技术特征认定为常规设计的结论是否站得住脚。

在核对时就可以发现，本申请中明确公开了特征“所述十字弹簧枢轴限定被配置为旋转至少 2°而没有偏移的旋转中心”所起的作用。限定旋转角是为了避免弯曲带（例如，图 1 中的弯曲带 201 和 203）的交叉从旋转中心明显偏离，从而实现精确的力或扭矩测量。换句话说，由于十字弹簧枢轴是由两个交叉的弯曲带构成的，因此需要限定旋转角。因此，限定旋转角与十字弹簧枢轴的构造紧密相关。相应地，如果十字弹簧枢轴的结构没有两个交叉的弯曲带，本领域技术人员就没有动机去限定旋转角。

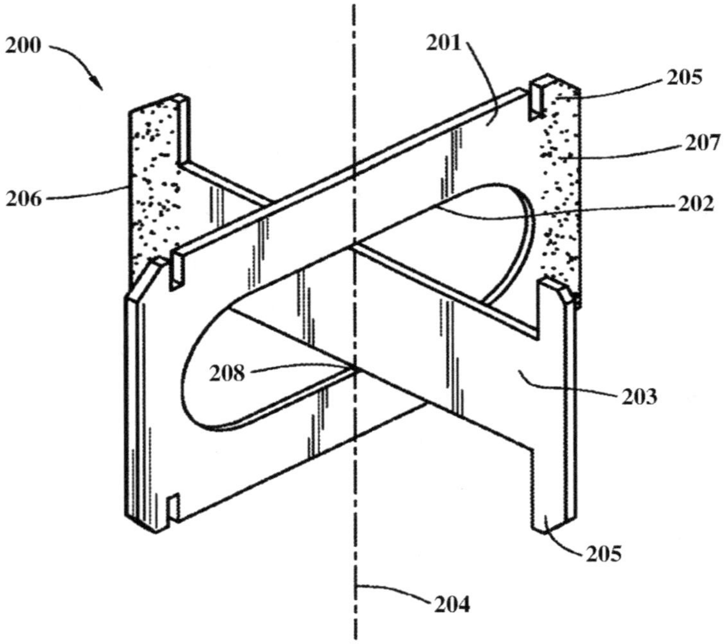

图 1　本申请中的弯曲带

那么，在对比文件完全没有涉及弯曲带结构的情况下，本领域技术人员显然不会限定与之相关的旋转角。因此，将申请中的特征认定为常规设计是不合理的。

从上面的案例可以看出，本申请中设置区别技术特征的技术动机在于，在十字弹簧枢轴的结构包括两个交叉的弯曲带的情况下为了实现精确的力或扭矩测量，需要限定与之相关的旋转角。那么在对比文件没有涉及这种结构的十字弹簧枢轴的情况下，本领域技术人员显然是没有任何技术动机来做出这样的常规设计。所以，核对审查意见对常规设计的认定是否正确的一种有效思路在于核对本领域技术人员是否会在对比文件的基础上有动机做出常规设计。

因此，通过核对审查意见对常规设计的认定是否正确也可能是找到创造性答复切入点的有效策略之一。

（三）认定对比文件的结合能够得到要求保护的技术方案时

当审查意见利用多篇对比文件进行评述时，逻辑“漏洞”可能出现在多篇对比文件的结合上。审查意见指出的结合有时是一种事后结论，没有合理地站在本领域技术人员的角度考虑这种结合的可行性。

那么，在面对利用多篇对比文件进行评述的审查意见时，应当核对多篇对比文件的结合是否能够得到申请要求保护的技术方案。下面笔者通过案例进行具体分析。

一件发明专利申请权利要求 1 如下：

一种传感器组件（2），被配置为在包括电动马达（70）和流体泵（30）的泵组件中执行故障检测，其中，所述传感器组件（2）包括壳体（4），所述壳体（4）被配置为附接到设置在所述泵（30）中的孔中，其中一个或多个振动感测元件（16）被布置在所述壳体（4）中，并且所述传感器组件（2）包括计算单元（84）或者通过有线或无线连接到布置在所述壳体（4）外部的计算单元（84），其中，所述计算单元（84）被配置为接收来自所述振动感测元件（16）的传感器信号（V1、V2、V3），其特征在于，所述计算单元（84）被配置为执行计算并由此基于所述一个或多个振动感测元件（16）提供的传感器信号（V1、V2、V3）检测马达轴承故障和空化。

审查意见指出，区别技术特征“所述壳体（4）被配置为附接到设置在所述泵（30）中的孔中，其中一个或多个振动感测元件（16）被布置在所述壳体（4）中”被 D2（CN104114873A）公开，因此，本申请权利要求 1 的整个技术方案被

D1(CN101636589A)和 D2 的结合公开。

在寻找答复切入点时,可以考虑核对本领域技术人员是否能够通过结合这两篇对比文件得到本申请的技术方案。

在核对时就可以发现,本申请明确公开了,将传感器组件的壳体设置在泵中的孔内,是为了设置在壳体内的振动感测元件能够以足够大的幅度检测到由故障的马达轴承产生的振动信号和空化在泵的吸入侧的情况下产生的信号,从而解决利用单个传感器组件来检测马达轴承故障和空化的技术问题。

而 D2 要解决的技术问题是如何使泵壳体更易于制造,从而节省生产成本,基于此,D2 的技术方案提供了一种具有压差传感器的接收部的泵壳体。可见,D2 仅仅公开了一种具有传感器接收部的泵壳体,这种泵壳体提供了一种传感器的安装结构和安装位置。因此,区别技术特征在本申请的技术方案中所起的作用与 D2 中的不同。

另外,D1 要解决的技术问题是如何尽早地检测到马达故障,特别是轴承磨损或者泵机组中叶轮的磨损或者污染等故障,那么本领域技术人员基于 D2 要解决的技术问题,无法获得将解决泵壳体制造成本相关技术问题的 D2 应用到要解决检测故障相关技术问题的 D1 的技术启示。也就是说,基于 D2 的公开内容,本领域技术人员无法获得更改 D1 中的泵壳体的结构并且还要将传感器的组件设置在泵壳体的接收部中的技术启示。

因此,在核对对比文件的结合是否能够得到本申请的技术方案时,从区别技术特征在各个对比文件以及本申请中所起到的技术作用入手,可能能够较容易地确定结合是否合理。

三、结语

从审查意见评述中容易出现逻辑“漏洞”的地方着手,能够较为直接地找到答复创造性问题的切入点,而且通过发现审查意见存在的逻辑“漏洞”而找到的答复切入点往往能够使争辩更有针对性,更具说服力,从而提高答复的成功概率。

专利保护范围的确定原则及其对专利撰写的启示*

孙龙龙

随着我国对知识产权的保护越来越重视，保护知识产权对知识经济的增长也越来越重要。专利保护范围的确定是知识产权的重要内容，也要求在专利撰写过程中就应当注重保护范围的规划。

一、专利保护范围的确定原则

在世界范围内，专利保护范围的确定原则主要包括以下三种：周边限定原则，按照权利要求书字面含义解释，不允许其他扩展解释；中心限定原则，主要通过专利说明书和附图揭发创造整体构思，扩大保护范围；折中原则，介于以上两者之间。

（一）周边限定原则

周边限定原则是指：在理解和解释权利要求时，只能严格地按照权利要求书的字面含义进行，任何其他的扩展解释都是不被允许的。采用该原则的主要是英国、美国等国家。

可以将周边限定原则理解为，以权利要求书记载的内容为一个圆，圆内的技术特征才是专利的保护范围，其他任何内容均不属于专利的保护范围。虽

---

* 原文于2021年10月公开发表。

然这样的方式能够更清晰地呈现专利的保护范围，但是也存在巨大的风险。因为“文字游戏”是非常容易被人发现纰漏，一旦出现漏洞，在专利纠纷中就会处于弱势。因此上述原则对专利申请人或专利代理人有极高的要求，专利撰写更是要字字斟酌。

（二）中心限定原则

中心限定原则是指：只要通过说明书及其附图的内容全面揭示发明创造的整体构思，将保护范围扩大到一定范围。只要满足授予专利权的专利性条件即可，不必进行高度的抽象和概括。采用该原则的主要是德国等大陆法系的国家。

可以将中心限定原则理解为，以说明书记载的内容为一个原点，向四周发散。因此，中心限定原则相对于周边限定原则可以进行进一步的扩展补充解释，在专利纠纷中可以有效地防止有人利用专利撰写的漏洞规避相应的法律追究，对企业来说是百利而无一害的，但是由于其保护的范围比较模糊，对社会公众来说可能存在一定的不公平现象，很难区分。

（三）折中原则

折中原则就是介于以上两者之间，该原则既不像“周边限定”那样完全机械地拘泥于文字游戏，又巧妙地避开了“中心限定”将专利保护范围扩大到无限制的不公与尴尬，它是在专利权人和社会公众之间寻求利益平衡点的较好方法。可以将折中原则理解为，以权利要求书记载的内容为一个圆，适当地以说明书记载的内容进行填补。

目前，包括我国在内的很多国家都采用折中原则进行专利保护范围的确定。

二、对专利撰写的启示

我国《专利法》第 64 条第 1 款规定：发明或者实用新型专利权的保护范围以其权利要求的内容为准，说明书与附图可以用于解释权利要求的内容。

由此可见,权利要求书是确定发明和实用新型的保护范围的核心部分,那么在专利撰写过程中,就需要了解详细的技术方案,厘清技术方案的实际贡献,对技术方案进行合适的上位概括,由此布局合适的权利要求,从而获得尽可能大的保护范围。

依据笔者经验,合适的上位概括至少可以采用以下几种方式:

1. 上位概念的直接替换。

发明人在交底书中描述技术方案时,多采用具体概念。代理人在撰写权利要求需要用到具体概念时,需要确定基于具体概念是否存在对应的上位概念。若存在,直接将具体概念替换为上位概念,以实现对具体概念和相应的替代方案的上位概括。

例如,在发明人描述的技术方案中,某一技术特征被描述为“电机”,且其技术贡献就是在于输出动力以驱动其他结构件,而“电机”的上位概念为“驱动单元”,在撰写权利要求书时可以考虑直接以“驱动单元”替换“电机”,以限定一个相对较大的保护范围。因为“驱动单元”不仅可以包括“电机”“气缸”“油缸”“发动机”等直接输出动力的动力设备,还可以包括由动力设备加上诸如“连杆机构”“齿轮机构”等动力传递机构的组合结构,采用“驱动单元”的表述相比于直接采用“电机”的描述即可大大扩展保护范围。

2. 连接关系和位置关系的上位。

发明人在交底书中描述技术方案时,多采用具体连接关系和位置关系,代理人在撰写的过程中,基于解决的技术问题,分析连接关系或位置关系是否可以上位概括。

例如,权利要求中 A 可转动地连接于 B 上,基于要解决的技术问题,在相应的权利要求中,是否可以改进为 A 连接于 B,而不局限于“可转动地连接”。A 固定连接于 B 上,是否可以改成 A 设置于 B 上,而无须“固定”。

3. 功能性特征的引入。

在上位概括中还有一种是使用功能性特征对结构特征进行上位概括,代理人可以分析技术方案中各个结构特征的功能,如果确定其他能够实现同样功能的结构也能用于技术方案中,则可以考虑将结构特征上位概括为对应的功能性特征。实际上,前述将“电机”上位概括为“驱动单元”的例子中,上位概括后的“驱动单元”也可以被视为一个简单的功能性特征。

例如，滑块套设于滑杆上，滑块能够沿滑杆的长度方向移动，可以概括为，滑块沿滑杆的长度方向可滑动地连接在滑杆上。A 密封连接 B、A 遮挡 B、可遮挡的 A 等，均为相应的功能性概括。

4. 避免非必要技术特征。

依据笔者的经验，避免出现非必要技术特征的一个简单方法是做“减法”，删除交底书技术方案中的一些特征之后形成权利要求，避免因非必要技术特征的存在而缩小了保护范围。

例如，在描述技术方案的时候，发明人难免会用一些太过限定性的词语，如上、下、左、右、垂直、平行、第一个和最后一个等具有绝对含义的词语，这些太过限定性的词语往往属于非必要技术特征。在遇到这些太过限定性的词语时，要考虑是否存在替代方案，即考虑除了这些词语限定的方案以外的方案是否能够实现。

例如：A 固定连接于 B 的左侧，根据解决的技术问题，考虑 A 固定连接于 B 的右侧、上侧或下侧。如果仅仅只是 A 固定连接于 B 上，即可解决本申请要解决的技术问题，那么技术特征就改为 A 固定连接于 B 上。在笔者看来，“减法”也是一种上位概括方式。

三、总结

合适的上位概括可以基于具体的技术方案的实际贡献，对具体的技术方案进行上位化处理，通过上位的表述可以将能够替代该技术方案的其他具体技术方案也纳入保护范围之内，从而能够争取到最大且适当的保护范围。在实际撰写中，可以基于不同的技术方案灵活选取合适的上位概括方式，通过多种方式的组合和相互穿插，采用最少的技术特征清楚地撰写权利要求。

但同时需要特别注意，在权利要求书中对技术特征上位概括后，无论是基于说明书对权利要求书的支持，还是基于折中原则中说明书记载的内容能够对权利要求的保护范围进行填补，在撰写说明书时，需要将上位概括时扩展的各种替代方案的实施方式均写在说明书中。

专利诉讼中的惩罚性赔偿*

——中美法律规定和实践的比较

张浴月

惩罚性赔偿因翻倍效应对专利权人和实施者有着巨大的影响。本文整理了中美关于惩罚性赔偿法律规定和适用的相关内容,以作为同时拥有中国和美国专利的专利权人,以及在中国和美国均有经营行为的实施者的一般意义上的参考。

首先必须声明的是:目前公布的涉及专利的惩罚性赔偿的案例非常少,笔者仅检索到两件专利惩罚性赔偿案例,而且都只有一审判决结果。这可能与专利领域的惩罚性赔偿规定较新,案件还没有走到审理阶段,或作出判决阶段有关。目前知识产权领域的大部分惩罚性赔偿的案例为商业秘密和商标案件。因此下文提到的专利领域的惩罚性赔偿的适用,除了参考已经检索到的专利案例,主要根据法律理论上的理解,并借鉴了商业秘密类的典型案件。

一、惩罚性赔偿的法律适用方式和证明要件的比较

(一)中国部分

2021 年 1 月 1 日生效的《民法典》第 1185 条为知识产权惩罚性赔偿的一

---

* 原文于 2022 年 12 月公开发表。

般条款,规定如下:

“故意侵害他人知识产权,情节严重的,被侵权人有权请求相应的惩罚性赔偿。”

2021 年 6 月 1 日生效的新《专利法》第 71 条第 1 款首次规定的惩罚性赔偿如下:

侵犯专利权的赔偿数额按照权利人因被侵权所受到的实际损失或者侵权人因侵权所获得的利益确定;权利人的损失或者侵权人获得的利益难以确定的,参照该专利许可使用费的倍数合理确定(以下简称“补偿性赔偿”)。对故意侵犯专利权,情节严重的,可以在按照上述方法确定数额的一倍以上五倍以下确定赔偿数额(以下简称“惩罚性赔偿”)。

由此,在专利领域,发生在《民法典》的生效日 2021 年 1 月 1 日之前的被控侵权行为,根据法不溯及既往的一般原则,不适用惩罚性赔偿。对于发生在 2021 年 1 月 1 日之后的被控侵权行为,才可适用惩罚性赔偿。具体地,发生在 2021 年 1 月 1 日之后但在新《专利法》生效日 2021 年 6 月 1 日之前的行为,将适用《民法典》第 1185 条。而对于发生在 2021 年 6 月 1 日之后的行为,将直接适用新《专利法》第 71 条。

《民法典》第 1185 条规定了惩罚性赔偿有两个构成要件:主观要件为“故意侵权”,客观要件为“情节严重”。笔者检索到的两件专利惩罚性赔偿案例直接适用了《民法典》的上述条款,分别按侵权获利的 2 倍和 3 倍适用惩罚性赔偿。

《专利法》第 71 条规定了和《民法典》相同的惩罚性赔偿要件:主观上的故意要件、客观上的情节严重要件。但是《专利法》进一步规定了惩罚性赔偿要件计算的基数和倍数范围。其中,基数按照顺序依次为权利人的实际损失、侵权人的获利以及专利许可使用费的合理倍数等三种方法之一。倍数是指基数的 1 倍以上 5 倍以下。特别需要注意的是使用侵权人获利为基数的情况。这种方法比另外两种方法更为常见。

北京市高级人民法院 2022 年 4 月 25 日发布的《关于侵害知识产权民事案件适用惩罚性赔偿审理指南》(以下简称北高审理指南)的 3.2 定义侵权人因侵权行为所获得的利益为,“侵权人因侵害知识产权所获得的财产性收益,通常是指侵权人因侵权所获得的营业利润,但对于主要以侵权为业的侵权人可以计算其销售利润”。

侵权人以侵权为业的典型案例可以参考最高人民法院2021年3月15日公布的《侵害知识产权民事案件适用惩罚性赔偿典型案例》中侵犯商业秘密“卡波”案[(2019)最高法知民终562号](以下简称卡波案)。在该案中,最高人民法院将侵权人的销售利润作为惩罚性赔偿的基数,并判处了顶格5倍的惩罚性赔偿。这个案件也创出了商业秘密甚至整个知识产权领域历史上最高的判赔倍数。

综上,无论适用《民法典》还是《专利法》,中国的惩罚性赔偿都会同时考虑主观上的故意要件、客观上的情节严重要件。因此,中国的惩罚性赔偿适用的侵权类型可以被称为“故意且情节严重的侵权”。

(二)美国部分以及中美的比较

1. 美国的惩罚性赔偿法律规定

美国《专利法》第284条为成文法中的惩罚性赔偿法律条款。但是该条款非常笼统,仅提到法官可以将损害赔偿增加到3倍的补偿性赔偿。但是美国《专利法》并未规定惩罚性赔偿证明要件。

目前有效的更具体的法律规定来自2个判例。它们是美国最高院作出的Halo Electronics, Inc., v. Pulse Electronics(2016)(以下简称Halo案件)和Stryker Corpration v. Zimmer, Inc. (2016)(以下简称Stryker案件)判决。这两个案件的重要作用就是宣布了惩罚性赔偿证明要件只包括主观轻率要件,而废除了联邦巡回上诉法院在In re SeagateTechnology, LLC(2007)中确立的另外一个要件——客观轻率要件(以下简称Seagate案件)。(客观轻率要件是指尽管客观上存在高的侵犯有效专利权的可能性,被控侵权人仍然行之。其主要涉及专利权有效性和是否被侵权,与中国的客观要件主要涉及侵权的范围、后果不同。)

主观轻率要件的一个重要标志是指当知晓他人的专利时,实施人是否调查过该专利的保护范围并善意相信该专利应属无效或者未被侵犯?

如果实施人没有进行过合理的调查,或者调查后认为侵权和专利有效性可能很大，则其行为会被认为是追求侵权结果的故意（willful），最终很可能承担惩罚性赔偿责任。

反之，如果实施人尽到了合理的调查义务并善意相信该专利应属无效或者未被侵犯，则即使最后审判结果是专利有效且侵权，也很可能只承担补偿性赔偿。

那什么是合理调查义务？这里就涉及专利是否有效以及是否侵权的法律咨询意见。一般而言，被告请外部律师做出的法律咨询意见要比被告内部的律师或内部技术人员做出的法律咨询意见，最终在陪审团的眼里更为可信。如果实施人从知道专利之日起，请律师提供了称职和合格的法律意见，该意见指出该专利应属无效或者实施人的行为并未侵犯该专利的话，实施人很可能并不承担惩罚性赔偿责任。

因此，美国的惩罚性赔偿适用的侵权类型可被称为未尽合理调查义务的故意侵权。

综上，中国和美国对于适用惩罚性赔偿都关注实施人的主观状态。但是中国的惩罚性赔偿比美国多一个客观上的情节严重要件，并且在中国，律师关于专利有效和侵权的法律意见不重要，或者说没有在美国那么重要。

2. 被控侵权行为和判例法的关系

美国的判例法制度对实施人行为适用哪个法律可造成某种程度的不确定性。换言之，如果实施人的行为按照当时的判例指引作出，但是该判例之后被认为是不再有效时，实施人就可能面临预料之外的结果。

前面提到的 Halo 案件和 Stryker 案件就是这样。这两个案件的被告是按照之前有效的判例，即 Seagate 案件确立的 Seagate 测试（Seagate 测试包括：作为第一步的“客观轻率”和作为第二步的“主观轻率”）审理的。由于被告提出的无效和不侵权抗辩并非客观上没有依据，原告未能证明第一步“客观轻率”从而未能获得惩罚性赔偿。然而，在二原告向美国最高院申请提审而获得最高院审理后，美国最高院认为 Seagate 测试不符合国会在制定《专利法》第 284 条时的意图，废除了“客观轻率”，而将两案发回重审。

可见，中国成文法制度对惩罚性赔偿的适用相对于美国的判例法制度在一些方面更具有确定性。

二、惩罚性赔偿的证明要件的具体考虑因素的比较

（一）中国“故意”要件的考虑因素和典型情形

中国最高人民法院在2021年3月出台的《关于审理侵害知识产权民事案件适用惩罚性赔偿的解释》（以下简称《惩罚赔偿解释》）第3条第1款对知识产权案件给出了故意的规定。即“故意”的认定要综合考虑包括被侵害知识产权客体类型、权利状态和相关产品知名度、被告与原告或者利害关系人之间的关系等各种因素。在该款中列出的典型故意的情形主要是被告在原告警告后继续侵权的“明知”型故意、原被告之间存在人员流动、业务来往导致接触了被侵害的知识产权的“关系”型故意。其中“关系”型故意似乎更适合商业秘密，而非专利类案件。北高审理指南关于侵权故意的规定2.2节有以下两个情形预计可以应用于专利。

“（5）不当取得的知识产权被依法撤销、宣告无效后，仍然实施或者使用该知识产权且被认定构成侵权；（6）知识产权行政主管部门发出侵权通知后，仍然继续实施侵权行为。”

在前述提到的仅有的两件专利惩罚性赔偿案例中，是这么认定故意的。在广州知识产权法院的（2020）粤73知民初57号（以下简称广知关于发光二极管灯泡实用新型专利的判决）中，法院认为，已经存在在先民事判决认定被告的被诉行为构成专利侵权，但上述案件宣判一年多后，被告仍侵害原告的同一专利权，故可认定被告故意实施被诉侵权行为。

在深圳市中级人民法院（2021）粤03民初6065号案（以下简称深圳中院关于多功能皮具收纳盒外观设计专利的判决）中，法院认为，原告早于2017年6月15日向阿里巴巴集团知识产权保护平台投诉被告销售的“多功能皮具收纳盒”产品侵害外观设计专利权，被告提出申诉后，平台认为卖家申诉不成立，将产品下架。然而被告反复上架侵权产品，直到2021年6月仍然通过1688平台、天猫平台销售、许诺销售被诉侵权产品。因此，被告在知悉原告专利权的情况下仍继续侵权，具有侵权故意。

（二）中国“情节严重”要件的考虑因素和典型情形

《惩罚赔偿解释》第 4 条第 1 款规定“情节严重”的认定要综合考虑侵权手段、次数，侵权行为的持续时间、地域范围、规模、后果，侵权人在诉讼中的行为等因素。在该条中列出的典型情节严重的情形主要是被告的重复侵权行为（因侵权被行政处罚或者法院裁判承担责任后，再次实施相同或者类似侵权行为）、专门侵权行为（以侵害知识产权为业）、侵权获利或原告损失巨大，以及诉讼中的举证妨碍行为（伪造、毁坏或者隐匿侵权证据）等。

北高审理指南关于“情节严重”的规定 2.3 节大部分规定与《惩罚赔偿解释》是一致的，但是更加明确了情节严重的一种推定是从侵权行为的结果推定（侵权行为造成严重后果的，可以推定为情节严重）。

在广知关于发光二极管灯泡实用新型专利的判决中，法院认为情节严重的原因是，在前案判决生效后，被告存在拒不履行生效判决并导致该案至今未能执行完毕的情况，同时被告再次就同一专利实施侵权行为，可见侵权性质恶劣，不仅重复实施侵权行为，而且侵权时间长。

在深圳中院关于多功能皮具收纳盒外观设计专利的判决中，法院认为，被告法定代表人将被诉侵权设计申请了外观设计专利，且二被告在 1688 平台、天猫平台拥有多家店铺，侵权持续时间长达 4 年，规模大。因此，本案可被认定为情节严重。

（三）美国“主观轻率要件”的考虑因素以及中美的比较

美国联邦巡回上诉法院通过一些判例［包括 Spectralytics, Inc. v. Cord (2011)；Read Corp. v. Portec, Inc. (1992)］，给出确立主观轻率要件的考虑要素一般包括：

“（1）侵权人是否故意抄袭他人的思想或者设计；（2）当知晓他人的专利保护时，侵权人是否调查过该专利的保护范围并善意相信该专利应属无效或者未被侵犯；（3）侵权人作为诉讼一方的行为表现；（4）被告的规模及财务状况；（5）案件的角力程度；（6）被告行为的持续期间；（7）被告采取的补救措施；（8）被告的损害动机；（9）被告是否试图掩盖其不法行为。”

将中国的故意和情节严重要件的要素、典型情形与美国的主观轻率要件的要素相比较，可见中国设定的触发惩罚性赔偿的条件似乎比美国要严苛。这也反映了中国以补偿性赔偿为原则、以惩罚性赔偿为例外的基本立法理念。除了都关注实施人的主观状态之外，中国比美国更多地关注侵权行为的后果考虑是否适用惩罚性赔偿。

三、惩罚性赔偿的计算基数的比较

惩罚性赔偿适用的前提条件，即补偿性赔偿是确定惩罚性赔偿的计算基数。

因此首先需要看何种条件可以适用补偿性赔偿。

按照中国的规定，可以对以下两种侵权情况要求补偿性赔偿：

(1)非故意侵权；

(2)故意侵权但情节不严重。

与中国不同，美国的补偿性赔偿针对的是一种故意侵权——知道专利但是善意认为专利无效或不侵权。如果不知道专利存在，是不承担任何赔偿义务的。这是由美国《专利法》第287(a)条(专利标注条款)规定的义务产生的。该法条和一系列判例[Arctic Cat Inc. v. Bombardier Recreational Products Inc. (Fed. Cir. 2017)(简称 Arctic Cat Ⅰ)和 Arctic Cat Inc. v. Bombardier Recreational Products Inc. (Fed. Cir. 2020)(简称 Arctic Cat Ⅱ)为代表案件]规定：没有对专利进行充分标注的话，“专利权人不能在任何侵权诉讼中获得赔偿；除非专利权人有证据表明实施人被告知侵权后持续侵权，在这种情形下，赔偿仅针对实施人收到通知后的侵权”。同时由于方法专利难以满足专利标注条款，联邦巡回上诉法院通过判例确定专利标注条款不适用于方法专利。

因此，对于产品专利，或者既有产品又有方法权项的专利，实施人的赔偿责任期间是从专利权人对专利产品进行标注或通知实施人侵权之日起算。

通知实施人侵权的方式有两种：

(1)推定通知(constructive notice)；

(2)实际通知(actual notice)。

推定通知是指专利权人在产品或包装上记载专利号，或者载明专利所在的网址。实际通知是指,专利权人向实施人发出警告函或实际起诉等。

由此可见,中国的惩罚性赔偿的前提,即补偿性赔偿对于实施人而言要比美国更严格。这是因为中国没有对专利权人施加类似美国专利标注条款的义务。在中国,在专利权人没有在其产品上标记专利号或给予其他指引通知实施人专利权存在的情况下,实施人也要承担赔偿责任,赔偿责任期间是从专利权被授予之日起。

上述区别使专利权人在中国相比于美国而言,更容易获得补偿性赔偿。换言之,如果产品权项的专利权人或者同时拥有产品和方法权项的专利权人在美国未能满足专利标注条款第287(a)条的要求,将拿不到补偿性赔偿。美国专利的专利权人如果拿不到补偿性赔偿,意味着拿不到惩罚性赔偿的计算基数,当然就拿不到惩罚性赔偿了。

四、惩罚性赔偿的倍数的比较

中国惩罚性赔偿的倍数最多为5倍,理论上加上基数的话,最终赔偿额最多可以是6倍。而美国最终的赔偿额最多可以是3倍。

卡波案是按照被告侵权获利的5倍顶格确定损害赔偿数额的商业秘密案件。但该案判决实际上并没有包括基数。具体地,美国最高院将被告的销售利润1200万美元乘以50%技术贡献率得到600万美元作为基数,又按照5倍惩罚性赔偿,判处3000万美元赔偿额。最终的3000万美元赔偿额中不包括补偿性赔偿。因此,可以说,不仅在专利领域,就是放大到整个知识产权领域,中国目前尚没有让权利人获得补偿性赔偿加5倍的惩罚性赔偿(共6倍)的判决。此外,这也反映出中国的惩罚性赔偿是可以单独判处的,不一定以判处补偿性赔偿为前提。

而美国的惩罚性赔偿是不单独判处的,其是在补偿性赔偿的基础上增加惩罚性赔偿。参见Stryker案件,联邦地区法院判决了7610万美元的补偿性赔偿和1亿5220万美元的惩罚性赔偿(共3倍)。

五、律师费的承担方式的比较

由于专利案件涉及复杂的技术和法律问题,律师费往往是一笔巨大的负担。在中国,法院会在判决原告胜诉的情况下让被告承担合理支出。这个合理支出包括律师费。在北京知识产权法院作出的(2015)京知民初字第441号判决中,法院支持了专利权人接近100万元的按小时计费的律师费。这在中国专利审判史上开创了先河。此外,如果被告胜诉,是不能让原告承担律师费的。

反观美国,美国一般规则是诉讼各方各自承担己方的律师费。虽然美国的专利诉讼中律师费的昂贵是世界出名的。尤其是,一般人的印象是,在判处惩罚性赔偿的案件中,胜诉方的律师费可以让败诉方承担了。但事实不是这样。根据美国《专利法》第285条,美国仅败诉方的诉讼行为相对于其他同类案件"出格"(exceptional)的情况下,才判处败诉方承担胜诉方的合理的律师费。此外,如果被告胜诉,也是可以主张让原告承担律师费的。

本文上述观点仅作为一般性法律评论。

撰写意见陈述书的心得*

张 鹏

答复审查意见是专利审查过程中的重要环节，如何能高质量、有效地答复审查意见是每位专利代理师必修的基本功，也是考核专利代理师专业水准的“验金石”。而在答复审查意见的过程中，撰写意见陈述书是展现答辩思想、说服审查员的关键，因此撰写出高品质、有说服力的意见陈述书是每位专利代理师不断追求的目标。

为此，笔者梳理并研究近年来处理的针对审查意见的答复过程，借此分享撰写意见陈述书的过程中所遇到的问题和处理方式的部分心得，以期抛砖引玉。

一、具体分析，充分说理

有时，客户提供的答辩指示只是简单地给出结论，而没有具体分析如何得出这些结论，也就是说缺少基于具体论据的论证过程。通常在这种情况下，代理师需要充分地与客户进行沟通，启发客户，并引导客户提供有价值的技术信息，以利于答复文件的准备，但是并非所有的沟通都能够达到预期。这个时候，作为专利代理师，虽然要基于答辩指示，但不能照本宣科，而需要细致地研究案件，找到突破口，通过具体分析和充分说理，说服审查员，或者进一步与客户商讨答辩策略。

---

* 原文于 2021 年 1 月公开发表。

案例简述：在第一次审查意见通知书的答辩指示中，客户最终提供的意见是“对比文件 1－3 均未公开修改后的权利要求 1 的技术特征‘……’，因此修改后的权利要求 1 相较于对比文件 1－3 具备新颖性和创造性”。

显然，客户无法就“创造性”提供足够的论证过程，而只给出了结论性的指示意见。这个时候，就需要代理师把握案件的技术环节，研究和补充必不可少的论证过程。此案例为机械领域的案件，撰写意见陈述可以从机械结构、连接关系、功能作用等方面着手，为此笔者对此类案件总结了以下新颖性和创造性的思考方向：

1. 本申请争辩的权利要求到底限定了哪些技术特征。

2. 上述技术特征能否单独考虑，还是需要与其他的某一个或某几个特征整合在一起考量。

3. 结合说明书的相关记载确定这些技术特征具体的作用是什么，能带来什么技术效果。

4. 相比之下，作为最接近现有技术的对比文件 1 为什么没有公开上述技术特征，明确本申请权利要求 1 与对比文件 1 之间的区别技术特征以及基于此，申请实际要解决的技术问题。

5. 其他对比文件又公开了什么技术方案，是否能给出启示或是否能与对比文件 1 结合：如能，是否能得到本申请的技术方案；如不能，为什么不能。

6. 同时判断区别技术特征是否能够简单地被认定为本领域的公知常识或常用手段，在条件允许的情况下，可以查阅教科书之类的公知常识性证据。

最后，得出是否具备新颖性和创造性的综合性结论。

二、理论结合实际

有时，客户提供的答辩指示仅仅是简单照搬我国《专利审查指南》的相关规定，而没有将这些规定与案件的具体情况进行结合分析，即撰写意见陈述书需要将《专利审查指南》的理论联系案件的实际情况进行分析。尤其是，撰写意见陈述书时要考虑审查员的接受能力和理解程度，更要关照审查员的情绪，切忌简单粗暴地用法条教导审查员，一般情况下也不建议语气强硬地责问审查员。

案例简述:在审查意见通知书中,审查员指出本申请的权利要求 1 的技术方案相对于对比文件 1 和 2 的结合不具备创造性。申请人提供的答辩意见是:(1)不同意审查员基于区别技术特征确定的权利要求 1 实际要解决的技术问题;(2)对比文件 1 与 2 之间缺乏结合的启示。然而,针对上述两个意见,申请人除了给出结论以外,只是大段地引用我国《专利审查指南》关于"确定发明的区别特征和发明实际解决的技术问题"的相关规定,却没有将上述规定与案件的具体情况进行结合。

不论是我国《专利法》,还是我国《专利法实施细则》,抑或是我国《专利审查指南》,其中的相关规定都是我们说理的理论依据,起到提纲挈领的作用,可以适当引用,特别是对某些法律适用存在偏差的审查意见,但一定要与说理匹配,并把意见陈述的重点放在技术分析和法律适用等客观事实上,这样才能有理、有力、有据地与审查员就申请文件中的技术问题和法律问题形成良好的沟通和互动。

三、跳出"三步法",另辟蹊径

在进行创造性答复时,除了常规的"三步法",也可以利用我国《专利审查指南》第二部分第四章第 2.3 节关于创造性的相关描述,"发明有显著的进步,是指发明与现有技术相比能够产生有益的技术效果。例如,发明克服了现有技术中存在的缺点和不足,或者为解决某一技术问题提供了一种不同构思的技术方案,或者代表某种新的技术发展趋势",从"设计构思"的角度论证发明申请与对比文件之间的差异,说不定能取得更好的说服效果。

案例简述:

审查员认为本申请相对于对比文件 1 不具有创造性。具体而言:

参见图 1 所示申请的附图,本申请提供一种单向阀组件,其设有一个进气口 118 和一个泄气嘴 126、一个出气口 125,要求气体从进气口 118 进入单向阀组件以后,一方面要防止气体从泄气嘴 126 排出,另一方面要保证气体从出气口 125 排出。为此,本申请的权利要求 1 限定了一条特定的气体流动路径,从而在仅设置一个进气口 118 的情况下实现了上述两方面的要求。

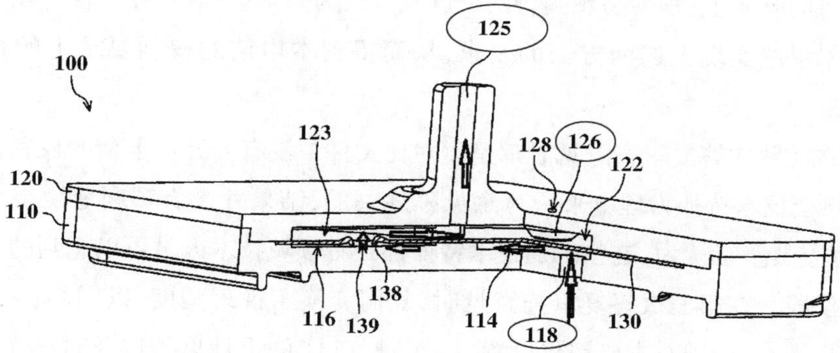

图1　本申请的附图

再参见图2所示对比文件1的附图，对比文件1公开了一种微型阀门装置，其设置有两个进气口263、264和一个泄气嘴281、一个出气口29，要求气体从两个进气口263、264进入阀门装置以后，一方面要防止气体从泄气嘴281排出，另一方面要保证气体从出气口29排出。由于对比文件1中有两个进气口263、264，所以，对比文件1中设计的气体流动路径简单得多，其中，经由一个进气口263进入的气体借助于阀门片封闭泄气嘴281，经由另一个进气口264进入的气体从出气口29排出。

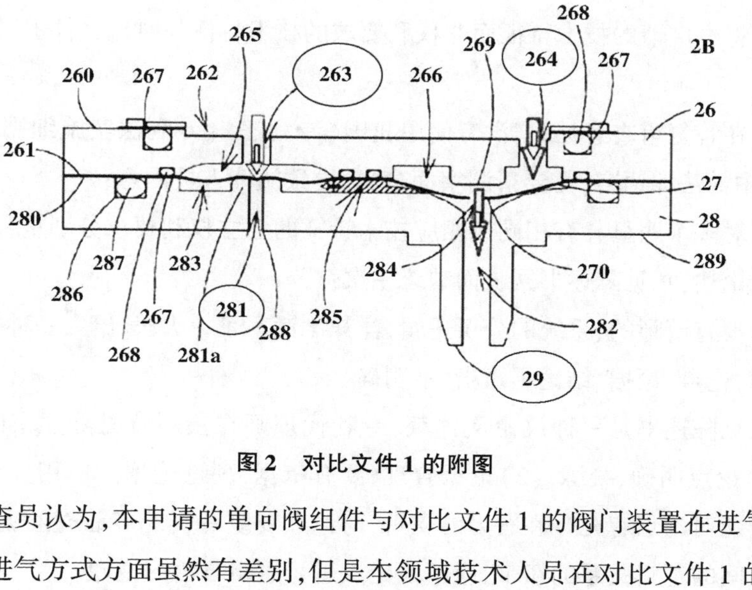

图2　对比文件1的附图

审查员认为，本申请的单向阀组件与对比文件1的阀门装置在进气口的数量和进气方式方面虽然有差别，但是本领域技术人员在对比文件1的两个进气口的基础上，很容易想到将两个进气口改为一个进气口，并结合本领域常规技术手段实现上述两方面的要求，从而得到本申请的权利要求 1 的技术方案。

在前两次答复审查意见时都是以对比文件 1 没有公开本申请的权利要求 1 的某个技术特征为理由来撰写意见陈述书的，结果并没有顺利地说服审查员，审查员坚持认为，这些区别技术特征都是本领域技术人员可以想到的常规技术手段。在第三次答复审查意见时，我们变换了说理角度，以“设计构思”作为切入点，分别对本申请仅设置“一个进气口”的设计思想以及对比文件 1 设置“两个进气口”的设计思想进行了分析，从而得出两者的设计出发点和采用的设计思路完全不同的结论。在这一结论下，本领域技术人员在对比文件 1 的设计构思下，根本不会无缘无故地产生动机想到本申请的设计构思而得到相应的技术方案。通过换角度说理的方式，此次的答复很顺利地被审查员接受，并且获得授权。

四、逻辑合理，措辞严谨

有时，客户提供的答辩指示会出现逻辑混乱、措辞不严谨、意见陈述啰嗦不简洁、书写格式不规范等问题。例如笔者曾遇到如下问题：

1. 将本申请的技术特征而非权利要求的技术特征与对比文件 1 进行一一比对；

2. 在答复审查意见时，没有使用我国《专利法》《专利法实施细则》《审查指南》中的法律语言，需要猜测字面含义，导致阅读人员困惑；

3. 对多个明显具有相同或相应技术特征的独立权利要求分别重复地大篇幅进行论述，意见陈述书冗长而缺乏主次；

4. 没有清晰的、系统的分析逻辑，洋洋洒洒写了一大段，给人一种掺杂感、堆砌感，论点、论据、结论不清晰、不明确。

意见陈述书是一种议论文体裁，专利代理师在撰写意见陈述书时，要做到：(1) 论点明确、凝练；(2) 论据合理、要有依据，理论论据的应用要恰当，事实论据能对论点有充分和有力的支持，与论点要统一；(3) 论证过程是论点与论据之间的逻辑关系的纽带，应围绕论点进行逻辑自洽的说理。

为了使意见陈述书的结构清晰、层次分明，可以采用如下的方式撰写：

1. 采用大小标题的形式，而且标题的表述最好采用我国《专利审查指南》或《专利法》中的专业术语，如大标题“一、本申请修改后的权利要求 1 具备创造性”，小标题“1）对比文件 1 没有公开本申请修改后的权利要求 1 中的技术特征‘……’”“2）本领域技术人员在对比文件 1 的基础上不会想到去结合对比文件 2”，等等。

2. 以法理为纲，在这个框架下，尽量从说明书或说明书附图找依据，进行有理有据的充分说理。

3. 论证要逻辑合理，主次分明，突出重点，因此要布局合理，格式规范。

意见陈述书是专利代理师与审查员沟通的桥梁，是你中有我、我中有你的互动载体，一份有说服力的意见陈述书不仅能加快审查的程序，还能改变审查员对所审查案件的预判，为申请人争取更大的权益，值得每位代理师花费更多的时间和精力去学习和研究。

知识产权律师观点

“容易想到”简单粗暴，这样争辩创造性更加有效*

张家旺

创造性是专利申请授权的必要条件之一。然而对创造性的评述，由于检索水平、检索方式及检索习惯的不同，不同的审查员可能会给出不同的检索结果，即使提供相同的对比文献，不同的审查员也可能审出不同的结果，同样，不同的代理师也会答出不同的结果。其中，可能有技术水平及专业经验不同的原因，更有思考角度、逻辑分析及推理方式等存在不同的因素。因此，创造性的争辩是审查意见答复中的难点，也是代理师代理水平的重要体现。

在笔者的工作经验中，时常碰到审查员用“容易想到”评述申请方案的创造性。在面对看似简单的区别技术特征以及所要解决的技术问题时，审查员经常用本领域技术人员“容易想到”采用某某技术手段解决该技术问题之类的评述，来否定专利申请方案的创造性。“容易想到”俨然成为了审查员创造性评述的撒手锏之一。与采用对比文件给出的结合启示、公知常识的证据佐证相比，“容易想到”的创造性评述看起来更为“简单粗暴”，也更让申请人及代理师感到困惑和难以争辩。

“容易想到”的创造性评述看似简单好用，但实际上，很难具有说服力。在审查员的“容易想到”的创造性评述中，往往容易出现“事后诸葛亮”的情形，很容易导致“后见之明”，因此采用“容易想到”否定申请方案的创造性，让

---

* 原文于 2021 年 4 月公开发表。

申请人及代理师通常意见颇大。

笔者认为,一个具有说服力的“容易想到”需要有非常合理、非常完备的逻辑分析和推理。因此,申请人或代理师碰到“容易想到”的创造性评述时,可以从以下几个方面分析该“容易想到”的逻辑分析和推理是否存在瑕疵或疑问,并以此作为争辩的理由。

一、“容易想到”的主体

“容易想到”的主体即谁去想。关于谁去想,这个通常没有争议,即指的是所属技术领域的技术人员。《专利审查指南》规定,发明是否具备创造性,应当基于所属技术领域的技术人员的知识和能力进行评价,所属技术领域的技术人员也称为“本领域技术人员”,他是指一种假定的“人”,假定其知晓申请日之前或优先权日之前发明所属技术领域所有的普通技术知识,能够获知该领域中所有的现有技术,并且具有应用该日期之前常规实验手段的能力,但他不具有“创造能力”。如果所要解决的技术问题能够促使本领域的技术人员在其他领域寻找技术手段,他也应该具有从该其他技术领域获知该申请日或优先权日之前的相关现有技术、普通技术知识和常规实验手段的能力。

在创造性评述中,审查员在认定“技术领域”及“本领域技术人员”时,往往很容易受主观因素的影响。在具体运用中,该技术手段是否“容易想到”,首先得考虑的问题是:该技术手段是否在该技术领域中具有广泛的应用。有的技术手段虽然在对比文献的技术领域中被熟知,但在申请方案的技术领域中并未见使用,即使该区别技术特征或该区别技术手段很简单,也不能被认定是“本领域技术人员”会去“想”或容易去“想”的技术手段和解决方案。

例如,对比文件 1 和对比文件 2 的技术领域不同,并且该申请方案的区别技术特征所要解决的技术问题不能够促成本领域技术人员在对比文件 2 的技术领域中寻找技术手段,如果将该技术手段认为是本领域技术人员“容易想到”的,这样的逻辑推理就显然不合理。

二、“容易想到”的基础

“容易想到”的基础即在什么基础上去想。在创造性判断中,审查员经常会基于与最接近的现有技术的区别技术特征，从而在现有技术中寻找手段，若是常见的技术手段，则认为该区别技术特征是容易想到的。实际上这种思路忽略了“容易想到”的基础，即脱离了最接近的现有技术公开的内容。在创造性的判定中，应该在最接近的现有技术的基础上进一步去想，如果最接近的现有技术不需要用区别技术特征的手段进行改进或根本不可能改进为本申请方案，则即便该手段在本领域中常见，也不能被认为“容易想到”。

三、“容易想到”的原因

“容易想到”的原因即为什么想，为什么要将最接近的现有技术进行改进，最接近的现有技术是否具有改进动机，也就是为什么要解决区别技术特征所要解决的技术问题。只要解决的问题不是显而易见能够提出的，就不能被认定“容易想到”，即使该技术手段在本领域是常用的技术手段，也不能被认定理所当然就能够应用到最接近的现有技术中得到本申请的技术方案。

四、案例分享

下面结合具体案例谈谈如何分析“容易想到”的创造性评述以及争辩思路。

专利名称：悬挂支架组装的定位装置。

该申请方案主要针对在半挂车组装领域，对不同轴数、不同轴距及不同车架宽度的各种型号半挂车车架，预先将对应的各组悬挂支架定位在底架上，再将车架定位在各组悬挂支架的上方，从而完成悬挂支架与车架之间的焊接安装。具体而言，在底架上会存在多组悬挂支架安装区，每组悬挂支架安装区包括两组悬挂支架安装位，每组悬挂支架安装位包括多个悬挂支架安装位部，以供不同轴数、不同轴距、不同车架宽度的车架进行选择使用。当多组悬挂支架通过对应的悬挂支架定位机构及其定位单元固定后，再通过车架定位机构将车架定位在多组悬挂支架上方，进而完成车架与悬挂支架之间的组装。

审查员引用的对比文件 1 一种矿用车车架总成定位焊接装置作为最接近的现有技术。审查意见认为对比文件 1 涉及一种悬挂缸组装的定位装置，并具体公开了底架平台“相当于本申请的底架”，底架平台上沿长度方向分布有前桥定位总成和车架定位机构。其中,前桥定位总成上的悬挂缸固定板用于固定带角度的悬挂缸,因此认定前桥定位总成相当于悬挂缸定位机构,车架定位机构包括前夹紧总成、前横梁定位总成、侧压紧总成、抗扭梁定位总成、后压紧总成等组成部分,相当于申请方案中的车架定位机构。

审查意见认为对比文件 1 中存在多个定位装置,其中一个包括悬挂缸的定位机构,本申请的技术方案中是悬挂支架的定位机构,区别仅在于保护的主题不同,但是二者技术领域相同,都属于车架组装技术领域,基于该区别技术特征,本技术方案所要解决的技术问题是:如何更好地实现悬挂物的安装及在底架上的定位。

引用的对比文件 2 是一种车架吊耳检验工装,具体公开了该吊耳检验工装包括多个吊耳定位座,用于将各个悬架吊耳分别定位在支撑平台上(实际上是对已经组装在车架上的悬架吊耳进行检测,看悬架吊耳是否与平台上的定位座对齐)。因此,审查意见认为对比文件 2 中吊耳定位座相当于本申请的技术方案中悬挂支架的定位机构,在对比文件 1 的基础上结合对比文件 2 很“容易想到”本申请的技术方案。

该“容易想到”的创造性评述若按照审查员的推理逻辑和判断思路,悬挂缸是属于车架上的悬挂部件的一种,换成悬挂支架也不难想到,对比文件 2 也公开了悬挂支架的夹持装置(实际上是悬挂支架的检测装置),因此在此基础上很容易想到根据实际需要在底架上沿其长度方向或宽度方向间隔设置多个悬挂支架安装部,以便悬挂支架更好地安装,故申请方案的技术方案是容易想到的,不需要付出创造性的劳动。但我们仔细分析和思考一下上面的分析思路。

首先,我们思考是“谁去想”。对比文件 1 涉及车架本身的组装和焊接固定,属于半挂车技术领域。对比文件 2 涉及对组装在车架上悬挂吊耳(悬挂支架)进行检测和定位,属于半挂车技术领域。技术领域不存在太多可以争辩的理由。

其次,我们思考是“在什么基础上去想”。这一点审查员提出了在对比文件 1 公开组装车架的基础上去想,进行悬挂部件的定位。因此,对于基础而言是一致的。

然而,我们思考是"为什么想"。也就是为什么要把对比文件1中的悬挂缸换成悬挂支架进行安装定位,并设置相应的定位机构,以解决车架与悬挂支架之间的组装定位问题。在这一步中我们就需要分析该技术问题是否是本领域技术人员容易从对比文件1的技术方案中发现并提出的技术问题。经过分析发现,对比文件1并不解决车架与悬挂支架之间的组装定位问题,而是解决车架自身如何组装定位的技术问题。行业内通常是将组装后的车架进行上下翻转,再将悬挂支架反复测量和安装在车架上,而悬挂支架很难在车架本身组装的同时,就直接进行悬挂支架的定位组装,这一点很难实现,车架本身的各个横梁、纵梁、前桥等各个部件的位置没有固定,很难预先将悬挂支架直接定位在车架上,故在对比文件1的基础上,本领域技术人员是"很难想到"要在组装车架的同时,进行悬挂支架的定位组装,且对比文件1并未涉及悬挂支架的定位组装问题。

通过对比分析发现,在对比文件2的方案中,吊耳定位座是用于检验各个悬架吊耳是否与吊耳定位座上的定位槽对齐的技术问题,而并非支撑或夹持定位吊耳使其预先固定在支撑平台上的技术问题,因此解决的技术问题本身并不相同。由于解决的技术问题不同,因此该区别技术特征在对比文件2中的所达到的技术效果也就不相同。故本领域技术人员并不能够在对比文件1的基础上结合对比文件2中的技术方案,也不能理所应当地"很容易想到"本申请的技术方案。

最后,虽然在区别技术特征中,在底架上沿其长度方向或宽度方向间隔设置多个悬挂支架安装部是很简单的技术特征,但其能够使悬挂支架可选择地预先定位在底座上,以便再与组装好的车架进行定位组装,实现了预想不到的技术效果,因此该区别技术特征并不能被简单地判定为"容易想到"。

笔者据此与审查员进行争辩,最终被审查员采纳,本申请方案也最终被予以授权。

五、总结

用"三步法"判定申请方案的创造性是目前审查员普遍采用的一种评述方式,但这种方式很容易陷入"事后诸葛亮"和"后见之明"的思维,因此审查员很容易用“容易想到”这种简单粗暴的评述方式终结申请方案的创造性。代理师在遇到此类评述时，不能局限于区别技术特征是否简单、是否在本领域司空见惯，就认同审查意见中“容易想到”的观点和结论，而应当思考在“容易想到”的判断过程中，“谁去想”“什么基础上去想”“为什么想”等推理逻辑是否合理，进而寻找可以争辩的理由和依据，并结合实际情况进行合理的争辩，以维护申请人的利益。

“使用环境特征”对专利侵权判定的影响*

陈喜红

“全面覆盖原则”是指只要被诉侵权技术方案的技术特征包含了专利权保护范围的技术特征，即被认定落入专利权的保护范围，也就是说，在进行侵权比对中，必须考虑专利权的权利要求中的全部技术特征。“使用环境特征”是在适用“全面覆盖原则”下，在专利侵权司法审判实践中所提出的一个特殊概念。“使用环境特征”这一概念最早出现于2012年最高人民法院发布的株式会社岛野与宁波市日骋工贸有限公司侵犯发明专利权纠纷案再审判决书中。在该判决书中，最高人民法院对“使用环境特征”的定义是，权利要求中用来描述发明所使用的背景或者条件的技术特征。

2016年，“使用环境特征”这一概念被写入司法解释，根据最高人民法院《关于审理侵犯专利权纠纷案件应用法律若干问题的解释（二）》（以下简称《专利侵权纠纷解释二》）第9条：“被诉侵权技术方案不能适用于权利要求中使用环境特征所限定的使用环境的，人民法院应当认定被诉侵权技术方案未落入专利权的保护范围。”该条适用于是否落入权利要求包含使用环境技术特征的专利权的保护范围的判定。

关于“使用环境特征”对专利保护范围的限定作用，主要存在两种观点：一是限定说，即被保护的技术方案必须完全被限定在该使用环境当中（必然使用）；二是非限定说，即被保护的技术方案只要可以在使用环境当中使用就

* 原文于2022年6月公开发表。

可以(可以使用)。《专利侵权纠纷解释二》第 9 条虽然规定被诉侵权方案不适用权利要求限定的技术特征环境的就不构成侵权,但并没有将权利要求的技术方案限定在特定使用环境当中。比如,某专利权利要求限定其专利技术方案可以适用于某使用环境 A,若被诉侵权技术不能适用于环境 A,那么被诉侵权技术没有落入权利要求的保护范围之内,但是专利权利要求使用的限定词是“可以”,这意味着涉案专利既可以使用于环境 A,也可以使用于环境 B 或环境 C,可以适用于涉案专利以外的环境不影响权利要求范围。《专利侵权纠纷解释二》第 9 条通过双重否定(不能使用不构成侵权)的形式将非限定说(可以使用)作为审判标准。

北京市高级人民法院在《专利侵权判定指南(2017)》(以下简称《判定指南 2017》)中修正了“使用环境特征”的概念,其中,第 24 条第 3 款指出:“使用环境特征不同于主题名称,是指权利要求中用来描述发明或实用新型所使用的背景或者条件且与该技术方案存在连接或配合关系的技术特征。”同时,第 24 条第 1 款规定:被诉侵权技术方案能够适用于权利要求记载的使用环境的(可以使用),应当认定被诉侵权技术方案具备了权利要求记载的使用环境特征,而不以被诉侵权技术方案实际使用(已经使用)该环境特征为前提。

“使用环境特征”是一个特殊概念,原因在于在专利侵权司法审判实践中,该概念对权利要求保护范围的影响不同于权利要求中的其他技术特征。下面以案例进一步分析适用《专利侵权纠纷解释二》第 9 条判定是否落入专利权的保护范围的步骤。

一、识别权利要求中是否包含使用环境技术特征

在 ALC 黏合剂技术责任有限公司与温州市星耕鞋材有限公司侵害发明专利权纠纷案[案号:(2020)最高法知民终 313 号]中,最高人民法院认为:所谓使用环境特征,是指权利要求中用来描述发明所使用的背景或条件的技术特征。按照技术特征所限定的具体对象的不同,技术特征可分为直接限定专利保护主题对象本身的技术特征以及通过限定保护主题对象之外的技术内容限定保护主题对象的技术特征。前者一般表现为直接限定专利保护主题对象的结构、组分、材料等,后者则表现为限定专利保护主题对象的使用背景、条

件、适用对象等，进而间接限定专利保护主题对象，因而被称为“使用环境特征”。常见的使用环境特征多表现为限定被保护主题对象的安装、连接、使用等条件和环境。但鉴于专利要求保护的技术方案的复杂性，使用环境特征并不仅仅限于那些与被保护主题对象安装位置或连接结构直接有关的结构特征。对于产品权利要求而言，用于说明有关被保护主题对象的用途、适用对象、使用方式等的技术特征，虽对产品的结构并不具有直接限定作用，也属于使用环境特征。此案中，涉案专利权利要求 1 的被保护主题对象是“一种能够施加黏合剂层到一物体表面的机器”，机器是涉案发明的保护主题对象，通过机器的第一进料装置输送“第一带”、第二进料装置输送“第二带”，并利用机器剥离装置的共同作用，可实现在“所述物体”表面上施加黏合剂并剥离多余黏合剂的功能。最高人民法院认为“第一带”“第二带”“所述物体”均不是机器本身的组成部件，“第一带”“第二带”是机器运转过程中必备的物料，“所述物体”是机器的加工对象，系用于说明被保护主题对象的用途、适用对象、使用方式等的技术特征，属于使用环境特征。

在瓦莱奥清洗系统公司与厦门卢卡斯汽车配件有限公司、厦门富可汽车配件有限公司、陈某强侵害发明专利权纠纷案[案号：(2019)最高法知民终 2 号]中，涉案专利的保护主题是“刮水器的连接器”，但是上述技术特征并未直接限定连接器的结构，而是限定了该连接器与其他部件即刮水器臂、刷体部件等之间的连接关系，实际上限定了该连接器所使用的环境，属于使用环境特征。

二、判定使用环境特征对专利权的保护范围的限定作用及限定程度

在(2020)最高法知民终 313 号案中，最高人民法院认为应该将使用环境特征理解为要求被保护的主题对象可以用于该使用环境即可，不要求被保护的主题对象必须用于该环境。ALC 黏合剂公司从星耕鞋材公司处公证购买了被诉侵权的机器设备及胶带、薄膜，通过技术比对可知，该被诉侵权的机器设备的机械结构、装置和运行原理与涉案专利说明书中具体实施例的记载一致，亦与涉案专利技术方案所实现的功能、解决的技术问题相同。基于星耕鞋材公司一并销售上述物品的事实，可以合理推断被诉侵权机器的用途与涉案

专利的发明用途一致。也即,被诉侵权机器与胶带、薄膜配合使用,在诸如鞋底等的“所述物体”表面上施加黏合剂,是被诉侵权机器合理的商业用途。被诉侵权机器可以适用于“第一带”“第二带”“所述物体”等使用环境,具有涉案专利技术特征。星耕鞋材公司是否将“第一带”“第二带”安装于机器上、是否销售“所述物体”,均不影响被诉侵权产品已经具备涉案专利相应技术特征的认定,符合专利侵权技术比对“全面覆盖原则”的要求。

在(2019)最高法知民终 2 号案中,同样地,法院认为使用环境特征对于被保护对象的限定程度需要根据个案情况具体确定。在一般情况下,使用环境特征应该被理解为要求被保护对象可以用于该使用环境即可,不要求被保护对象只能用于该使用环境;但本领域普通技术人员在阅读专利权利要求书、说明书以及专利审查档案后可以明确而合理地得知被保护对象只能用于该使用环境的除外。涉案专利的使用环境特征不能被解释为涉案专利所保护的连接器只能用于连接标准的刮水器臂。涉案专利权利要求并未记载涉案专利所保护的连接器只能用于连接标准的刮水器臂。尽管涉案专利说明书关于发明目的的记载提及“可以把任何类型的刮水器安装在一标准的臂和一标准的连接器上”,但并未排除连接非标准的刮水器臂。同时,上述记载仅是涉案专利发明目的的一部分,涉案专利的发明目的还包括“提出一种把连接器固定在刮水器刷体的一个部件上的装置,所述装置可以把连接器锁定在安装位置上”。从发明所解决的技术问题及提出的技术方案看,本领域普通技术人员完全可以理解,只要涉案专利所保护的连接器的宽度与刮水器臂相适应,涉案专利技术方案就能够把连接器锁定在安装位置上,并非只能连接标准的刮水器臂。此案中,被诉侵权产品能够用于专利权利要求中使用环境特征所限定的使用环境,即具备该使用环境特征;至于被诉侵权产品是否还可以用于其他使用环境,原则上不影响侵权判定结果。因此,在被诉侵权产品能够实现刮水器臂与刮水器刷体部件之间的连接与铰接的情况下,无论被诉侵权产品是否还可以用于连接非标准的刮水器臂,对本案侵权判定结果并无实质影响。

可以看出,对于包含使用环境特征的权利要求,如果被诉侵权技术方案既包含了与权利要求的除“使用环境”外的其他技术特征对应相同或者等同的全部技术特征,又适用于权利要求记载的使用环境,则落入权利要求包含使用环境技术特征的专利权的保护范围。

从笔者检索到的包含了“使用环境特征”的案例中，权利要求中判定属于“使用环境”的技术特征也均符合最高人民法院相关的定义。笔者的问题是，在法院没有判定具有“使用环境特征”的一些案件中，是否可以适用“使用环境特性”？如在南京特能电子有限公司与南京西普尔科技实业有限公司侵害实用新型专利权纠纷上诉案[案号：(2016)苏民终23451号]中，法院将被诉产品的技术特征与涉案专利权利要求1相比对，除无“与蓄电池相连”，以及在输出开关电路中增设一个电阻外，其他技术特征均与涉案专利相同。同时，法院根据西普尔公司的自认以及被诉产品说明书的记载内容，被诉产品的唯一用途就是给蓄电池充电。当其为蓄电池充电时，必然具有“与蓄电池相连”这一技术特征。法院认为虽然被诉产品本身并不具备涉案专利的全部技术特征(“与蓄电池相连”)，但该产品的唯一用途致使其一旦使用则必然落入涉案专利的保护范围，而对此西普尔公司亦属明知。故西普尔公司的相应行为符合专利间接侵权的上述法律规定。即该案是以被诉侵权产品为“明知有关产品系专门用于实施专利的材料、设备、零部件、中间物等”而适用间接侵权判定是否落入涉案专利的保护范围。在此案件中，是否可以将“与蓄电池相连”判定为保护对象的“使用环境特性”，从而在无须对被告主观方面考量的情况下直接获得被诉产品落入涉案专利的保护范围的结论。

对于使用环境特征对专利权的保护范围的限定作用及限定程度没有太多争议，即侵权判定无须涉嫌侵权产品“已经使用”或者“必然使用”于涉案专利所包含的“使用环境特征”，一般只需要涉嫌侵权产品“可以使用”于涉案专利所包含的“使用环境特征”即可。

综上，只要被控侵权技术方案能够适用于该使用环境特征，即可被认定侵权，故“使用环境特征”认定整体上是一种有利于专利权人的判定标准。

CRISPR – Cas9 专利之争，张峰博士赢了？*

王芝艳

有“基因魔剪”之称的 CRISPR – Cas9 系统的权属之争自该技术诞生之初的 2012 年起就从未停止。尽管诺奖委员会已在 2020 年将发现该技术的荣誉授予 CVC 团队（加州大学、维也纳大学和发明人沙尔庞捷博士的合称）的杜德娜博士和沙尔庞捷博士，但在专利的战场上，CVC 和张峰博士所属的博德研究所之间的战火在过去 10 年愈演愈烈。在美国，PTAB（Patent Trial and Appeal Board，专利审判和上诉委员会）在 2022 年 2 月 28 日通过 Interference 106,115 号决定，判定 CRISPR – Cas9 系统在真核细胞中应用的相关发明属于 Broad 研究所。

作为当今生命科学领域一项颠覆性的技术，过去 10 年围绕 CRISPR – Cas9 技术注册的公司超过 100 家，成功上市的公司则超过 10 家，其中包括杜德娜博士创办的 Intellia Therapeutics，沙尔庞捷博士创办的 CRISPR Therapeutics，张峰博士创办的 Editas Medicine 和 Beam Therapeutics。PTAB 的这一决定，在资本市场掀起震荡的同时，也给未来的全球格局注入新的遐想。

CVC 虽然是 CRISPR – Cas9 系统的最早发现方，但专利申请涉及 CRISPR – Cas9 在通用环境中的应用，而博德研究所的专利申请则涉及 CRISPR – Cas9 在真核细胞中的应用。为了争夺“真核细胞”这一更具价值的使用场景，CVC 和 Broad 早在 2016 年就对决于 Interference 程序。在 2017 年

* 原文于 2022 年 3 月公开发表。

2 月 15 日作出的 Interference 106,408 号决定中,PTAB 判定,双方涉及的专利申请的权利要求没有冲突,因为 CVC 的相关权利要求并没有限定 CRISPR - Cas9 的应用环境,因此不会破坏博德研究所应用于真核细胞中的发明的新颖性和创造性。在联邦巡回上诉法院维持了该决定之后,CVC 试图将其专利申请的保护范围扩展到真核细胞,由此促生了本文开篇所述的 Interference 106,115 号决定。

根据目前 CRISPR - Cas9 技术的全球专利布局和在资本市场受到的火热追捧,可以断言,CVC 和博德研究所之间的互动绝不止步于此。本文尝试对 Interference 106,115 号决定认定的事实和逻辑进行简化整理。

一、Interference 程序

根据 Pre - AIA 的先发明制(first - to - invent),在 Interference 程序中,先发明人是首个将发明付诸实施的一方,除非另有一方能够证明,第一个构思了发明并在随后将发明付诸实践中付出了合理的努力。对于"付诸实践",PTAB 结合以往的判例认为需要证明,发明人构建了发明的技术方案(满足相关权利要求的所有特征限定),并且确定发明能够奏效以满足预定目的,同时,在必须试验以确定是否能够奏效的情况下,必须证明发明人认识并理解(recognize and appreciate)到了试验的成功。

二、相关证据涉及的时间线

CVC 团队:在 2012 年 3 月 1 日产生了发明构思(CRISPR - Cas9 用于通用环境),在 2012 年 8 月 8 ~ 9 日进行了斑马鱼实验,在 2012 年 5 月开始并于 10 月 30 日完成了人细胞中的实验。

博德研究所团队:对于 CRISPR - Cas9 在真核细胞的使用,在 2012 年 10 月 5 日向 Science 杂志投稿。

三、PTAB 的逻辑

Interference 106,115 号决定的逻辑基础是,PTAB 认定 CVC 没有提供充足的、令人信服的证据证明他们早于博德研究所将真核细胞的 CRISPR 技术

付诸实践。实际上,CVC 曾提供了大量的实验记录、往来邮件和证人证言等,试图证明其在首先产生发明构思后,进行了合理的努力将发明付诸实践,但 PTAB 却从这些证据中得出了完全相反的结论。

(1)2012 年 8 月 8 ~9 日的斑马鱼实验(由杜德娜博士的合作者莱布尔博士实施)

在莱布尔博士的证词中,其表示:"代表 CVC 发明人在 2012 年 8 月 8 日制备了纯合的 rx3/chokh/chk 表型的动物,方法是向动物注射 Cas9 蛋白和两个 sgRNA 的复合物,所述 sgRNA 包含靶向 rx3/chokh/chk 基因座的 crRNA 和 tracrRNA。该实验的结果表明,在用发明人的 CRISPR - Cas9 系统注射的受精卵中成功实现了位点特异性 DNA 切割。因此,发明人的 CRISPR - Cas9 系统是可行的,与使用之前已知的递送和分析方法在斑马鱼中的预期结果一致。"对此,PTAB 注意到,莱布尔博士用一个浓度的测试溶液注射的 30 个胚胎中仅有 1 个显示所预期的无眼表型(纯合的 rx3/chokh/chk 突变鱼)。PTAB 认为,CVC 并没有同期证据证明莱布尔博士认为 2012 年 8 月 9 日的实验结果是成功的。相反,奇林斯基博士(莱布尔博士的实验合作者)给发明人沙尔庞捷博士的邮件则写明:

"Potentially good news about fish. We tested the NLS - tagged Cas9 that we just got from Martin as the normal protein was not giving anything conclusive. It looks like GFP expression in medaka is much lower in the embryo although there are still problems with toxicity and so on, so it will require some more optimization from their site. Anyway, there is a hint it might work but we shouldn't be overexcited now."

这封邮件导致 PTAB 得出结论,奇林斯基博士 8 月 9 日的邮件和沙尔庞捷博士的回复("ok. I give you a call now then")本身均不能证明,他们已经认识到并理解莱布尔博士 2012 年 8 月份的实验是对真核细胞技术方案的付诸实践。进一步,PTAB 引用了奇林斯基博士的证词:

"We believed that these effects were the result of our sgRNA CRISPR - Cas9 system's activity in the fish, though we had not confirmed an effect on the targeted regions by sequencing. Ex. 4916. While my fish experiment result summary noted that the effects of possible incomplete GFP loss in the medaka might be the result of ‘heterozygotes’ or ‘unspecific’ effects, the zebrafish eyeless phenotype indicated that we had successfully used our sgRNA CRISPR－Cas9 system to target and cleave target DNA within the zebrafish. Ex. 4916. The reference to repeating experiments indicated that a journal publication would require multiple experiments and a second molecular detection assay.”

而对于其中提到的 Ex. 4916（2012 年 8 月 31 日奇林斯基博士写给沙尔庞捷博士的邮件及附件），PTAB 则引用了其中的一页 PPT，如图 1 所示：

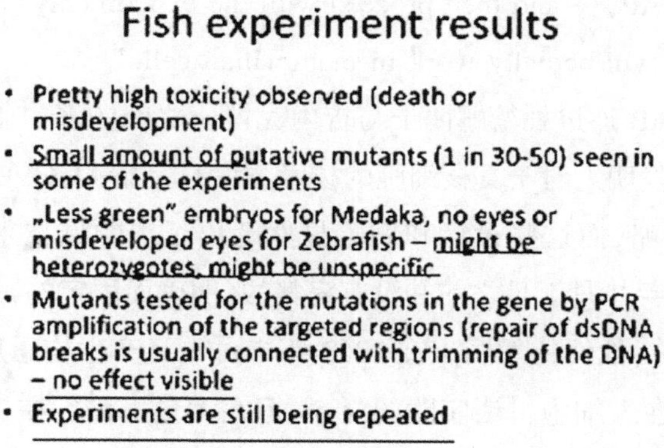

图 1　PTAB 引用的一页 PPT

由此，PTAB 认定，与 CVC 的观点相反，Ex. 4916 不能证明奇林斯基博士认为这是个阳性结果。PTAB 同时指出，在 CVC 于 2012 年 10 月 19 日和 2013 年 1 月 28 日提交的临时申请中并没有引入斑马鱼的实验，奇林斯基博士和沙尔庞捷博士对于莱布尔博士 2012 年 8 月 9 日实验并没有沟通并且之后也没有提及该实验，莱布尔博士随后也没有就此实验发表文章，这些均表明，CVC 的发明人并不认为这是一次成功的付诸实践。

（2）对于其他团队的付诸实践

CVC 同时提供了其他团队在真核细胞中付诸实践的证据。PTAB 则认为，所有关于 CVC 在真核细胞中付诸实践的实践日期（分别是 2012 年 10 月 31 日、2012 年 11 月 1 日、2012 年 11 月 5 日和 2012 年 11 月 18 日）均晚于博德研究所的文章向科学杂志的投稿日 2012 年 10 月 5 日，也是博德研究所所证实的实际付诸实践日。

(3)对于完整构思和合理努力

PTAB 认为,CVC 需要证明完整构思早于博德研究所并且以合理的努力将发明付诸实践,然而 CVC 发明人杜德娜博士与发明人吉内克博士之间的邮件(以下英文摘录)却表明发明构思并不完整。

"I'm very excited about the Csn - 1/Cas9 - based genome targeting ideas we discussed yesterday, this will be fabulous if it works… It would be good to demonstrate that the single - RNA guide works to direct DNA cleavage by Csn1/Cas9 in vitro ASAP, … and then proceed with the experiments necessary to show that this strategy will actually work in mammalian cell."

进一步,PTAB 通过杜德娜博士与吉内克博士之间的多次邮件往来得出结论认为,CVC 的发明人对于真核细胞的技术方案只是猜测,CVC 的发明人必须重新设计实验策略,而这些设计和实验显然超出了本领域技术人员的常规技术,因此在 2012 年 3 月 1 日之前并没有完整的(明确而固定的)发明构思。

CVC 争辩称,他们的发明人在 2012 年 3 月 1 日产生构思后,在 2012 年 5 月 28 日获得了在人细胞付诸实践的材料,但在大量工作后在 2012 年 10 月 30 日完成了实验,即在 5 个月后,遇到了多个困难并且进行了多次尝试。然而 PTAB 认为,CVC 发明人在 2012 年 3 月 1 日产生构思后,进行了长期的大量研究、实验和改良,这充其量证明,CVC 的发明人利用斑马鱼胚胎获得了一个未认识到的阳性结果和几个失败,数个月的失败实验后,利用人细胞也产生了怀疑。

PTAB 认为,相比之下,博德研究所在 2012 年 10 月 5 日向 Science 杂志的投稿则证明了 Broad 自 2011 年至 2012 年秋季的活动,确定了 Broad 将 SCRIPR - Cas9 系统付诸实践的日期,而该日期早于 CVC 被认定的实践付诸期。

通过以上梳理,不难发现,对于重要技术,研发、专利和发表文章都是在和时间赛跑,几个月的差异,可能就是完全不同的归属。但不管怎样,未来的 CRISPR - Cas9 技术市场如何分割,还需要观察相关专利在全球的状况,而张峰博士和他的团队还有很长的路要走。

标注专利标识是专利权人的权利还是法定义务?*

——中美法律在弥补诉前损失方面的比较研究

马　越　郑　理

标注专利标识是指专利权人在其销售的商品上印刷或包含相关专利号的行为。假设专利权人在中国和美国销售其获得了中美两国专利的产品,但未在商品上标注专利号;他人在这两个国家销售相同产品,行为侵犯了专利权;专利权人在中国和美国起诉侵权方,责令侵权人立即停止销售侵权产品。在此情况下,即使专利权人胜诉,专利权人可以在中国获得相应的损害赔偿,但在美国可能无法获得任何损害赔偿。这显然与专利权人的想法相悖,此种结果虽与常规认知相反,在实际案例中却很常见。本文比较研究了中美两国关于标注专利标识的相关法律规定,介绍了若干相关案例,进而总结了一些关于专利权人在实践中可采取措施的建议。

一、简介

标注专利标识的法律规定对于专利权人起诉侵权人之前的一段时间内因侵权人的侵权活动而对专利权人造成的损失进行了限制。根据美国专利标识方面的法律规定,①如果专利权人向被控侵权人提供了推定通知(constructive notice)或实际通知(actual notice),专利权人有权对于其在起诉前最多6年内

* 原文于2022年1月公开发表。

① 标注专利标识的法律规定涵盖在35 USC 287(a)中。

的损失获得损害赔偿。实际通知要求专利权人向被控侵权方发出指明专利号的通知或者投诉，而如果专利权人遵守标注专利标识的规定，则可被视为满足推定通知。如果专利权人在其产品被侵权的任何时间段内从未遵守标注专利标识的规定，则其对于先前损失的损害赔偿的主张会受到限制。在专利权人除投诉本身之外没有给出实际通知的情况下，如果专利权人在投诉之前没有遵守标注专利标识的规定，则专利权人将无权获得任何先前损失的损害赔偿。

在中国，关于标注专利标识的法律规定[①]与美国关于标注专利标识的法律规定截然不同：专利权人有权在其专利产品或该产品的包装上标注专利号，但并非只有遵守此规定才能获得对于先前损失的损害赔偿。[②] 中国国家知识产权局于 2012 年颁布了《专利标识标注办法》，[③]并于 2020 年颁布了《查处假冒专利行为和办理专利标识标注不规范案件指南》。[④] 这两份文件细化了专利权人及被许可人标注专利标识的方式，并提出了对不符合规定行为和假冒标识标注的处罚措施。然而，在这两份文件中，标注专利标识与诉讼中的损害赔偿没有直接关系，且不是对诉讼前损失请求损害赔偿的前提条件。将中国法律规定应用于前述情况时，无论专利权人是否对其产品标注专利标识，专利权人都有权获得对先前损失的损害赔偿。

本文的其余部分讨论了中国和美国关于标注专利标识的关键要素。此外，本文还讨论了与标注专利标识有关的其他法律规定，诸如临时保护和虚假标识，随后是作者向专利权人提出的相关建议。

二、专利权人的确认行为

专利权人的确认行为凸显了中美标注专利标识法律规定之间的主要差

---

① 参见《专利法》第 16 条第 2 款。

② 符合《巴黎公约》第 5 条第 D 款规定：不应将要求在商品上载明或提及专利、实用新型、商标注册或工业品外观设计作为承认取得保护权的一个条件。详见：https://wipolex.wipo.int/en/text/288514。

③ 参见《〈专利标识标注办法〉（第 63 号）》，载国家知识产权局网，https://www.cnipa.gov.cn/art/2013/10/23/art_74_27596.html。

④ 参见《国家知识产权局印发〈专利纠纷行政调解办案指南〉〈查处假冒专利行为和办理专利标识标注不规范案件指南〉〈专利行政保护复议与应诉指引〉》，载国家知识产权局网，https://www.cnipa.gov.cn/art/2020/7/17/art_53_150392.html。

异。在美国，专利权人关于标注专利标识的确认行为是强加给专利权人的一种义务，这要求专利权人始终如一地对其产品标注专利标识，才能够被视为对侵权人的推定通知。而专利权人如果缺少此类确认行为，就会被视为未遵守专利标识的法律规定，或未作出推定通知。

Radware, Ltd. v. F5 Networks, Inc.[①]一案和 American Medical Systems Inc. v. Medical Engineering Corp.[②]一案为专利权人完全遵守推定通知要求的确认行为的程度提供了范例。在 Radware 一案中，专利权人实际上对其“部分但不是全部”的产品标注了专利标识，而法院认为“仅仅鼓励消费者购买有标识的……产品与未标识的……产品相结合，不足以构成推定通知”。同样，在 American Medical Systems 一案中，在专利授权后，专利权人继续销售未标注专利标识的库存产品，数月后才销售有专利标识的产品。尽管专利权人在销售未标注专利标识的库存产品的同时开始在产品上标注新专利号（但尚未分销这样的产品），但是法院认为，当“运输……未标注专利标识的产品……会继续误导公众，使其认为产品是无专利保护的”时，仅在商品上标注专利标识，而尚未对其进行分销，并不满足合规的要求。

在美国，侵权人的知情或行为不能免除专利权人对于确认行为的义务。侵权人知情与专利权人是否已发出推定通知无关，也不能代替标注专利标识的要求。在 Arctic Cat[③]一案中，侵权人被认定为故意侵犯专利权，因此专利权人辩称：侵权人在了解专利且知晓其行为构成侵权的情况下，故意侵权行为足以构成实际通知。然而法院并未支持这一诉讼请求，因为侵权人知晓其专利侵权行为是基于自身认知，而不是由专利权人告知。

在中国，专利权人无须确认。取而代之的是，因为授权专利的公布文本对公众公布，在授予专利权时就假定侵权人知晓专利。换言之，授权专利的公布被认为能够达到向所有潜在的侵权人发出“推定通知”的类似效果。因

---

① Radware, Ltd. v. F5 Networks, Inc., 147 F. Supp. 3d 974 (2015).

② American Medical Systems Inc. v. Medical Engineering Corp., 28 USPQ2d 1321 (Fed. Cir. 1993). 专利权人进行了专利标识，但未向公众销售标注了专利标识的产品，同时销售未标注专利标识的库存产品，这不完全合规。详见：https://openjurist.org/6/f3d/1523/american-medical-systems-inc-v-medical-engineering-corporation。

③ Arctic Cat Inc. *v.* Bombardier Rec. Prods., 950 F. 3d 860 (2020).

此,侵权人知道或应当知道其行为会构成专利侵权,并应承担侵权行为的相应责任。

中国的诉讼案件中标注专利标识的确认行为通常在以下情况中发生:被控侵权人因专利权人未对其产品标注专利标识而以不知道专利权人的专利权存在为由推脱侵权责任。然而,这类诉讼请求通常不会被支持。例如,在鞠某军与山东武城古贝春集团公司侵害专利权纠纷一案①中,法院认定标注专利标识是专利权人的一项权利而非义务,专利权人可以行使标注专利标识的权利,也可以放弃该权利。法院认为,专利权人是否行使其标注专利标识的权利对侵权责任的判定没有影响。

两国在标注专利标识上完全不同的路径可能源于各自不同的政策和国情。美国专利制度倾向于鼓励技术创新和保护公共利益,高于授予垄断性的专利权;②而中国目前不对专利权人施加这方面的实质性负担,选择优先保护专利权。这种差异反映出两国处于工业发展和知识产权保护的不同阶段。

三、临时保护

在中美两国都可使用临时保护,临时保护与标注专利标识有关。临时保护允许专利权人获得在专利申请公布后到专利授权前的专利申请审查期间的对于先前损失的补偿。在中美两国,为了申请临时保护,专利申请中的权利要求必须与已授权公布专利中的权利要求实质性相同。然而,中美两国关于的临时保护的法律规定在通知要求方面亦有所不同。

在美国,临时保护的权利③与标注专利标识的不同在于,临时保护要求侵权人有“实际通知”或知晓专利,而不要求专利权人通过标注专利标识发出通知(无论是推定通知还是实际通知)。尽管侵权人关于专利权的“实际通知”

---

① 详见山东省高级人民法院民事判决书,(2000)鲁经终字第339号。

② 例如,§ 287的通知要求“用于以下三个相关目的:(1)有助于避免善意侵权;(2)鼓励专利权人公开产品或方法已获得专利授权的通知;以及(3)便于公众分辨物品是否已获得专利授权”。详见:Arctic Cat I,876 F. 3d at 1366,引自 Nike,Inc. *v.* Wal-Mart Stores,Inc. ,138 F. 3d 1437,1443(Fed. Cir. 1998). https://www.leagle.com/decision/infco20171207168。

③ 35 USC 154(d). 详见:https://www.law.cornell.edu/uscode/text/35/154。

并未明确要求专利权人在标注专利标识方面采取任何确认行为,但它并不比"推定通知"更宽松。例如,在 Rosebud LMS Inc. v. Adobe Sys. 一案[①]中,法院重申了专利权人不需要采取确认行为的规定。尽管如此,法院还是作出了有利于侵权人的判决,这是因为专利权人的证据并没有证明 Adobe 实际知道诉讼中已公布的专利申请。[②]

中国关于临时保护的法律规定[③]基本与关于标注专利标识的法律规定一致。中国关于临时保护的法律规定不要求专利权人的"实际通知"或确认行为。临时保护中关于先前损失的补偿从发明专利申请公布之日起计算,专利权人可以要求使用发明专利申请方案的单位或者个人支付"适当费用"。不同于损害赔偿,"适当费用"可以参照实际的专利使用费合理地确定。这是因为临时保护的目的是补偿专利权人的损失,而不是赔偿。在确定"适当费用"时,法院还可以考虑专利申请方案的临时保护是否涉及侵权人恶意获取市场份额、排除竞争对手等不当目的。

四、标注专利标识的方法与虚假标识

完全遵守标注专利标识的法律规定还要遵照下述正确的标注方法,否则可能会造成虚假标识。在美国,标注专利标识要求专利权人对产品标注实质标识或虚拟标识。[④] 专利权人可以在产品或包装上一并印刷"Patent"或"Pat."和相关的专利号。专利号是否应标注在产品本身或包装上取决于具体情况,例如:(1)在产品上标注是否可行;(2)标识标注方法的行业惯例;(3)在产品上标注的成本是否太高。检验标注专利标识是否充分的标准是

---

① Rosebud LMS Inc. *v.* Adobe Sys. ,812 F. 3d 1070,2016 U. S. App. LEXIS 2181,117 U. S. P. Q. 2D(BNA). 详见:https://www. leagle. com/decision/infco20160209170。

② 专利权人 Rosebud 主张 Adobe 知道相关母案专利但不知道涉案专利。法院认为此观点不充分,因为"通知要求不限于说明书,被指控的侵权人必须被告知已公开的专利申请的权利要求书"。

③ 《专利法》第 13 条:发明专利申请公布后,申请人可以要求实施其发明的单位或者个人支付适当的费用。其中没有关于实用新型专利和外观设计专利的临时保护的法律规定。

④ 35 U. S. C. 287(a).

“是否已向公众提供了该产品或方法已获得专利授权的通知”。[①]

虚拟标识仅适用于美国《发明法案》(AIA)。虚拟标识允许专利权人提供一个列有与产品相关的专利的网页地址,而不用在产品或产品包装上附上专利号。

根据美国虚假标识的法律规定,[②]虚假标识包括伪造专利权人的标识,或者诱导公众相信产品是由专利权人或在专利权人同意下制造、许诺销售或进口到美国的。同时,在未提交专利申请的情况下,将非专利产品或方法标注“专利”一词或用“正在申请专利”标注产品或方法等也是虚假标识行为。判断专利权人是否构成虚假标识的关键要素之一是专利权人是否表现出欺骗公众的意图。例如,仅标注已经到期的专利,但未表现欺骗公众的意图,这并不构成过错。在 Arcadia Mach. & Tool, Inc. v. Sturm, Ruger & Co. 一案[③]中,在没有明确证据表明有欺骗意图的情况下,由于专利通知的疏忽错误和遗漏,列出产品“可以根据专利制造”,不算作虚假标识。相反,在 Clontech Labs. , Inc. v. Invitrogen Corp. 一案[④]中,专利权人被发现其产品未被专利范围覆盖,但专利权人未改正其错误标识,法院认为当事人对非专利物品进行标注的行为有足够的了解,这体现了当事人欺骗公众的意图。

美国对虚假标识的处罚为每件虚假标识的物品最高罚款 500 美元,[⑤]没有牢狱之灾。但当涉及大量产品时,处罚金也相当高。例如,在 Presidio Components, Inc. v. American Technical Ceramics Corp. 一案[⑥]中,法院对 Presidio 公司共 651,675 个虚假标识的 BB 电容器处以每件物品 0.35 美元的罚款,该罚

---

① 关于虚拟标识的报告,美国专利与商标局,国会汇报,2014 年 9 月,第 12 页,引自 Sessions *v.* Romadka, 145 U. S. 29, 49 – 50(1892)。详见 https://www.uspto.gov/sites/default/files/aia_implementation/VMreport.pdf。

② See 35 U. S. C. 292. https://www.law.cornell.edu/uscode/text/35/292.

③ 786 F. 2d 1124(Fed. Cir. 1986). (https://law.justia.com/cases/federal/appellate – courts/F2/786/1124/409737/).

④ 406 F. 3d 1347(Fed. Cir. 2005). (https://law.resource.org/pub/us/case/reporter/F3/406/406.F3d.1347.03 – 1464.04 – 1099.html).

⑤ Forest Group, Inc. *v.* Bon Tool Co. , 590 F. 3d 1295, 2009. (https://www.courtlistener.com/opinion/893/forest – group – inc – v – bon – tool – co/).

⑥ 723 F. Supp. 2d 1284(S. D. Cal. 2010). (https://www.courtlistener.com/opinion/2541087/presidio – components – v – american – tech – ceramics/).

金总计近23万美元，约为Presidio公司产品平均售价的32%。

在中国，专利权人可以在其专利产品、该产品包装或该产品的文档（如产品手册）上标明专利类型和专利号。[①] 对于正在申请中的专利，专利申请人应当用中文标明专利申请的类型、专利申请号和"正在申请专利，尚未授权"的声明，以构成适当的专利标识。[②] 根据其他法律规定，中国《广告法》[③]禁止商家使用正在申请中的专利申请和无效专利进行广告宣传，因此专利申请人不得在其产品广告中包含有关专利申请的信息。此外，虚拟标识在中国并不适用。但随着越来越多的产品由于技术复杂包含了大量专利，专利权人难以在产品或包装上直接标注，因此社会上已经有了对于虚拟标识的提议。

与美国虚假标识相对应的行为在中国的法律规定[④]中被视为专利假冒行为，包括：在未被授予专利权的产品或者包装上标注专利标识，专利权被宣告无效后或者终止后继续在产品或者包装上标注专利标识，或者未经许可在产品或者产品包装上标注他人的专利号。上述行为均被推定具有欺骗公众的意图。但有一种情况例外，即在相关专利权终止后销售带有专利标识的产品，如果该标识的标注是在该专利权终止之前进行，则不属于假冒专利行为。

对假冒专利负有责任的人将承担民事责任，专利主管部门将没收其非法所得。与美国不同，中国对假冒专利的罚款是基于收益而不是销售物品的数量。例如，罚款不得超过违法所得的4倍，或如果没有违法所得，则罚款不超过20万元人民币。此外，严重的专利假冒行为可能导致犯罪，并导致入狱。严重行为可以包括非法营业额超过20万元人民币或非法收益超过10万元人民币，或者假冒专利给专利权人造成直接经济损失超过50万元人民币。

① 《专利标识标注办法》。

② 《专利标识标注办法》。

③ 《广告法》第12条。

④ 《专利法》第13条和《专利法实施细则》第84条。

五、实际问题

鉴于中美两国关于标注专利标识的法律存在显著差异，在两国销售产品的跨国公司需要了解其在每个国家的权利和义务，了解不遵守相应法律规定的责任和后果，从而实施最佳策略以保护自身权益。这些策略应涵盖专利权人在专利授权后和授权前都可采取的适当措施。表1对此进行了总结，下文将进行进一步解释。

表1　专利权人遵守标注专利标识法律规定的切实可行步骤

在美国	在中国
专利授权后	
·专利权人有义务始终如一地标注专利标识： (1)当销售产品时，在产品上标注专利号； (2)一旦发现不合规的情况，专利权人应根据标注专利标识的法律规定予以纠正； (3)在合理能力范围内确保被许可人也遵守标注专利标识的法律规定。 ·在以下情况下可免除标注专利标识的义务： (1)若专利权人不销售任何产品； (2)若专利仅包括方法权利要求	·专利权人没有义务，但有权进行标注专利标识； ·专利权人可以要求被许可人也标注专利标识； ·鉴于新修订的《专利法》规定的惩罚性赔偿高达5倍，专利权人可以将标注专利标识用作建立品牌、区分其产品与假冒产品的有效手段，或用作证明恶意侵权的证据[1]
专利申请过程中	
·考虑尽早公布； ·当专利申请被公布时，如果已经确定第三方实施了申请中的权利要求的方案，可以考虑发送通知函； ·如果在审查期间对权利要求进行了大幅修改，可以考虑重新公布； ·在专利转让中明确包括临时保护的权利； ·作为一种防御策略，减少暴露于第三方公布的专利申请的情况	·专利权人没有义务，但有权标注已公布的专利申请号； ·考虑提前公开； ·在专利转让时明确包括临时保护的权利

续表

在美国	在中国
标识标注方法	
·在产品或包装上列出"Patent" 或"Pat."以及专利号。 ·可以通过提供列有专利号的网站地址进行虚拟标识，网站需要对公众开放，易于公众查询专利信息。 ·避免虚假标识 (1)专利已申请但未授权时，使用"正在申请专利过程中"； (2)监控专利有效期，并在标注专利标识时更新专利号； (3)如果不确定适用的专利号，则在标注专利标识时可以使用"可能是"这样的表述	·在产品、包装或产品的文档中标注专利号与专利类型； ·对正在申请中的专利申请需要标明"正在申请专利，尚未授权"； ·不能使用正在申请过程中的专利申请进行广告宣传，以避免违反广告法的规定； ·不能使用虚拟标识； ·避免假冒专利

[1]自2021年6月1日起施行的《专利法》第71条。

1. 专利授权后

在美国，专利一旦被授权，专利权人应通过标注专利标识的确认行为努力维护其自身利益，避免遭受潜在损失，以满足推定通知的要求，这种方式实际上更有效。由于专利权人当时可能不知道谁在侵犯其专利权，实际通知（例如，要求停止侵权的警告函）可能有些不切实际。

未遵守标注专利标识规定的行为也需要专利权人的确认行为予以纠正。也就是说，一旦专利权人未能遵守标注专利标识的法律规定，专利权人只能通过确认行为纠正错误。在 Arctic Cat Inc. v. Bombardier Rec. Prods. 一案①中，专利权人阿克蒂克·凯特（Arctic Cat）在获得专利权后将其专利授权给被许可人本田，后者开始销售未进行标注的产品。本田在阿克蒂克起诉侵权人前一年左右停止销售这些未进行标注的产品。由此，专利权人认为，当被许可人本田停止销售未进行标注的产品时，本田未进行标注的问题在提起专利侵权诉讼前一年就得到了解决，因此阿克蒂克认为自本田停止销售未进行标注的产品之日起，其有权获得对于先前损失的损害赔偿。法院驳回了阿克蒂克的

① Arctic Cat Inc. *v.* Bombardier Rec. Prods. ,950 F. 3d 860(2020).

诉讼请求，认为“停止销售未进行标注的产品不能证明阿克蒂克履行了通知义务……也不能抵消通知要求……”。①

如果专利权人允许被许可人实施专利，则专利权人应在合理能力范围内确保被许可人遵守标注专利标识的法律规定。在上述 Arctic Cat 案②中，阿克蒂克与被许可人本田之间的许可协议的最终版本明确表示本田没有标注专利标识的义务。因此，本田没有对产品进行标注。此外，阿克蒂克也未采取任何措施确保本田对许可产品进行标注。法院据此认为阿克蒂克未遵守标注专利标识的规定。相比之下，在 Maxwell v. J. Baker Inc. 一案③中，被许可人塔克特（Target）同意在所有鞋子上进行标注，但塔克特未尝试将标识从“正在申请专利”修改为专利号。当专利权人麦克斯威尔发现被许可人未进行标注时，遂要求被许可人按照许可协议进行标注，并多次尝试通知被许可人进行标注。法院认为，由于标注专利标识的缺陷并不是麦克斯威尔造成的，也不是其未能确保被许可人遵守而造成的，因此专利权人遵守了标识标注的规定。

某些豁免适用于标注专利标识。专利标识仅适用于实施专利权利要求方案的产品。例如，如果专利权人不销售实施已授权专利权利要求方案的产品，或者根本不销售任何产品，则专利权人有权获得对于先前损失的损害赔偿，而无须标注专利标识。与上述公司停止销售未标注专利标识的产品的情况相比，没有销售任何产品是不同的。前者构成了违规未得到纠正，后者则属于豁免的情形。前者导致专利权人在积极采取行动纠正违规行为之前无法要求对于先前损失的损害赔偿，而后者导致专利权人可以获得对于先前损失的完全的损害赔偿。

对于仅具有方法权利要求的专利，或者仅主张专利的方法权利要求时，标注专利标识的义务也可以被豁免。④ 在实践中，当一项专利同时包括方法权利要求和设备权利要求时，如果专利权人销售该专利所涵盖的产品，则专利权

---

① Arctic Cat Inc. *v.* Bombardier Rec. Prods. ,950 F. 3d 860(2020).

② Arctic Cat Inc. *v.* Bombardier Rec. Prods. ,950 F. 3d 860(2020).

③ Maxwell *v.* J. Baker Inc,39 USPQ2d 1001(Fed. Cir. 1996).

④ Crown Packaging Tech. ,Inc. *v.* Rexam Bev. Can Co. ,559 F. 3d 1308,2009.

人最好遵守标注专利标识的规定，如此可以同时主张方法权利要求和设备权利要求的侵权，并最大限度地获得对于先前损失的损害赔偿。

在中国，标注专利标识是一种权利，并非专利权人的义务。专利权人可以利用专利标识有效地塑造品牌，区分专利产品与假冒产品。其一，标注专利标识具有一定的广告效果，可以增加专利权人的产品在市场上的认可度，可以更清楚地界定产品的专利归属；其二，产品的美誉度越高，经销商和消费者越容易认可定价合理、销售渠道合法，以及专利产品应当附有专利标识的事实。这为公众区分正品与竞争对手产品或假冒产品提供了依据。此外，专利权人可以要求被许可人在专利产品或者采用专利方法制造的产品上标注专利标识。

根据新修订的中国《专利法》，专利标识可作为证明恶意侵权的证据，其可能导致高达5倍的惩罚性赔偿，这是目前全球各国对于专利侵权惩罚性赔偿的最高标准。对于专利产品工艺和技术复杂、具有专利文献未披露的特定细节的情形，如果发现侵权产品与专利产品在各方面都相同，则可以推定侵权人已经获得并反向设计了该专利产品，而如果专利产品标注有专利标识，则可以合理推定侵权方存在侵权的故意。

2. 专利授权前

在中美两国，都可以要求专利申请提前公开从而提前获得临时保护。然而，专利权人在决定提前公开专利申请之前，也应仔细考虑负面影响。例如，专利申请的提前公开可能会导致在其他国家专利申请权利的丧失，而这原本是有其他补救办法的。[①] 此外，除非已经公开披露了技术或开始销售相关产品，否则提前公开专利申请可能会导致专有技术被过早地披露给公众，其中也包括竞争对手。因此，应只在在先申请（如母案申请）已经公布的情况下，再考虑要求提前公开。

实践中，在美国，如果在审查过程中对权利要求进行了大幅修改，专利权人应考虑请求重新公布，以体现拟授权的专利中权利要求的范围。重新公布可以让专利权人提前享受临时保护的权利，从而最大限度地提高对于先前损

① 如果在12个月的期限内未向其他国家提交申请，申请人可以选择其他方式对此情况进行补救，例如撤回国内申请，同时重新递交相同的PCT申请。但如果国内专利申请已在本国公布，专利权人将难以在其他国家申请专利，因为已公布的专利申请将被视为现有技术。

失的损害赔偿,而不必等到专利授权。考虑权利要求被修改而处于复审中的情况时,复审委员会可能需要一至两年的时间进行审理。如果专利申请在复审中胜诉,重新公布专利申请将为专利权人争取到关于这一至两年的时间的损害赔偿。在中国,没有重新公布的手段。

专利权人保障其潜在的对于先前损失的损害赔偿还有另一种方法,即一旦专利申请公布,就对是否有第三方已经在实施其权利要求的方案进行评估。如果发现了这样的情况,专利权人就可以考虑发送通知函,使第三方得到"实际通知"。

专利转让协议中一个经常被忽视的问题是,没有明确说明临时保护的权利是否也同时转让给受让人。例如,在中国,请求临时保护相关的费用的主体是专利申请人,而请求专利侵权赔偿的主体是专利权人。如果专利在审查期间转让,且转让协议未明确包含收取与临时保护相关的费用的权利,则受让并随后获得专利授权的专利权人可能无权获得此费用的补偿。为避免产生纠纷,最好在专利转让时明确临时保护相关权利的归属。

在美国,鉴于专利临时保护的权利要求实际通知或被控侵权人的知情,作为一种防御策略,应谨慎暴露于第三方公布的专利申请。这是因为被控侵权人对第三方公布的专利申请的知情,将可能导致承担对于先前损失的损害赔偿的责任。因此,实践中应包括关于规避竞争对手公布的专利申请的例行监控。一旦了解到第三方公布了一个密切相关的专利申请,则应当持续监控专利申请的审查状态,以评估授权的权利要求并避免侵权。

3. 标识标注方法

在实践中,要始终遵循正确的标注专利标识的方法,避免虚假标识。在美国,尽管实践中很难证实欺骗公众的意图,但专利权人仍应避免:在未申请专利的情况下将产品标识为"正在申请专利",在专利仍在申请中或专利已失效的情况下将产品标识为"获得专利",或在产品手册或其他文档中作类似说明。在中国,专利权人应遵循《查处假冒专利行为和办理专利标识标注不规范案件指南》[①]提供的专利标识标注的示例。例如,当专利仍在申请中时,是

---

① 《查处假冒专利行为和办理专利标识标注不规范案件指南》。

不允许标注“侵权必究”的。

虽然使用虚拟标识很方便,但在旧专利到期或新专利授权时,及时更新相关网站信息也很重要。当专利保护范围存在不确定性时,专利权人也可以在标注专利标识时使用“可能是”一类的表述。①虚拟标识网站应该易于访问,以便公众查询专利信息。专利权人还应该避免故意混淆产品实际涵盖了哪些专利的情况,例如,标记一长串专利列表,而大多数专利却并不适用于该产品。

六、结论

中国和美国标注专利标识的法律规定的立场截然不同。在美国,标注专利标识需要专利权人的确认行为,如果不遵守标注专利标识的规定,会极大限制专利权人在专利诉讼中对于先前损失的损害赔偿的主张。相比之下,在中国,标注专利标识仅为赋予专利权人的权利,而不是对于专利权人的义务。无论专利权人是否标注了专利标识,都有权获得对于先前损失的完全损害赔偿。但在中国,如果发现侵权人存在恶意侵权行为,标注了专利标识则可能使专利权人获得最大化的损害赔偿,惩罚性赔偿最高可达5倍。在实践中,两国专利权人都应尽力做好标注专利标识的工作,同时使用适当的标识标注方法,以避免虚假标识或假冒专利的情形。

① 406 F. 3d 1347(Fed. Cir. 2005).

打击恶意抢注商标的新思路*

——从民事诉讼的视角

张孟春　邓思涵　高思嘉

一、引言

如何打击恶意抢注商标一直是完善中国商标制度的重点问题。按照中国目前的商标法律制度，权利人固然可以通过商标异议、商标无效、商标撤销等程序打击大部分恶意抢注商标，但抢注人恶意抢注商标所投入成本相对较小，其面临的最不利的结果也就是抢注商标被撤销、不予注册或宣告无效，如一旦抢注成功，抢注人便能够通过商标转让或商标许可等方式谋取高额不法利益。而反观权利人，其不得不付出高额的时间成本和金钱成本来维护自身权利（包括固定证据费用、聘请律师费用、诉讼费用等），尤其是在抢注人大规模恶意抢注商标的情况下，双方付出的成本和代价更是存在严重的不对等。基于上述原因，虽然中国各级机关已经采取有力措施打击恶意抢注商标，但恶意抢注商标在中国仍然屡禁不止，已经成为影响权利人正当行使商标权利的"顽疾"，让权利人不堪其烦。

我们注意到，中国地方法院在近期的司法判例中，明确认定权利人可以针对抢注人的恶意抢注商标行为提起民事诉讼，并获得赔偿。这是中国法院针对恶意抢注商标在民事诉讼领域的又一有益探索，为权利人有效打击恶意抢注商标提供了新的思路，彰显了中国法院打击恶意抢注商标的决心。特别是

---

* 原文为2022年9月公开发表。

国家知识产权局在2022年9月13日回复全国政协委员的提案时,明确答复将“恶意抢注给他人造成损失的民事赔偿责任”纳入新一轮《商标法》的修改准备工作,确立针对恶意抢注商标的民事诉讼将有可能在制度上得到落实。本文将结合相关司法案例,就恶意抢注商标民事诉讼案件适用的具体问题进行探讨,以便权利人在实务中更好地运用该制度维护自身的合法权益。

二、恶意抢注商标民事诉讼案件的司法案例介绍

厦门市中级人民法院(以下简称厦门中院)和杭州市余杭区人民法院(以下简称余杭法院)在司法案例中明确认定可以针对抢注人的恶意抢注商标行为提起民事诉讼并获得赔偿,案件情况介绍如下。

(一)艾默生案

艾默生电气公司(以下简称艾默生公司)是核定使用在第7类“食物垃圾处理器”、第11类“水净化装置”等商品上的“爱适易”系列商标的商标权人,该系列商标经过艾默生公司的持续使用,已于2010年在中国具有一定的知名度。

自2010年12月起,厦门安吉尔水精灵饮水设备有限公司(以下简称厦门安吉尔公司)开始针对“爱适易”系列商标在与其商品相关联的多个商品和服务类别上申请注册与艾默生公司注册商标相同的商标,截至2020年3月前,厦门安吉尔公司和该公司法定代表人王某平新注册的厦门海纳百川网络科技有限公司(以下简称厦门海纳百川公司)已经在14个商品和服务类别上申请注册48个与“爱适易”系列商标相同或近似的商标。艾默生公司为阻止厦门安吉尔公司的商标抢注行为,多次提起商标异议、异议复审以及针对异议复审裁定提起行政诉讼,但厦门安吉尔公司仍然未停止抢注行为。艾默生公司认为厦门安吉尔公司等的恶意抢注行为构成不正当竞争,遂起诉至厦门中院,请求判令厦门安吉尔公司等停止实施抢注行为,赔偿损失并消除影响。

厦门中院经审理认为,“爱适易”系列商标早在2005年就已经在食物垃圾处理器及净水设备领域具有一定的影响,厦门安吉尔公司及厦门海纳百川公司在多个类别的商品和服务上申请注册相同或近似的商标,无法对注册意

图、设计来源作出合理解释说明,明显超出生产经营需要。厦门安吉尔公司导致艾默生公司不得不提起异议、无效、行政诉讼以及民事诉讼以维护合法权益,在一定程度上干扰了艾默生公司的正常生产经营。法院据此认定厦门安吉尔公司的批量恶意抢注行为违反诚实信用原则、破坏公平市场竞争秩序、损害艾默生公司的合法权益,违反我国《反不正当竞争法》第 2 条规定,构成不正当竞争。法院判令被告停止申请注册与“爱适易”系列商标相同或近似商标,赔偿艾默生公司因制止抢注产生的律师费损失及该案合理费用 160 万元。厦门安吉尔公司等不服一审判决提起上诉,福建省高级人民法院经审理后驳回上诉,维持原判。

(二)拜耳案

拜耳消费者关爱控股有限责任公司(以下简称拜耳公司)为“Coppertone”(“确美同”)品牌系列防晒霜的生产者,该系列品牌防晒霜经过拜耳公司长期的持续宣传,在全球获得较高的知名度。2017 年,拜耳公司以著作权人身份将其公司曾于 2011 年委托设计的用于产品包装上的“”和“”图案向中国国家版权局申请著作权登记。

李某是核定使用在第 3 类防晒霜等商品上的第 16886091 号“”商标和第 16890535 号“”图形商标的商标权人。自上述商标获得核准注册日起,李某便在淘宝平台上多次投诉拜耳公司销售的“确美同”防晒霜侵犯商标权,导致拜耳公司防晒霜产品大量下架,给拜耳公司造成了严重经济损失,对拜耳公司的知名度产生严重的负面影响。李某曾通过发送侵权律师函的方式,要求拜耳公司高价收购上述两商标。拜耳公司认为李某的上述恶意抢注商标、恶意投诉的行为构成不正当竞争,遂诉至余杭法院,请求判令李某停止实施针对“Coppertone”(“确美同”)防晒霜产品的恶意投诉、恶意警告等不正当竞争行为,赔偿经济损失及合理支出共计 250 万元。

余杭法院经审理认为，李某明知拜耳公司对涉案图案享有在先权利并在先使用于涉案产品上，仍然利用拜耳公司未及时注册商标的漏洞，将其主要识别部分申请注册为商标，并以该恶意抢注的商标针对涉案产品发起投诉以牟取利益，以及欲通过直接售卖商标以获得暴利。李某的获利方式并非基于诚实劳动，而是攫取他人在先取得的成果及积累的商誉，属于典型的不劳而获行为，该种通过侵犯他人在先权利而恶意取得、行使商标权的行为，违反了诚实信用原则，扰乱了市场的正当竞争秩序，应被认定为我国《反不正当竞争法》第2条规定的不正当竞争行为。李某不服一审判决提起上诉，后撤回上诉。

三、恶意抢注商标民事诉讼案件中具体问题分析

在前述司法案例中，我国法院均是适用我国《反不正当竞争法》第2条对恶意抢注商标行为进行规制。结合最高人民法院《关于适用〈中华人民共和国反不正当竞争法〉若干问题的解释》等规定以及相关司法实践，适用该原则性条款一般需要满足两个构成要件：(1)权利人的合法权益因竞争行为受到实际损害；(2)该竞争行为不符合诚实信用原则和商业道德而具有不正当性。

(一)权利人的合法权益因抢注行为受到实际损害

本文将抢注人的恶意抢注商标行为梳理为三种形式：

1. 行为人将他人已经使用尚未注册的商标，在同一种或类似商品上抢先注册；

2. 将已注册商标或驰名商标在同种商品或类似商品上或在非类似商品或服务上抢先注册的行为；

3. 将他人已经形成的其他在先权利注册为商标的行为。

在抢注人实施上述恶意抢注行为后，权利人正当申请和使用商标的权利无疑会受到限制，其自身的生产经营活动也会受到极大的干扰，而且，权利人还不得不付出大量的金钱成本和时间成本来进行维权。抢注商标显然已经严重干扰了权利人的正常生产经营活动，损害了权利人的合法权益。

值得注意的是，在艾默生案中，抢注人并无恶意行使抢注商标权利、干扰权利人经营活动的行为，也无实质性使用抢注商标的行为，但厦门中院仍然适

用了我国《反不正当竞争法》第 2 条进行了规制。原因在于我国《反不正当竞争法》的立法目的在于维护公平竞争的市场秩序，对于生产经营活动的理解，不能拘泥于已经实际发生的生产经营活动。经营者扰乱市场竞争秩序，损害其他经营者生产经营活动的行为同样应当受到《反不正当竞争法》第 2 条的规制。对于批量恶意抢注行为，注册商标权利人不得不支付大量费用予以应对，在一定程度上干扰了其他经营者的正常生产经营，应当作为一个独立的不正当竞争行为进行评价。

此外，我国《反不正当竞争法》第 2 条作为兜底条款，在适用时需要综合考虑竞争行为对多重法益的损害。因此，权利人在论述竞争行为的危害时，还可以从抢注行为损害了消费者的合法权益、破坏了商标申请秩序以及造成公共资源浪费等多维度来进行综合论证。

（二）抢注行为违反诚实信用原则和商业道德而具有不正当性

适用我国《反不正当竞争法》第 2 条的第二个要件在于抢注行为不符合诚实信用原则和商业道德。结合既往司法实践，本文将认定恶意抢注商标行为具有不正当性的因素梳理如下：

1. 抢注商标数量、涉及的商品类别、抢注商标的比例等；
2. 抢注商标与权利人在先标识的近似程度；
3. 权利人在先商标的显著性以及知名度；
4. 抢注商标是否有合理的来源和解释；
5. 抢注人的商标意识程度；
6. 抢注人抢注其他品牌商标的情况；
7. 抢注商标被驳回的情况；
8. 恶意抢注行为扰乱市场正当竞争秩序，损害其他经营者的正常生产经营或者损害消费者权益。

本文认为，法院对于违反基本原则而具有不正当性的考察，既要考察抢注商标的数量，以大量或者多件为原则，此外，还要重点考察抢注人是否具有主观恶意、违反诚实信用原则等因素。因此，权利人在论述恶意抢注商标行为的不正当性时，可以结合上述因素，进行全面的举证和论述。

（三）可诉性原因分析

除了上述构成要件外，该类案件还需要解决的问题就是恶意抢注商标行为的可诉性。从法律规制层面来看，我国《民事诉讼法》第3条明确规定："人民法院受理公民之间、法人之间、其他组织之间以及他们相互之间因财产关系和人身关系提起的民事诉讼，适用本法的规定。"权利人的财产权及人格权因商标抢注行为受到损害，将抢注人作为被告提起民事诉讼，属于平权主体间因被诉商标注册行为发生财产关系提起的民事诉讼。权利人要求抢注人承担民事责任的诉讼，符合法律规定，属于人民法院民事诉讼的受案范围。此外，抢注人因同一行为应当承担行政责任或者刑事责任的，不影响依法承担民事责任。案件的审理，与行政机关依法行使商标审查职权并不存在冲突。

还应注意的是，在中国法律体系下，针对单独的企业字号登记行为和单独的域名注册行为也可以提起民事诉讼，因此，针对恶意抢注商标行为提起民事诉讼并不会与现行法律制度相冲突。

基于上述原因，本文认为针对抢注人的恶意抢注商标行为，权利人提起民事诉讼具有法律依据。

四、小结

恶意抢注商标民事诉讼制度为权利人有效打击恶意抢注商标提供新的思路。需要注意的是，虽然厦门法院和余杭法院已针对该类诉讼进行了有益的探索，但笔者尚未检索到我国其他法院对恶意抢注商标行为进行民事诉讼规制的案例，该制度在司法适用上还存在较大的争议。而且，我国《反不正当竞争法》第2条作为该法的原则性条款，应具有谦抑性，在适用时应较为慎重。特别是，《反不正当竞争法》第2条更加注重对于市场竞争秩序的保护，恶意商标抢注行为对市场竞争秩序的具体影响尚需要司法实践进行更加精细的分析。

公知常识类创造性答辩切入点及案例简析*

冯春时

创造性被称为“专利皇冠上的明珠”。对创造性的讨论始终是专利实践中最为活跃的领域。当技术特征被认定为公知常识时，如何争辩要求保护的发明对本领域技术人员来说并非显而易见，这是申请人和专利代理师经常面对的课题。本文从收到该类审查意见谈起，通过裁判案例总结切入，期望能够提供该类创造性答辩的一般模式。

一、答辩之前的准备工作

1. 消除畏难心理

与应当提供对比文件的一般现有技术相比，公知常识（如惯用手段）在实践中经常不直接给出对比文件，在有些情况下甚至可仅说明理由。但应该认识到，公知常识是现有技术的一种，对于是否给出启示以解决相应的技术问题的判断与一般现有技术并无根本性差异，因此，面对公知常识首先要消除畏难心理，与一般现有技术一样分析即可。

2. 将抽象的特征具象化

按照专利撰写的规定，技术特征本身是简要的，如“其特征在于辊 A 采用不易变形的金属材料制成”。由于技术特征本身是如此简要，技术特征是抽象的，或者说仅凭技术特征文字本身难以形成完整全面的印象。因此，乍看去

---

* 原文为 2021 年 5 月公开发表。

将辊子以不易变形的金属材料制成以增加其强度确乎是公知常识。为了全面、准确地把握技术特征,有必要将简要、抽象的技术特征具象化。例如,在该例中,在理解发明的基础上,可以将特征"辊 A 采用不易变形的金属材料"具象化为"在印刷机领域,为了解决印刷中纸张跑偏的技术问题,通常由塑料制成的压纸辊采用不易变形的金属材料制成"。具象化之后,该特征用于解决印刷中纸张跑偏的技术问题而非增加强度变得一目了然,因此对该特征为公知常识的认定也不再是理所当然。

二、公知常识答辩切入点

具象化后的技术特征具有技术领域、所解决的技术问题、技术手段等要素,这些要素成为答辩时常用的切入点。

1. 技术领域

关于跨技术领域的转用,我国《专利审查指南》指出:"在进行转用发明的创造性判断时通常需要考虑:转用的技术领域的远近、是否存在相应的技术启示、转用的难易程度、是否需要克服技术上的困难、转用所带来的技术效果等。"在考虑公知常识性创造性审查意见时,以上跨技术领域因素同样是考虑的主要因素。

深圳兆日科技股份有限公司诉国家知识产权局发明专利驳回复审行政纠纷案是北京知识产权法院 2020 年发布的十大科技创新典型案例之一。该案例的典型意义在于其涉及不相同或不相关技术领域中公知常识的认定。

涉案专利是名称为"一种利用物质自身物理特征识别的防伪方法和系统"的发明专利,其技术被用来鉴别钞票、票据的真伪。其原理是,在票据或者纸币为新时用光来透射,将能够反映该票据或纸币的内部纤维纹理等的物理特征图像留底形成基础数据库;上述票据或纸币流通后需要辨别真伪时,再一次通过光透射来采集他们的物理特征图像,通过与基础数据库比对来确定真伪。该申请的主要发明点在于用光透射的方式采集到了可透射材料的内部纤维纹理等数据,更利于提高比对的准确性。

审查员在实质审查中引入《中国公安大百科全书》所记载的透射光照相技术,认为涉案申请的主要发明点是本领域公知常识。在经历了驳回和复审维持驳回后,申请人起诉至北京知识产权法院。

在北京知识产权法院(2017)京73行初1688号行政判决书中,法院认为:就作为公知常识证据的《中国公安大百科全书》第1059页有关透射光照相技术而言,上述透射光照相技术属于应用于刑事侦查领域的痕迹学鉴查技术,其目的在于通过透射光照相,对遗留在犯罪现场的痕迹载体的物理特征进行获取,从而基于这些蛛丝马迹、结合刑事侦查学的知识和技术而重构犯罪现场、解析犯罪方法、寻找可能嫌犯。该技术领域与防伪鉴别领域显然相距甚远,因此,不但不应由此认定通过透射光照相技术以获取物质内部信息是本领域的公知技术,也不能由此得出本领域技术人员只需要简单地逻辑分析就能想到本申请的技术方案的结论。

从该典型案例可见,即使某特征被认定为公知常识,但如果技术领域不同,则需要综合考虑技术领域的远近、是否存在相应的技术启示、转用的难易程度、是否需要克服技术上的困难、转用所带来的技术效果等综合判定。

2. 所解决的技术问题

即使技术领域相同,但是如果公知常识在该技术领域所通常解决的技术问题与申请中的技术特征所解决的技术问题不同,则也不能轻易认定该公知常识对申请具有技术启示。

专利号为201320452441.6、名称为"立式空调器风道结构及立式空调器室内机"的实用新型专利权被提出无效宣告请求,其权利要求1为:"……该本体上设置有安装面,在该安装面与换热器之间设置有能隔开双贯流风轮对应的送风通道且可拆卸地设置在所述安装面上的隔板。"

经审理,合议组认为,该权利要求1与证据1区别在于:隔板可拆卸地安装在蜗壳或蜗舌本体上的安装面上。对于该区别特征,专利说明书明确记载,"当不同的机型或者匹配不同的换热器时,可能原有的风道结构尺寸就无法满足新机型的要求,需要重新加工模具,从而增加了模具成本""本实用新型的主要目的在于……提高立式空调器风道隔板的通用性,以及空调器室内机的出风效果,降低模具成本""在该安装面与换热器之间设置有能隔开双贯流风轮对应的送风通道且可拆卸的设置在所述安装面上的隔板",可见,本专利通过设置将隔板可拆卸,解决了风道部件的通用性问题,以达到满足不同尺寸换热器以及不同机型空调器的需求的有益效果。……证据3记载了连接"按拆卸可能性分为可拆卸与不可拆卸连接",可拆卸连接是"经若干次反复拆装,连接件和被连接件仍不损坏,能保证原来连接质量的,如螺纹连接、花键连接等"。可见,对本领域技术人员来说,通常设置可拆卸连接是基于连接质量以及反复拆装不损坏设备的目的,这与本专利中采用可拆卸的隔板所解决的技术问题,即提高风道部件的通用性以适用于不同机型的空调或匹配不同的换热器从而降低模具成本并不相同。虽然证据3能够证明连接方式包括可拆卸连接本身是公知常识,但并不能证明将其应用于空调器风道结构中以解决隔板通用性的问题,并达到满足不同尺寸换热器、不同机型空调器需求的有益效果是公知常识,并且从请求人所提交的证据来看,并不存在任何关于空调器风道结构中的隔板或其他部件采用可拆卸连接以解决部件通用性问题的记载,也没有证据表明将前述区别特征用于空调器风道结构中以解决本专利所称技术问题是本领域的公知常识,因而请求人认为上述区别特征是公知常识的理由缺乏足够的依据,合议组不予支持。

从合议组的意见可见,即使技术特征本身是公知常识,但如果解决的技术问题、达到的技术效果不是公知常识,也就是说,超出本领域技术人员通常所理解的公知常识的使用而解决了其他技术问题、达到了其他技术效果,则不能够简单地被认定为显而易见。

3. 技术手段之间的关联

如果技术领域、解决的技术问题、技术手段都相同,是否一定导致显而易见呢?答案是否定的。因为技术特征、技术手段不是孤立的,它们之间通过一定的技术思想相关联,而如果这种关联不是显而易见的,则技术方案从整体上讲可能不是显而易见的。

在针对专利号ZL201110369508.5的无效行政纠纷案中,最高人民法院在(2020)最高法知行终85号行政判决书中指出:……本院进一步认为,为了避免将发明技术方案不当地理解为仅仅是多项现有技术的简单叠加,从而导致发明的创造性高度被低估或者"后见之明"的情形发生,在判断现有技术中是否存在结合的技术启示的过程中,考察上述"区别技术特征各自在发明和现有技术中的作用是否相同"的同时,不能忽略发明保护的技术方案中的区别技术特征之间及其与其他技术特征之间存在的内在联系，这种内在联系，将会对区别技术特征与最接近的现有技术之间相结合的难易程度产生重要影响。如果在发明保护的技术方案中，区别技术特征之间以及区别技术特征与发明的其他技术特征之间在结构和功能上存在彼此支持和相互作用的关系，产生了现有技术所没有的整体技术效果，而现有技术或者公知常识并没有揭示这种彼此支持和相互作用的关系，则应认为，将区别技术特征与最接近的现有技术相结合形成发明所要保护的技术方案的过程，需要本领域技术人员的创造性劳动，仅根据发明保护的技术方案的各个区别技术特征分别被其他现有技术所公开或者属于公知常识的事实，不足以认定现有技术已经给出了将区别技术特征或者公知常识与最接近的现有技术相结合以形成发明要保护的技术方案的技术启示。

从以上的判决可见，在区别技术特征各自在发明和现有技术中的作用是否相同之外，还需要考虑区别技术特征之间及其与其他技术特征之间存在的内在联系。如果由于特征之间彼此支持和相互作用的关系而产生了现有技术所没有的整体技术效果，则即使各特征被公开或者属于公知常识、即使区别技术特征各自在发明和现有技术中的作用相同，也不能简单地被认定为显而易见。

公知常识属于现有技术的一种，因此面对公知常识无须畏难。技术特征是简要、抽象的，为了全面、准确地把握技术特征，可以将技术特征具象化。针对具象化后的技术特征以及公知常识，可以将技术领域、所解决的技术问题、技术手段之间的关联等方面作为切入点进行比较分析并找到突破点进行答辩。当然，公知常识属于现有技术的一种，发明解决了一直渴望解决但始终未成功的技术难题、发明克服了技术偏见、发明取得了意料不到的技术效果等答辩手段也同样适用于公知常识，在此不再详述。

关于“说明书所记载的方案以所属技术领域的技术人员无法实现”的审查意见的探讨*

周瑜璐

我国《专利法》第 26 条第 3 款规定：说明书应当对发明或者实用新型作出清楚、完整的说明，以所属技术领域的技术人员能够实现为准；必要的时候，应当有附图。而我国《专利审查指南》对“能够实现”也进行了详细的阐述：所属技术领域的技术人员能够实现，是指所属技术领域的技术人员按照说明书记载的内容，就能够实现该发明或者实用新型的技术方案，解决其技术问题，并且产生预期的技术效果。本文认为：说明书所记载的方案以所属技术领域的技术人员无法实现这一审查意见，结合实例，探讨答复方向。

一、确定说明书所记载的方案，明确审查意见所认为的无法实现具体技术点

实例中的技术方案为：一种洗衣机，该洗衣机在转动过程中通过能量守恒公式计算衣物的质量，随后将衣物质量转换为衣物的惯量值，最后通过洗衣机所预置的衣物重量计算公式计算惯量值对应的衣物重量，并具体公开了能量守恒公式：

$$mgh + Pt = \frac{1}{2}mv_1 2 - \frac{1}{2}mv_0 2$$

审查意见针对说明书所记载的方案提出如下问题：

---

* 原文于 2022 年 11 月公开发表。

1. 内筒在静止与旋转时，势能不会改变，因此内筒在静止时的势能不会转换为预设速度旋转时的动能；

2. 内筒内的衣物在旋转过程中，位置会发生改变，因此无法判断内筒由静止到预设速度旋转时，衣物的势能是否改变；

3. 内筒以及内筒衣物在旋转时，非圆盘状旋转物体，其动能不可能是质量速度平方的乘积；

4. 本案中通过能量转换关系得到衣物质量，即已得到衣物质量，后续通过质量得到惯量值，又通过惯量值拟合得到衣物重量的目的是什么。

由上可见，审查意见认为说明书所记载的内容存在两个无法实现的问题：第 1 ~ 3 点可被视为同一问题，无法通过能量守恒得到衣物质量，以及第 4 点所提出的问题，两件衣物质量与惯量之间的关联不清楚。

二、明确技术问题、技术方案以及有益效果

笔者刚收到审查意见时，单纯从可实现的角度认为"能量守恒"这一方案类似于永动机，在实际操作过程中，必然会存在能量的损耗，同时衣物非刚体，旋转时形状大小会发生改变，不能应用能量守恒的公式，也即针对能量守恒得到衣物质量这一方案无法实现。

但在明确了技术问题以后，笔者认为，可从技术问题与有益效果这一角度出发，承认理想状态下的能量守恒不可能存在，但本方案中通过能量守恒计算质量，存在实现的可能。

该方案中的技术问题可以被浓缩为：洗涤剂的投放量与衣物的重量相关，但目前的洗涤方式无法准确计量衣物的多少，即如何得到精确的衣物质量。

而该技术方案的实质是质量、惯量之间的转换，简而言之，先通过能量守恒得到衣物质量，此处的衣物质量为方便区分，称初始质量，然后将初始质量转换为惯量值，再通过预设的衣物重量计算公式将惯量值转换为质量，此处的质量值被称为目标质量。

由于本案的目的是得到精准的衣物质量，那么目标质量作为最终得到的参数，应为精准的衣物质量，也即初始质量可以为存在误差的衣物质量，后续的质量—惯量值—质量的转换仅用于减少能量守恒得到衣物质量的误差。

如此，在确定能量守恒所得到的衣物质量存在误差时，我们可认为，本方案中的能量守恒不需要精准地得到衣物的质量，仅通过能量守恒的公式，粗略估算衣物的质量，那么审查意见所提及的能量守恒的公式无法计算得到衣物质量的问题则迎刃而解。

同时，上述描述可清楚地确定质量与惯量之间的关系，即可反驳“两件衣物质量与惯量之间的关联不清楚”这一意见。

三、善用现有技术结合，以认证方案的可实现性

由上可知，本方案通过能量守恒计算的质量存在误差，可针对审查意见提出的问题进行一一辩论：

内筒在旋转时，相对高度均不会发生变化，即内筒的重力势能不论在什么情况下均不会改变，由此对上述公式中的 mgh 进行变式，可得到 mgh =（m1 + m2）gh =（m1gh）+（m2gh），其中，m1 表示内筒的质量，m2 表示衣物的质量，同时本领域技术人员均知在内筒的任何转速状态下势能不会发生改变，即 m1gh 为 0，也即 mgh = m2gh，由此可知，根据现有技术，本领域技术人员可以毫无疑问地得出上述公式中的 mgh 仅为衣物的势能。

本申请说明书指出，h 为洗衣机内筒 12 的直径，也即衣物在 v1 状态与 v0 状态下的相对位置的距离为 h，可以是衣物在 v1 状态下位于内筒的最低端，或衣物在 v1 状态下位于内筒的最顶端，当在两个状态下一物质的高度发生了改变，其势能必然发生改变，而在不考虑其他能量对物体带来的状态改变情况下，势能的改变也必然引发动能的改变，由该公式可知，衣物在 v1 状态与 v0 状态下的高度差为 h，衣物的势能必然发生改变。

对于洗衣机内的衣物来说，在内筒旋转时，衣物会团在一块，此时将其作为质心，计算衣物的势能与动能是本领域技术人员的常规技术手段。此外，由于允许能量守恒计算的质量存在误差，此处将洗衣机内筒旋转时的衣物视作质心运用在洗衣机内筒与电机之间的能量转换上是可以理解的。

惯量值拟合得到衣物重量是通过衣物重量计算公式所得到的，从本申请说明书公开的内容可知，该衣物重量计算公式为经验公式，该公式的拟合是通过计算若干次惯量值以及对应衣物的实际测量值所得到，且若干次惯量值同

样可以通过能量守恒计算的质量转换得到。

数据拟合又称曲线拟合，俗称拉曲线，是一种把现有数据通过数学方法代入一条数式的表示方式。科学和工程问题可以通过诸如采样、实验等方法获得若干离散的数据，根据这些数据，我们往往希望得到一个连续的函数（曲线）或者更加密集的离散方程与已知数据相吻合，这个过程就叫拟合。

如此，本领域技术人员可知该衣物重量计算公式的拟合过程为：先获取大量测试数据，该测试数据中包括多个衣物实际重量，以及对应衣物通过能量守恒得到的质量所转换的惯量值，在得到测试数据后，再拟合测试数据，类似于模型的训练，即可得到衣物实际质量与基于能量转换关系得到的惯量值之间的转换公式，可在不对衣物进行称重的情况下得到衣物的精准实际质量。

四、小结

笔者认为，面对“说明书所记载的方案以所属技术领域的技术人员无法实现”的审查意见，在不超范围的基础上，可以从现有技术的角度，结合技术问题与技术目的，将现有技术加入说明书所记载的方案，从而推导出清楚可实现的技术方案。

同时，笔者认为，所提出的实例因其技术问题与技术方案的特殊性，可从运行误差这一角度解决“能量守恒”所映射的“永动机问题”，但在其他方案中，此类论证角度可能得不到审查员的认可。因此，在撰写说明书的阶段，应当尽量避免描写类似“永动机”的方案。

浅谈对《商标法》第4条“不以使用为目的的恶意商标注册申请”的理解和适用*

吴　涤

众所周知，为了有效遏制商标囤积的现象，2019年《商标法》第四次修正时在第4条中增加了“不以使用为目的的恶意商标注册申请，应当予以驳回”的规定。[①] 即指申请人如果在申请环节符合第4条规定，商标审查员可直接予以驳回。同时，《商标法》也在商标的异议和无效程序中，作了同样的规定。2021年11月16日，国家知识产权局公布了《商标审查审理指南》（以下简称《商标指南》）[②]，其下编第二章明确了审查审理实践中对《商标法》第4条的认定和适用。本文将结合《商标指南》和实践谈谈对该条款的理解和适用。

一、对“不以使用为目的的恶意商标注册申请”的理解

根据《商标指南》的释义，“不以使用为目的的恶意商标注册申请”是指申请人并非基于生产经营活动的需要，而提交大量商标注册申请，缺乏真实使用意图，不正当占用商标资源，扰乱商标注册秩序的行为。

首先，该条款中“恶意”的落脚点在于“并非基于生产经营活动的需要”“缺乏真实使用意图”，本质在于“囤而不用”，后果在于“不正当占用商标资源，扰乱商标注册秩序”。换言之，该条款规制的“恶意”是囤积商标的“恶

---

* 原文于2022年2月公开发表。

① 修正后的《商标法》自2019年11月1日起施行。

② 新《商标审查审理指南》自2022年1月1日起施行。

意”,与“搭便车”等抢注商标的“恶意”有关联,却不尽相同。因此判断是否符合第 4 条中的“恶意”,应当从客观证据中探寻申请人的真实意图。

其次,根据《商标指南》的上述释义,是否属于“不以使用为目的的恶意商标注册申请”的前提条件之一是申请人“提交大量商标注册申请”。值得注意的是,对于“提交大量商标注册申请”的判断,既可以考察空间维度(如,同时申请数百件商标、同时申请数十个类别、同时抄袭多个主体),也可以考察时间维度(如,短期内提交大量申请注册、对同一主体的特定商标反复申请注册)。

最后,对于“提交大量商标注册申请”之外的考虑因素以及判断标准,《商标指南》列举了以下三种:一是判断申请是否明显不符合商业惯例,二是判断是否明显超出正当经营需要和实际经营能力,三是判断是否明显具有牟取不正当利益和扰乱正常商标注册秩序的意图。可见,实践中被抢注人可以综合多方面的考虑因素,合理怀疑申请人申请注册的商标构成前述三种情形中的一种或多种,进而主张权利。

二、实践中对《商标法》第 4 条的适用

自 2019 年《商标法》修订以来,第 4 条在打击恶意申请的实践中发挥了巨大作用。在商标授权中,商标行政机关依据《商标法》第 4 条驳回明显恶意的商标注册申请,要求商标申请人对申请商标有真实使用意图或基于防御目的①的积极抗辩承担证明责任,此种举证责任的设置在商标注册阶段有效地遏制了恶意申请。

国家知识产权局在中国商标网公开的几个案例:1)**第 30212035 号“侠客岛茶马古道”商标驳回复审决定书**,申请人共申请注册近 1000 件商标,明显超出正常的生产经营需要,且申请人具有攀附他人商誉的不良意图。申请商标已构成《商标法》第 4 条所指情形。2)**第 31473360 号“JOY@ABLE”商标驳回复审决定书**,申请人共申请注册了 929 件商标,其中 2018 年至 2019 年不

---

① 《商标指南》规定了两种不适用新《商标法》第 4 条的情形:一是申请人为防止他人抢注其注册商标,基于防御目的申请相同或近似商标;二是申请人为具有现实预期的未来业务,预先适量申请商标。

足 9 个月的时间内就申请注册了 500 余件商标，申请人短期内大量申请注册商标的行为明显超出了生产经营的正常需要，且申请人不能解释其注册行为具有合理性和正当性，认定申请商标已构成《商标法》第 4 条所指情形。3）**第 38441646 号“精典唐老鸭”商标驳回复审决定书**，申请人申请注册近 100 件商标，其中包含多件与他人知名作品及角色名称标识相同或相近的商标，构成《商标法》第 4 条所指情形。从以上案例可以看出，审查机关对构成“不以使用为目的的恶意商标注册申请”的判断呈现考虑要素多样化、行为类型化的特点。

在商标确权中，对于商标囤积行为，在无效宣告程序中一直以来更多的是通过 2013 年《商标法》第 44 条第 1 款予以规制。即使是在 2019 年《商标法》第 4 条出台之后也多是如此。在笔者代理的关于第 30211219 号“ #fn2 ”商标无效宣告案中，国家知识产权局经审查认为：

1）《商标法》第 4 条为总则性条款，不予适用；

2）申请人提交的证据表明争议商标为申请人在先使用的商标；被申请人与申请人作为同行业竞争者，被申请人在受让与申请人商标高度近似的争议商标之后反复申请该系列商标；被申请人名下共 29 件商标，均为对申请人及他人品牌的抄袭；被申请人并未提交上述商标使用或已准备投入使用的证据，**被申请人上述行为已超出正常的生产经营需要，不正当地占用了商标资源，扰乱了正常的商标注册管理秩序，并有损于公平竞争的市场秩序**，故争议商标的注册已构成《商标法》第 44 条第 1 款规定“以其他不正当手段取得注册”的情形，裁定对争议商标予以无效宣告。

本案中，国家知识产权局虽然并未直接适用《商标法》第 4 条，但是明确了被申请人的行为属于不正当占用商标资源和扰乱正常商标注册管理秩序的囤积行为。根据《指南》的规定，上述行为属于适用《商标法》第 4 条“**（3）对同一主体具有一定知名度或者较强显著性的特定商标反复申请注册，扰乱商标注册秩序”**的情形。值得一提的是，此处“特定商标”既可以是“具有一定知名度”的商标，也可以是“显著性较强”的商标。对于“显著性较强”的商标，可以在一定程度上减轻无效宣告申请人对知名度的证明责任。实践中，尚未在中国开展经营活动的国外申请人基于《商标法》第 32 条“以不正当手段抢先注册他人已经使用并有一定影响的商标”主张权利时，往往难以证明其在国外在先使用的商标在中国国内已经使用并有一定影响。基于《商标法》第 44 条第 1 款以“其他不正当手段”为依据提起的无效宣告案例中，往往需要提交争议商标申请人注册大量商标且通过互联网等途径公开售卖商标谋利的证据材料。而根据《商标指南》，只要满足被抢注商标显著性较强这一条件，国外申请人只需要证明其确系在先使用人，且被申请人“反复申请注册”其商标，并提供初步证据合理怀疑被申请人不具备真实使用意图即可，被申请人若要进行有真实使用意图或基于防御目的的积极抗辩，则需要提供充分证据证明其抗辩理由。综上可见，《商标指南》对于认定商标恶意注册行为的要件形式更加灵活，组合方式更为多样，部分要件的认定标准也有所降低。

三、结语

无论是在商标确权还是在商标授权程序中，正确理解和适用《商标法》第 4 条都具有极为重要的意义。与此同时，《商标指南》作为商标审查审理工作的重要依据，为大众指明了各环节适用的考虑因素以及判断标准。《商标指南》明确规定的适用《商标法》第 4 条的十种情形，在未来的审理审查实践中对于遏制不以使用为目的的恶意商标注册申请会起到不可忽视的作用。

切勿给自己“挖坑”*

——美国申请中的自认现有技术

李 晔

为了清楚地说明发明的技术问题、技术方案和技术效果，申请人通常会在说明书中对发明的背景进行介绍。在中国《专利审查指南》中，要求申请人在说明书的背景部分中“应当写明对发明或者实用新型的理解、检索、审查有用的背景技术”以及“在说明书背景技术部分中，还要客观地指出背景技术中存在的问题和缺点”。然而，如果同样的标准应用到美国专利申请中，则可能导致申请人“在自己挖的坑里面崴了脚”。

在各国新颖性和创造性的判断过程中，用于与发明比对的基础都是“现有技术”，例如，根据中国《专利法》第22条，现有技术指的是“申请日以前在国内外为公众所知的技术”。许多国家和地区的专利法中也都采用了相似的标准。然而，值得注意的是，在美国的专利实践中，除了上述“为公众所知”的现有技术外，还有一种“申请人自认现有技术”也可以被用于新颖性和创造性的评价。

例如，美国专利审查指南第2129节对“Admissions as Prior Art”进行了规定：“A statement by an applicant in the specification or made during prosecution identifying the work of another as“prior art” is an admission which can be relied upon for both anticipation and obviousness determinations, regardless of whether

* 原文于2021年5月公开发表。

the admitted prior art would otherwise qualify as prior art under the statutory categories of 35 U. S. C. 102. ”根据上述规定：如果将自认现有技术用作新颖性或创造性的判断基础，只需要满足两个条件：(1)申请人的说明；(2)他人的工作成果。换句话说，只要申请人说明了某一技术方案是由他人完成的，则该技术方案就成为新颖性和创造性判断中可以使用的现有技术。至于该技术是否真的在申请日（或优先权日）前已经为公众所知，对该现有技术的有效性没有任何影响。

另外，关于自认的现有技术，并不局限于“背景技术”部分的介绍。在说明书中的任何位置，如背景技术部分的全部内容，说明书实施例中陈述的类似“本领域技术人员已知……”“在本领域中……”“在现有技术中……”等，附图中将某一附图标注为“Prior Art”，在递交到美国专利商标局的意见陈述中承认的现有技术，或者在改进型发明的权利要求中类似于“其改进在于”的表述之前所描述的内容，都可以被视为申请人自认的现有技术。

由于这种规定，可能会导致当使用基于中国优先权申请的英文翻译的说明书进入美国时，对背景技术的介绍就成了申请人自认的现有技术，而这些背景技术的技术方案通常会与发明的方案高度相关，它们之间的区别往往仅在于关键发明点，这会在很大程度上对发明的新颖性和创造性判断产生不利影响，尤其是在关键发明点的技术特征或手段相对简单的情况下，可能会对发明的授权前景产生致命影响。

除了在新颖性和创造性的判断中可能产生影响，申请人自认的现有技术还可能在第101条保护客体（eligibility）的判断中使用。具体地，在保护客体的判断过程中，如果涉案专利“recites additional elements that amount to significantly more than the judicial exception（记载了达到明显多于司法例外的额外的元素）”，则涉案专利符合第101条关于保护客体的规定。相反，如果这些“additional elements”属于现有技术（well - understood, routine or conventional），则涉案专利不属于保护客体。在该判断过程中，申请人自认现有技术也可以用于说明“additional elements”属于现有技术。

另外，除了审查程序，在授权后的程序中，例如，多方复审程序中，申请人自认的现有技术同样可以作为现有技术使用。

总之,申请人自认的现有技术是一种较强的现有技术,美国专利商标局在使用它的过程中无须判断是否有效,只要满足是申请人陈述的他人技术,即可无条件成立,并且由于通常与发明的技术方案较为接近,通常对专利的杀伤力较强。

对此,在撰写美国申请时,或者在基于中国优先权申请进入美国时,专利申请人和专利代理师应当审慎考虑上述问题,切勿给自己“挖坑”。在具体操作过程中,可以考虑针对以下两种情况对需要描述的现有技术进行分别处理。

一方面,如果确认需要描述的现有技术已经被公开,例如需要引用某一现有的专利文献中的内容,则不妨直接将其描写为现有技术,因为在这种情况下,是否自认对该现有技术的有效性并不产生影响。

另一方面,如果所谓的“现有技术”是发明人提供的,则需要考虑这些内容中可能存在发明人认为是已知的但实际上在公开文献中并没有记载的内容。在这种情况下,需要尽量避免在说明书中将其描述为“现有技术”,或者即使需要将其描述为现有技术,也将其描述为“申请人(或发明人)已知……”,即避免将其描述为他人的工作成果。另外,还可以考虑的是将这些技术内容描述为一个实施例或者一个对比示例,从而避免影响授权前景或已授权专利的稳定性。

审查意见中关于化学选择发明的答复策略*

郝爱玲

在化学专利审查意见创造性答复过程中，很多情况下的在审专利与对比文件的区别仅在于某个步骤、某个基团或某个数值范围存在不同。此时，申请人通常需要就该步骤、基团或数值范围进行创造性答复。这类主要依赖于某步骤、某基团或数值范围的发明在我国《专利审查指南》中可对应为选择发明。本文将结合《专利审查指南》规定以及案例，探讨审查意见中关于化学选择发明的答复策略。

一、《专利审查指南》关于选择发明创造性审查的相关内容

《专利审查指南》第二部分第四章“几种不同类型发明的创造性判断”关于选择发明的创造性审查内容如下：

选择发明，是指从现有技术中公开的宽范围中，有目的地选出现有技术中未提到的窄范围或个体的发明。

在进行选择发明创造性的判断时，选择所带来的预料不到的技术效果是考虑的主要因素：

(1) 如果发明仅是从一些已知的可能性中进行选择，或者发明仅仅是从一些具有相同可能性的技术方案中选出一种，而选出的方案未能取得预料不到的技术效果，则该发明不具备创造性。

---

* 原文于 2022 年 12 月公开发表。

（2）如果发明是在可能的、有限的范围内选择具体的尺寸、温度范围或者其他参数，而这些选择可以由本领域的技术人员通过常规手段得到并且没有产生预料不到的技术效果，则该发明不具备创造性。

（3）如果发明是可以从现有技术中直接推导出来的选择，则该发明不具备创造性。

（4）如果选择使得发明取得了预料不到的技术效果，则该发明具有突出的实质性特点和显著的进步，具备创造性。

二、案例一

在审专利（CN109385549A）公开一种电力机车受电弓铸铝件熔炼工艺的方法，熔炼工艺主要包括：将 ZL201 材料熔化为铝液；在铝液温度达到 720℃时，加入铝液重量各 1% 的硼盐[$Na_2B_4O_5(OH)_4 \cdot 8H_2O$]及锆盐（$K_2ZrF_6$）对铝液进行细化处理，将硼盐及锆盐用纸包好用钟罩压入铝液底部，保证硼盐及锆盐对铝液从下至上逐步细化。

审查员在整个审查过程中提供了两篇对比文件，对比文件 1（CN104451236A）公开一种纳米 ZrB_2 颗粒增强铝基复合材料的原位制备方法，方法主要包括将铝熔炼，获得铝熔体；将硼盐[$Na_2B_4O_5(OH)_4 \cdot 8H_2O$]及锆盐（$K_2ZrF_6$）去除结晶水得到 $Na_2B_4O_7$ 和 K_2ZrF_6；在添加顺序上，先将无水 $Na_2B_4O_7$ 加入铝熔体中后反应，待反应获得中间体后，再加入 K_2ZrF_6，且 $Na_2B_4O_7$ 和 K_2ZrF_6 的加入量为纯铝或铝合金质量的 10% ~20% 。

对比文件 2（CN101948978A）公开一种 Al_2O_3 颗粒增强铝基复合材料的原位制备方法，方法主要包括：纯铝熔化获得熔体；将硼砂[$Na_2B_4O_5(OH)_4 \cdot 8H_2O$]和氟锆酸钾（$K_2ZrF_6$）粉末采用钟罩压入熔体，硼砂和氟锆酸钾的重量比为（26 ~31）:（74 ~69），反应温度是 800 ~850℃。

在审专利和对比文件所采用的原料相同，均是铝、硼砂[$Na_2B_4O_5(OH)_4 \cdot 8H_2O$]和氧锆酸钾（$K_2ZrF_6$）。在审专利和对比文件不同之处主要如表 1：

表1　在审专利和对比文件的不同

在审专利	对比文件1	对比文件2
电力机车受电弓铸铝件	无特殊用途限定	无特殊用途限定
硼盐及锆盐未经过去除结晶水处理	将硼盐及锆盐去除结晶水	—
将硼盐及锆盐用纸包好并采用钟罩压入铝液底部	添加顺序上,先将无水加入铝熔体中后反应,待反应获得中间体后,再加入	硼砂和氟锆酸钾粉末采用钟罩压入熔体
硼盐及锆盐的添加量各为铝液重量的1%	硼盐及锆盐的加入量为纯铝或铝合金质量的10%~20%	硼砂和氟锆酸钾的重量比为(26~31):(74~69)

分析上述内容可知,在审专利与对比文件1的第二个区别点被对比文件2公开,其余区别点未被对比文件2公开。

仔细对比对比文件1和对比文件2可知,对比文件1和对比文件2中原材料虽然相同,但对比文件1通过特定的反应条件最终获得的是纳米ZrB_2颗粒以增强铝基复合材料。而对比文件2通过特定反应最终获得的是Al_2O_3纳米颗粒以增强铝基复合材料。由此可说明,对于铝、硼盐[$Na_2B_4O_5(OH)_4 \cdot 8H_2O$]和锆盐($K_2ZrF_6$)在不同的反应条件下,可生成不同的产物。如此,可以说明铝、硼盐[$Na_2B_4O_5(OH)_4 \cdot 8H_2O$]和锆盐($K_2ZrF_6$)三种材料在不同的条件下具有不同的可能性,而这种可能性对于本领域技术人员而言具有不可预见性。

在审专利与对比文件相比,在审专利中硼盐及锆盐的添加方法以及添加量不同,且在审专利限定了具体的应用环境。虽然根据对比文件1和对比文件2公开的内容,可以获知采用原材料硼盐及锆盐来增强铝基复合材料的技术方案是已知的;但由于对比文件1和对比文件2的产物不同,说明采用原材料硼盐及锆盐来增强铝基复合材料的结果具有多种可能性,这些可能性在一定程度上具有未知性。这种未知性导致本领域技术人员无法确定对比文件1和对比文件2中的技术方案是否也适用于在审专利中的电力机车受电弓铸铝件。因此,可以说明在审专利作为选择发明,并不是从一些已知的可能性中进行的选择,且在审专利的技术方案,有效地提高了铸件的机械性能,可获得机械性能能达到国家标准的受电弓,具有突出的实质性特点和显著的进步。基于上述答复,该专利申请最终获得了授权。

在该案例中,审查员提供了对比文件1和对比文件2,通过比较对比文件得出反应物占比不同或反应条件不同、反应结果不同的结论。然而,针对涉及化学反应的专利文件,在实际审查中,可以从审查员提供的对比文件中得出反应物占比不同或反应条件不同,反应结果不同的概率较小。在更多情况下,需要代理人和申请人进行深入沟通,以了解更多的反应机理,并在了解后查阅相关资料,查询是否可以找到反应物占比不同或反应条件不同导致反应结果不同的相关资料。如可查询到,则能够以此为突破口进行答复。

三、案例二

在审专利(CN112430225A)公开一种含氮化合物,结构式为

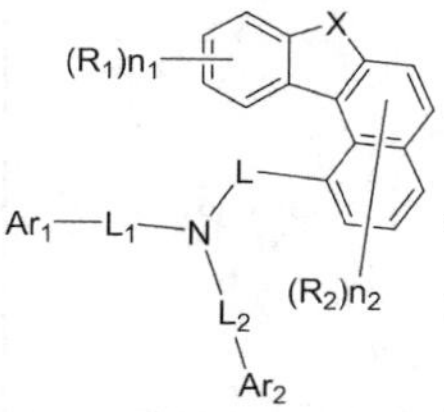

。其中,X选自O、S;R_1和R_2选自氘、氰基、氟、碳原子数为1-5的烷基、三甲基硅基、苯基、萘基、联苯基、吡啶基;L选自碳原子数为6-30的取代或未取代亚苯基、亚萘基、亚联苯基;L_1和L_2选自单键、碳原子数为6-12的取代或未取代的亚芳基、碳原子数为3-12的取代或未取代的亚杂芳基;Ar_1和Ar_2选自碳原子数为6-30的取代或未取代的芳基、碳原子数为3-30的取代或未取代的杂芳基。在审专利的含氮化合物用作空穴传输材料。

审查员在整个审查过程中提供了多篇对比文件,其中,对比文件1(KR20200004257A)为最接近的现有技术,其余对比文件对在审专利的创造性影响不大,在此不作细致分析。对比文件1公开一种有机电致发光化合物,

化学结构式为：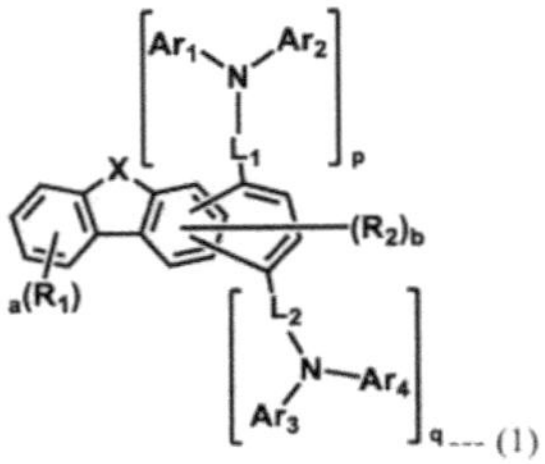，并且公开一种化合物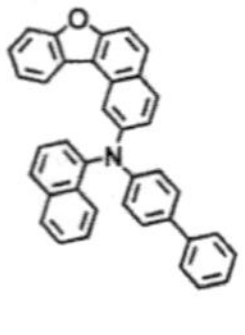。

T-2

对比文件 1 中的化合物用作空穴传输材料。

在审专利和对比文件中化合物的用途相同，均可以用作空穴传输材料。在审专利和对比文件 1 的主要区别如表 2：

表 2　在审专利与对比文件 1 的主要区别

在审专利	对比文件 1
L 选自碳原子数为 6－30 的取代或未取代亚苯基、亚萘基、亚联苯基	单键
L 连接于母核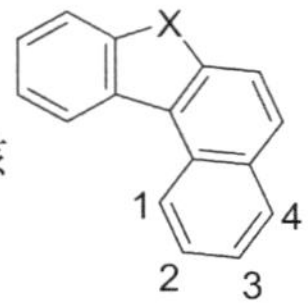的 1 位	连接于母核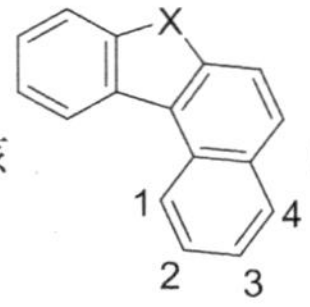的 2 位

分析上述内容可知，在审专利和对比文件 1 的结构较为相似，不同点仅在于连接位点和 L 基团。在通常情况下，审查员认为连接位点变换以及连接基团（L 基团）为亚苯基、亚萘基、亚联苯基等为本领域的常规选择。针对该案例，在答复时，申请人补充提交了在审专利中化合物与对比文件 1 中化合物 T－2 作为空穴传输层制作的有机电致发光器件的实验数据。实验数据显示：使用在审专利中的化合物相比对比文件 1 中的化合物 T－2，器件的工作电压至少降低了 12%，寿命至少提高了 19%，具有意料不到的技术效果。即在审专利选择的技术方案使发明取得了预料不到的技术效果，因此，具有突出的实质性特点和显著的进步。基于上述答复，该专利申请最终获得了授权。

在该案例中，原始申请文件并未记载有关在审专利中化合物与对比文件 1 中化合物的实验数据。申请人结合国家知识产权局关于《专利审查指南》第二部分第十章第 3.5 节的修改“对于申请日之后申请人为满足专利法第二十二条第三款、第二十六条第三款等要求补交的实验数据,审查员应当予以审查。补交实验数据所证明的技术效果应当是所属技术领域的技术人员能够从专利申请公开的内容中得到的”,补充提交了一些实验数据,证明在审专利中的化合物相比对比文件1具有意料不到的技术效果,最终使在审专利获得授权。

在此需要说明的是,补交实验数据所证明的技术效果应当是所属技术领域的技术人员能够从专利申请公开的内容中得到的,否则审查员可不予接受。对于本案例,降低器件工作电压和提高器件寿命的技术效果,在原始申请文件中有记载,因此,补充的实验数据被审查员接受。

分析该案例可知,在答复作业中,如果在审专利和对比文件的区别在于化合物的某个特殊基团、组合物的某个数值范围或是机械部件尺寸范围,且原始申请文件中有记载该部分内容对应的技术效果,则代理人可与申请人沟通,询问申请人是否可以补充对应内容的实验数据。如可补充,则有可能大大增加在审专利授权可能性。

四、结语

综上,在化学专利审查意见创造性答复过程中,针对不同的选择发明可采用不同的方式进行答复:

(1)对于涉及化学反应的专利文件,可跟申请人进行深入沟通,以了解更多的反应机理,并在了解后查阅相关资料,查询是否可以找到反应物占比不同或反应条件不同导致反应结果不同的相关资料;如可获得,则以此为突破口进行答复。

(2)对于涉及化合物的专利文件,如果在审专利和对比文件的区别在于化合物的某个特殊基团、连接位置、组合物的某个数值范围,且原始申请文件中有记载该部分内容对应的技术效果,则可通过补充在审专利和对比文件的比较实验数据提升在审专利授权的可能性。

数据权益的知识产权司法保护现状及对企业的建议*

王小兵

数据，是指任何以电子或者其他方式对信息的记录。随着互联网技术、电子商务及数字经济的发展，数据已经成为一项重要的生产要素。2020 年 3 月 30 日，中共中央、国务院发布《关于构建更加完善的要素市场化配置体制机制的意见》，首次将数据与土地、劳动力、资本、技术并列为五大要素，提出要加快培育数据要素市场，推进政府数据开放共享，提升社会数据资源价值，加强数据资源整合和安全保护。我国《国民经济和社会发展第十四个五年规划和 2035 年远景目标纲要》提到："迎接数字时代，激活数据要素潜能，推进网络强国建设，加快建设数字经济、数字社会、数字政府，以数字化转型整体驱动生产方式、生活方式和治理方式变革。"国务院《关于落实〈政府工作报告〉重点工作分工的意见》（国发〔2022〕9 号）也指出："完善数字经济治理，培育数据要素市场，释放数据要素潜力，提高应用能力，更好赋能经济发展、丰富人民生活。"

可见，数据在我国经济发展和人民生活中所扮演的角色越来越重要。我国对数据权益的保护也越来越重视，近几年陆续颁布了与数据相关的若干法律，比如《网络安全法》《数据安全法》《个人信息保护法》等。但这些法律偏重于与数据相关的网络安全、国家安全、个人隐私保护等方面，较少涉及数据

---

* 原文于 2022 年 8 月公开发表。

权益的知识产权保护。笔者认为，针对数据权益的知识产权保护是数字经济环境下必须面对的问题，也是我们现阶段需要尽快解决的问题。因为这个问题涉及经营者对数据投入、开发、利用的积极性，如果解决不好将严重影响该领域商业模式的创新和发展，并最终损害社会公共利益。

一、数据权益知识产权司法保护现状及存在的问题

现阶段，与数据有关的知识产权纠纷呈现数量增加和类型多样化的趋势，与此相关的知识产权保护实践却缺乏统一、系统的应对措施。浙江省高级人民法院在其发布的《关于企业数据权益知识产权保护的调研报告》中提到：2016 年至 2021 年上半年，从中国裁判文书网检索到的相关民事裁判文书有 150 余份，2018 年以来案件数量快速递增，2021 年上半年涉数据案件已超过 2020 年全年的总和。从地域上看，案件主要集中于北京、上海、广东、浙江、江苏等经济较为发达的地区。该报告同时指出，划清竞争行为边界，制止数据侵权行为，成为市场主体迫切的现实需求，只有在法律上明确企业数据权益的保护模式与路径，才能为数据生产和商业模式创新提供有效激励，使数据要素发挥出最大的生产效能。

笔者认为，目前我国针对数据权益的知识产权保护存在以下几个方面的问题：

1. 数据权益的定性不清晰，缺乏统一标准

数据权益在民事法律体系下如何定性，目前尚存在较大争议。我国《民法典》虽然明确了数据和网络虚拟财产一样，可以受到法律保护，但并未将数据作为一项民事权利加以规定。笔者认为，这或许是立法者就数据权利的定性尚存争议，故需要留待后续司法实践对数据保护积累更多经验后再加以明确。现阶段，我们提及数据权益更多的是在司法层面的讨论，这就使司法机关对数据权益的定性认识不一，标准不一。例如，数据权益属于一项财产性权益还是兼顾财产性权益和人身性权益？如果不能很好地回答这个问题，势必会影响在司法层面上解决数据纠纷中的争议问题。

2. 数据权益的边界不清，进而无法准确划定私权与公共利益的界线

应当明确的是，数据作为一项民事权益需要加以保护，这是社会各界都已

达成共识的结论。但应当保护到何种程度是一个不断争议的话题，这其实涉及数据权益的保护边界问题，更深层次的原因是如何准确划定私权与公共利益的界线。数据权益的产生源自市场主体投入成本对数据的采集、整理，故而投入成本的市场主体当然享有数据权益。

但不能否认的是，这些数据来自公众，单就数据个体来说，并不属于采集的市场主体，只有采集的数据达到一定数量级，才能够形成数据权益。因此，数据权益中蕴含着公共利益的基因，数据使用的方式和范围以及对数据的控制权必然要考虑是否可能影响社会公共利益。在这个问题上，由于没有明确的法律界定，数据的采集者、使用者、提供者均从各自利益出发进行解释，无法达成共识。

3. 数据流通领域的商业道德没有形成共识，价值取向不一

与数据相关的知识产权纠纷中，有较高比例的案件是通过适用《反不正当竞争法》第 2 条解决的，这就涉及数据在流通过程中，大家应当遵循何种标准的“商业道德”？数据的采集者认为，自己为采集数据投入大量成本，故数据的抓取和流通应当经过自己的许可，未经许可的数据抓取和流通是不道德的。基于数据具有公共属性，加之互联网“开放、平等、协作、分享”的精神，数据如果仅控制在少数经营者手中，而且必须经过许可才能获取、使用、提供、展示，则势必降低公众对数据的可及性，损害公共利益，这是否也是一种“不道德”？因此，在数据流通领域，我们需要对这些问题作出回应，明确该领域的商业道德和价值取向。

4. 立法滞后，难以应对现阶段各类数据权益知识产权纠纷

我国《民法典》第 127 条规定：“法律对数据、网络虚拟财产的保护有规定的，依照其规定。”即《民法典》已经将数据作为一项民事法律所保护的客体，但在《民法典》中并没有进一步关于数据权益保护的条款，特别是针对数据知识产权保护的内容。而现行知识产权专门法律也没有针对数据权益知识产权保护的规定。实践中，主要是通过《著作权法》《反不正当竞争法》对数据权益加以保护。但如前所述，针对数据权益的定性、权益边界、价值导向等尚没有明确的立法规定，在具体案件中，法律适用标准并不统一，争议较大。

二、数据权益知识产权司法保护的法律途径

目前,我国针对数据权益知识产权保护,主要通过《著作权法》、商业秘密及《反不正当竞争法》三个方面实施。

1. 通过《著作权法》保护数据权益

我们知道,著作权法所保护的客体是“作品”,即文学、艺术和科学领域内具有独创性并能以一定形式表现的智力成果。通过著作权保护数据的前提是数据本身构成著作权法意义上的作品。如果单个数据信息构成文字作品、美术作品、摄影作品、视听作品等,可以通过《著作权法》加以保护。而数据的集合如果能够体现一定独创性的选择、编排,可以作为“汇编作品”进行保护。我国《著作权法》第 15 条规定:“汇编若干作品、作品的片段或者不构成作品的数据或者其他材料,对其内容的选择或者编排体现独创性的作品,为汇编作品,其著作权由汇编人享有,但行使著作权时,不得侵犯原作品的著作权。”

在济南白兔信息有限公司与佛山鼎容软件科技有限公司著作权权属、侵权纠纷案[①]中,法院认为:原告主张权利的数据库所汇编的内容为国家商标总局商标公告所公告的信息,如果原告对这些信息进行了有独创性的选择或者编排,那么**经过选择或者编排后所形成的作品作为一个整体可以作为汇编作品获得《著作权法》保护**。原告通过自己的整理收集,将商标公告信息加以汇编制作成商标信息数据库,该数据库符合汇编作品特性,拥有自身的特点,属于著作权法保护的范畴。数据本身不构成作品,不具备独创性,但对数据的选择或编排具有独创性的数据库,可以纳入汇编作品的范围,受到著作权的保护。

《著作权法》保护数据权益尽管有一定的积极意义,但也有其局限性。基于《著作权法》所保护的客体必须是“作品”,但大多数的数据信息单体并非作品,只是一种对信息的客观记录,而数据的集合也并非呈现出有“独创性”的选择、编排。数据的商业价值更多体现在对数据本身的掌握,以及后续的分析、使用、提供、展示,而非对其进行选择、编排。《著作权法》无法涵盖针对所

---

① 参见广东省佛山市禅城区人民法院民事判决书,(2016)粤 0604 民初 1541 号。

有数据权益的知识产权保护。

2. 通过商业秘密保护数据权益

根据数据是否可以从公开渠道获得，我们可以将数据分为公开数据和非公开数据。对于非公开数据，如果其具有商业价值，且经营者对其采取了相应的保密措施，则可以通过商业秘密加以保护。

在北京酷讯科技有限公司诉郑某承侵害商业秘密纠纷案[①]中，法院认为：涉案统计数据是具体期间内原告相关平台酒店、民宿客户订单的数量、订单来源、订单状态的经营信息。涉案统计数据所承载的信息，对于分析各下单平台的经营状态、用户使用不同订单平台的偏好习惯、特定时段的经营状态都有参考价值，具有一定的商业价值。且原告依据其内部数据分级管理规定实际执行了数据保密管理制度，限定了接触人员范围和使用、审批要求，采取了必要的保密措施。综上，法院认定原告主张的涉案统计数据构成商业秘密。

通过商业秘密保护数据权益，使对数据知识产权保护的方式更加多样化。但商业秘密所保护的信息必须是"不为公众所知悉"的，即非公开数据。而对于公开数据，则无法通过商业秘密加以保护。实践中，针对公开数据的获取、存储、使用、提供等行为，需要另行寻找解决途径。

3. 通过《反不正当竞争法》保护数据权益

应当说，现阶段大多数的数据权益知识产权纠纷案件，是通过反不正当竞争法加以解决的。一方面，知识产权专门法对数据知识产权保护的条件具有局限性；另一方面，反不正当竞争法具有对知识产权专门法律的补充功能，可以让司法机关更多地从经营者、消费者和社会公共利益三方视角来审视具体案件中的价值导向，进而作出相对公平、合理的裁决。

通过《反不正当竞争法》对数据权益进行保护，适用的主要条款是第 12 条和第 2 条。第 12 条第 2 款规定，经营者不得利用技术手段，通过影响用户选择或者其他方式，实施妨碍、破坏其他经营者合法提供的网络产品或者服务正常运行的行为。该条款是《反不正当竞争法》所规定的具体不正当竞争行为，相对于第 2 条的原则性条款应当优先适用。在北京微梦创科网络技术有

---

① 参见北京市朝阳区人民法院民事判决书，(2019)京 0105 民初 57993 号。

限公司与湖南蚁坊软件股份有限公司不正当竞争纠纷案[①]中,一审法院适用第12条,认为蚁坊公司四项被诉行为均具有不正当性,破坏了微梦公司微博平台这一服务的正常运行,违反了《反不正当竞争法》第12条第2款第4项之规定,构成不正当竞争。二审法院进一步认为:在不通过技术手段破坏或者绕开新浪微博所作的技术限制的情况下,无法实现蚁坊公司所宣称的鹰击系统所具有的功能。一审判决认定蚁坊公司主张的网络爬虫技术不足以支撑鹰击系统所需数据、蚁坊公司系通过不正当手段获取新浪微博数据,结论亦无不当。

鉴于《反不正当竞争法》第12条第2款对适用条件的限制,实践中,更多的数据不正当竞争案件适用第2条加以规制,并在具体案件中综合考量经营者合法权益、消费者合法权益及社会公共利益之间的平衡。在北京微梦创科网络技术有限公司诉北京淘友天下技术有限公司等不正当竞争案[②]中,法院认为:在Open API开发合作模式中,第三方通过Open API获取用户信息时应坚持"用户授权"+"平台授权"+"用户授权"的三重授权原则。淘友技术公司、淘友科技公司未经新浪微博用户的同意及新浪微博的授权,获取、使用脉脉用户手机通讯录中非脉脉用户联系人与新浪微博用户对应关系的行为,违反了诚实信用原则及公认的商业道德,破坏了Open API的运行规则,损害了互联网行业合理有序公平的市场竞争秩序,在一定程度上损害了微梦公司的竞争优势及商业资源,构成不正当竞争行为。

针对数据的获取、使用、提供、展示等行为,是否构成不正当竞争,需要根据数据的公开类型、获取方式以及后续使用、提供、展示的方式综合评价。例如,采用技术措施对非公开数据的获取比对公开数据的获取更加具有不正当性。另外,如果对数据的获取方式是合理、正当的,不代表后续的使用、提供、展示行为也是正当的,主要的评判标准在于被告的行为是否会造成对原告产品或服务的"实质性替代",被告的行为是否有创新性,是否对社会公共福利有提升作用等。在上海汉涛信息咨询有限公司诉北京百度网讯科技有限公

① 参见北京知识产权法院民事判决书,(2019)京73民终3789号。
② 参见北京知识产权法院民事判决书,(2016)京73民终588号。

司、上海杰图软件技术有限公司不正当竞争案[1]中，法院认为：百度公司通过搜索技术抓取并大量全文展示来自大众点评网的信息，这种行为已经**实质替代了大众点评网的相关服务**，其欲实现的积极效果与给大众点评网所造成的损失并不符合利益平衡的原则。百度公司超出必要限度使用涉案信息，这种行为不仅损害了汉涛公司的利益，也可能使其他市场主体不愿再就信息的收集进行投入，破坏正常的产业生态，并对竞争秩序产生一定的负面影响。同时，这种超越边界的使用行为也可能会损害未来消费者的利益。在安徽美景信息科技有限公司、淘宝（中国）软件有限公司不正当竞争纠纷再审案[2]中，法院认为：美景公司在**未付出创造性劳动**的情况下，恶意组织分享“生意参谋”账户，将“生意参谋”数据产品直接作为自己获取商业利益的工具，属于不劳而获“搭便车”的不正当行为。如不加以制止，将严重挫伤大数据产品开发者的创造积极性。美景公司以“咕咕互助平台”**实质性替代**“生意参谋”数据产品，截取原本属于淘宝公司的客户，导致淘宝公司交易机会的流失，削弱淘宝公司市场竞争优势，并损害淘宝公司市场利益，同时扰乱大数据行业的市场竞争秩序。

相反，如果被告通过技术手段获取公开数据后，对数据进一步开发、创新形成新的数据产品对外提供，提升了社会福祉，并未对原告的产品或服务形成实质性替代，则该类行为就是合理、正当的，不应被认定为不正当竞争。另外，笔者还注意到，当被告对数据的获取行为被定性为具有不正当性后，即便后续的使用、提供行为具备创新性，没有实质性替代原告的产品或服务，也仍有可能被法院认定为不正当竞争。在前述北京微梦创科网络技术有限公司与湖南蚁坊软件股份有限公司不正当竞争纠纷案中，被告蚁坊公司运营的鹰击系统是数据监测和分析平台，该产品通过对大数据信息进行挖掘和价值传递，为用户提供实时监测在线社交平台中用户重点关注信息的服务，与原告运营的微博平台系不同的服务类型，没有替代性。但法院认为，蚁坊公司主张的合法获取新浪微博数据的辩解意见均不成立，一审判决认定蚁坊公司**通过不正当方**

---

① 参见上海知识产权法院民事判决书，(2016)沪73民终242号。

② 参见浙江省高级人民法院民事裁定书，(2019)浙民申1209号。

式获取新浪微博数据的认定并无不当，故**在此基础上蚁坊公司对数据的使用、展示、分析行为亦不具有正当性**。

三、企业在数据知识产权保护方面应当注意的问题

1. 注意保留数据收集、开发过程方面的证据

司法机关在赋予经营者一方数据权益时，会着重考察经营者是否对涉案数据的收集、开发付出了成本，成本投入与权益的获取存在密切关联。作为数据经营者一方，应当注意保留数据收集、开发过程方面的证据，以便在发生纠纷后，向司法机关展示对数据开发所付出的成本，以说明自己对数据享有权益。

2. 禁止以破坏技术措施的方式获取他人非公开数据

对于非公开数据的获取本身就蕴含着一定的不正当性，如果权利人还采取了一定的技术措施保护数据不被非法抓取，那么此时，如若未经许可，破坏该技术措施，获取他人的非公开数据，则被会被认定为不正当竞争行为，甚至可能构成刑事犯罪。

3. 获取他人数据后的使用行为应具有创新性，防止产生“替代性”后果

针对合法获取的数据，应当聚焦于数据后续的创新性使用和提供，而不能简单复制权利人的产品或服务模式，造成对权利人产品或服务的实质性替代，这极有可能被认定为“搭便车”和“不劳而获”，进而被认定为不正当竞争。对于非法获取的数据，即便后续的使用、提供、展示等行为具备了创新性，也极可能被认为不正当竞争，所以企业应当确保数据来源的合法、合规。

4. 获取或使用数据还应当评估是否存在违反其他法律的情形

在数据权益的知识产权纠纷中，我们更多地聚焦在涉案行为对知识产权法律或《反不正当竞争法》的违反，但鉴于数据权益的复杂性，我们还需要引入与数据相关的其他法律来综合评价，如是否存在违反《个人信息保护法》《网络安全法》《数据安全法》的情形。这些法律对评价数据知识产权保护的价值导向仍具有影响。

四、结语

尽管我国对数据的价值和定位给了一个很高的评价,但对于数据权益的知识产权保护制度方面还不是很完善,现阶段更多通过司法个案进行摸索和保护,并未对数据知识产权保护问题颁布有针对性的法律、法规和司法解释,造成司法实践中认识不统一,易导致同案不同判的现象。笔者建议,可以就此先尽快出台司法解释,就数据权益的知识产权保护作出相对明确的指引,有利于市场主体在该领域发挥更大的积极性,创造出更大的贡献。

延迟确定权利要求书的专利保护策略*

刘　潇

专利制度的意义在于以公开换保护。说明书是专利权人向社会贡献的内容，而权利要求书则是贡献所换来的垄断权益。而且，专利权是一种“进攻”的权利，它并不能保护与本专利所对应的产品/方法（以下仅用产品来指代）免于侵犯其他人的专利权，而是通过阻止他人进入本专利的保护范围的方式来实现权利。这就导致在规划权利要求书的范围时，不应仅关注申请人自身的产品，更应该设想未来可能存在的侵权产品，从而提前设防。

然而，在实践中很难实现这样的初衷，其原因至少在于：（1）无法准确地判断未来潜在侵权产品的具体特征；（2）为了获得授权而作出的修改可能偏离预设的保护范围；（3）申请人的研发意图未能准确地体现在权利要求书中；（4）专利申请公开到授权期间，技术信息的披露易于被他人掌握且刻意绕过；（5）技术人员的人才流动；等等。因此，在等待实际的侵权产品出现后，再确定本专利的保护范围，则可以最大化专利的保护效果。

实现上述目的的一种策略是始终保持专利申请的分案可能性，因为可以分案也就意味着可以基于说明书重新撰写一组权利要求书。

根据《专利法实施细则》第42、54条以及《专利审查指南》的相关规定，为了随时能够进行分案，用于进行分案的母案应处于未授权且未驳回（包含驳回决定尚未生效）的状态。

---

* 原文于2021年7月公开发表。

通常，实现延长审查过程的方法有：

(1)不请求提前公开；

(2)请求延迟审查(参见《专利审查指南》第五部分第七章第8.3节)；

(3)充分利用答复审查意见的期限以及申请延期的机会；

(4)在申请被驳回后请求复审和提起行政诉讼；

(5)使提出的分案具有单一性问题，从而在收到单一性缺陷的审查意见通知书后继续保留分案的可能性。

由于分案也需要较长时间才能授权并行使权利，为了尽快实现对侵权者的打击，可以采用以下方法加快审查：(1)申请优先审查(参见《专利优先审查管理办法》)；(2)申请专利预审。

除了分案之外，另一种策略是基于相同的说明书同时提交多件专利申请，并且使这些专利申请具有针对不同发明点的保护范围以及不同的审查速度，甚至具有不同的专利申请类型。利用以上介绍的加快审查以及延长审查过程的方法，可以在不同的时间点使不同的专利申请处于审查阶段。

采用这种策略时，需要注意的是，独立权利要求应足够上位(保护范围足够大)，从而在后续的主动修改或者应对新颖性/创造性的修改中，能够针对已出现的潜在侵权产品所具有的特征而针对性地修改专利申请的权利要求书，同时使修改后的权利要求书具备新颖性/创造性。这样，在专利申请授权之后，便可以直接用来打击侵权产品。

可以看到，这种策略不需要在发现潜在的侵权产品之后重新提出分案，并让分案走完整个审查过程，而是对尚未进入实质审查阶段或者已经进入实质审查阶段但仍能够主动/被动修改的申请进行修改，从而可以缩短授权所需的时间并有目的性地拟定权利要求书的保护范围。但是，由于这种策略在申请时需要同时提出多件申请，申请费用相对较高，并且多件申请之间的程序和时序必须进行严格管理，管理成本也较高。

需要指出的是，以上两种策略并不是互相排斥的，而是可以结合使用的。具体的使用方式可取决于申请人的预算、技术的重要性、他人侵权的可能性，等等。

当然，无论是分案还是修改，权利要求书的保护范围始终不能超出说明书以及附图的原始公开范围，因此，为了使最终的权利要求书的保护范围具有更大的可能性，撰写母案的说明书时应注意以下内容：(1)尽可能多地覆盖申请人在该产品上的技术点(无论该技术点是否申请过专利)；(2)尽可能多地包含本领域中重要的技术点；(3)附图要能清楚地显示出产品的每个特征与结构关系。

俗话说“巧妇难为无米之炊”。详尽充实的说明书能够为后续修改权利要求书提供更多的可能性，即便是现有技术中已有的特征，也存在通过组合来实现创造性的可能性。同时，足够多的特征也为应对潜在的侵权产品提供了更多的选择。

在实践中，侵权者往往仅通过少量修改就能绕过现有的专利，同时能实现与专利基本相似的结构和效果。这对于专利权人是十分不利的。因此，申请人有必要充分利用专利申请的规则，推迟权利要求书确定的时间，让试图抄袭专利产品的侵权者由于无法得知确定的保护范围而不得不放弃简单的抄袭行为。申请人将有可能以后发制人的方式，精准地对侵权者予以打击。

知识产权实务探讨

PCT 申请改写实务浅谈*

王　林

随着中国企业走向世界，越来越多的中国企业进行海外专利布局。通过《专利合作条约》(Patent Coperation Treaty，PCT)途径进入其他国家是企业经常采用的一种方式。很多时候，中国企业先递交中国专利申请，然后要求中国专利申请的优先权，提交 PCT 申请。这样，通常会涉及在递交 PCT 申请时的修改问题。合理、专业的修改可以为 PCT 申请进入其他国家做好准备，更好地保护申请人的利益。

下面，笔者将结合实际经验，对 PCT 申请改写时的一些注意事项给出建议。

一、事先准备工作

1. 阅读交底书和母案申请文件。

阅读母案申请对应的交底书，以确定交底书中的主要发明点都在母案的申请文件中得到保护。如果母案的申请文件遗漏发明点或者存在描述错误，应及时与发明人和企业的专利工程师进行沟通，以确定修改方案。

2. 进行对比文件检索。

通过检索确定对比文件(包括抵触申请)或者竞品是否已经公开了本案的主要发明点，以便在对比文件(包括抵触申请)或者竞品已经公开了本案的

* 原文于 2022 年 8 月公开发表。

主要发明点的情况下，与企业的专利工程师沟通以确定是否需要在PCT阶段对权利要求书的保护点进行修改。

3. 与发明人沟通，确定自己对交底书和母案申请理解正确。

4. 与专利工程师沟通，以确定修改策略（有的企业在PCT申请时基于自身需求可能有自己的改写要求）。

二、修改过程

目前在世界各国的专利审查实践中，美国和欧洲是两个最重要的专利申请目的地。相对来说，美国专利局对权利要求书的审查比较严格，欧洲专利局对说明书审查更为严格。

在PCT申请阶段，一般还不清楚该PCT申请要进入的国家，笔者建议可以参考欧洲专利局的审查标准修改说明书，参考美国专利局的审查标准修改权利要求书。

下面，笔者将依次从说明书、权利要求书以及说明书附图等三个方面对PCT修改给出建议。

（一）说明书修改

形式修改：

1. 修改说明书中的错别字、为英文单词增加中文译文、将截图的公式进行公式编辑以及删除说明书中“所述”等。

2. 将“本发明”改为“本公开”或“本申请”，将“现有技术”改为“相关技术”。

3. 检查术语是否前后一致，如不一致，则进行统一修改。

4. 将可能引起歧义的长句变为短句，便于后续翻译和理解，避免不清楚的问题。

5. 注意整个申请文件的页数不超过30页，避免出现超页费。当出现超页时，可以通过缩小字号、缩短行间距，删除无意义模板内容等方式减少页数，为客户节约成本。需要注意的是，在删除无意义模板时要注意是否会对本申请产生实质性影响，例如，确定一下删除模板后会不会导致方案不清楚或者方案逻辑不连贯等。还需要注意的是,整体申请文件包括请求书。因此,如果客户希望 PCT 申请不超页,还需要知道请求书的页数,从而避免申请文件超页。

6. 随着各国对隐私保护越来越重视,建议专利申请涉及隐私信息的获取或公开时,增加隐私模板,例如,“需要在用户允许的情况下获取该用户的姓名、轨迹、身份证等”。

7. 对敏感信息进行处理。例如,需要将一些暴力词汇(如杀人、越狱等)删除,将一些政治敏感事件删除,避免出现民族、宗教、人种歧视,等等。

实质修改:

目前欧洲专利局针对说明书的审查十分严格,不少专利申请被指出不清楚或者不支持的问题。如果在后续进入阶段被欧洲审查员指出上述缺陷,申请人再对申请内容进行补充,一般会被质疑修改超范围,导致专利申请被驳回。

如果要求优先权的母案存在不清楚或不支持的问题,那么 PCT 申请前的修改将是解决这些问题的最后机会。

针对以上情况,笔者建议修改 PCT 时至少要注意以下事项:

1. 确定权利要求书是否得到说明书的支持,如果权利要求书得不到说明书的支持,需要在说明书中补充实施例支持。

需要注意,在修改说明书时有可能会超出母案申请原始公开的范围。笔者建议,为了消除不清楚的问题,可以适当地超范围,后续可以根据实际需求进行修改或者删除。

2. 确定权利要求书中的上位概念是否得到多个实施例的支持。如果没有的话,需要在说明书中补充相关实施例。

3. 针对说明书中提到的名词进行定义、解释和举例,以避免术语不清楚的问题,尤其是说明书中的自定义名称和国内首创名词。

4. 针对说明书中国内外含义可能不同的词一定要结合场景进行定义和解释。例如,钢琴家在国外指的从事钢琴职业的人,而在国内钢琴家指的是在钢琴领域内有一定造诣的人,二者不同。

5. 针对说明书中提到的一些现有技术,根据需要提供细节说明,以帮助本领域技术人员理解技术方案。

6. 查看说明书中的技术效果是否完备，针对有创造性贡献的从属权利要求记载对应的技术效果。

7. 对于一些客户体验的有益效果，要从技术侧（如机器侧）增加技术效果。

8. 确定步骤和步骤之间的逻辑是否完备和合理，如果不完备或者不合理，可以相应补齐。

9. 确定实施例和实施例之间的逻辑是否正确或者完备，如果不正确或者不完备要进行相应的补齐。

10. "根据 A 设定 B"等样式在欧美审查中是不清楚的，需要补充描述根据 A 设定 B 的技术细节。

（二）权利要求书修改

1. 删除权利要求书中的"其特征在于"项。

2. 如果一个权利要求书中包括两个技术方案或者包括两个没有关系的步骤，可以进行拆分。

3. 确定权利要求书中的引用关系是否正确。

4. 如果权利要求书中的引用关系较为混乱，可以调整引用关系，调整权利要求之间的顺序，使权利要求之间的逻辑关系明了清楚。

5. 确定保护主体是否全面，如包括方法独权、装置独权、电子设备独权、计算机存储介质独权和计算机产品独权。

6. 对于在中国不予保护的权利要求保护主题，如诊断治疗方法、算法、程序等可能为待进入国可接受的保护主题，可将该主题写入说明书中，等进入时通过主动修改加入权利要求书中。

7. 对于软件类方法，可以将多执行主体的权利要求尽量修改为单一执行主体。

8. 专利申请包括多个技术方案时，应合理上位概括出包括所有技术方案的独立权利要求。对于不能合理概括出具有单一性的独立权利要求的发明，应针对该多项技术方案撰写多项独立权利要求，留待后续进行分案申请。

在权利要求书修改后，根据修改后权利要求书对说明书和说明书附图进行对应修改。

(三)说明书附图修改

1. 附图中避免出现灰色填充区。

2. 如果附图序号中出现小写字母,则替换为大写字母,如图 1a,更改为图 1A。

3. 应删除附图中不必要的信息,如广告、企业名称、姓名等隐私信息。

4. 权利要求中出现的特征,确保在附图中有标识。

5. 说明书中的附图标识与附图中的附图标识保持一致。

6. 确保附图中的边框没有将文字覆盖。

7. 确保中国地图的完整,如不完整可以考虑删除或者替换(可以参考自然资源部提供的标准地图)。

以上为笔者在代理 PCT 案件过程中总结所得,如有不足,还请批评指正。

从案例分析商标正当使用的界限*

臧云霄

在商标侵权案件中，审理的一个关键环节是认定被诉侵权行为是否是商标性使用。在很多情形下，被告会抗辩其不是商标性使用，也即不是起到标识商品或服务来源作用，而是对与原告注册商标相同或近似商标标识本身的正当使用。《商标法》第59条第1款："注册商标中含有的本商品的通用名称、图形、型号，或者直接表示商品的质量、主要原料、功能、用途、重量、数量及其他特点，或者含有的地名，注册商标专用权人无权禁止他人正当使用。"该款规定主要是对于描述性的正当使用。另，第59条第2款："三维标志注册商标中含有的商品自身的性质产生的形状、为获得技术效果而需有的商品形状或者使商品具有实质性价值的形状，注册商标专用权人无权禁止他人正当使用。"该款主要规定的是功能性使用。本案主要讨论商标描述性正当使用的案例。

一、典型案例及分析

（一）"3两3"商标侵权案

在泸州大世界酒业有限公司诉四川蜀国春酒厂等侵害商标权纠纷再审民事判决书［（2018）最高法民再53号］中，原告泸州大世界酒业有限公司主张的商标是核准注册在第33类"酒（饮料）"上的泸德3两3。被诉侵权商品上

---

* 原文于2022年4月公开发表。

有两个贴标，其一上有“泸坪”商标，字体较小，另一贴标上有较大字体的“3 两 3”字样，并印制有较小的“＊＊公司出品”等。二审法院认为：“3 两 3”标志仅为该商标的部分文字，原告不能证明该“3 两 3”标志具有较强的商品来源指示功能。虽然被诉侵权商品的标签上使用了“3 两 3”，但其仅仅说明、描述商品的重量或规格，不会使相关公众将之与商品提供者形成联系。故认定被诉侵权商品上使用“3 两 3”属于正当使用。

最高人民法院再审认为：“3 两 3”具有一定的描述性。如果被诉侵权商品的容量为“3 两 3”，生产者出于说明或者客观描述商品容量的目的，以善意方式在必要的范围内予以标注，不会导致相关公众对其商品来源混淆的，可以认定为正当使用。但被诉侵权商品包装显著位置上突出使用“3 两 3”标志，该标志明显大于被告自己的注册商标，也明显大于标贴上表明的酒容量，属于商标性使用。另外，最高人民法院结合原告商标的知名度，认为被告行为不存在合理使用的基础，也不构成对酒商品的容量和规格的正当使用。

（二）“稻花香”系列商标侵权案

在大米商品上的“稻花香”商标侵权案中，原告提起了几起侵权诉讼，本文选择其中的典型案件进行分析。

1.“稻花香”诉“北冰王稻花香”案

原告福州米厂主张在第 30 类“大米”上的“稻花香 + DAOHUAXIANG”组合商标。被诉侵权产品外包装上标注“北冰王”和注册商标标识“R”。原告商标与侵权产品标识对比如图 1 所示：

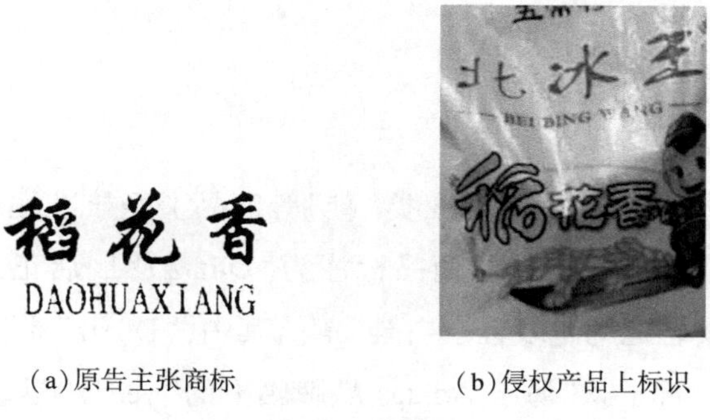

（a）原告主张商标　　（b）侵权产品上标识

图 1　对比图

本案一审和二审法院均没有认定构成侵权。二审法院认为,被诉侵权大米包装上起到区分商品来源作用的是“北冰王”,包装袋上的“稻花香”文字仅用以表示大米的品种,不是商标性使用,不构成侵权。

最高人民法院再审[(2020)最高法民再 303 号]认为:虽然包装袋上方标注了“北冰王”商标,但由于“稻花香”文字位于被诉侵权大米包装袋正中,且突出显示,该种使用方式已经超出了对大米品种的描述性使用的范围,构成商标性使用。

2.“稻花香”诉“祖谷稻花香”案

在另一起案件中,被诉侵权产品上使用“祖谷稻花香”,二审法院认为:被诉大米包装上“稻花香”系突出大米的品种,而非品牌。虽对“稻花香”三字放大使用,但同时标注“祖谷”注册商标,且在包装显著位置标明“东北特产”等辨别商品来源的标识,故消费者能够通过外包装判断被诉侵权大米与原告大米产地不同,不会造成误认和混淆。

最高人民法院再审认为[(2019)最高法民再 133 号]:被诉侵权产品“稻花香”文字右上方虽有“祖谷”“东北特产”等字样,但字形、字体、字号与“稻花香”三字均存在明显差异,相关消费者容易识别和记忆的是被突出使用的“稻花香”文字,而非祖谷公司所主张的“祖谷稻花香”。

在稻花香系列案件中,基本每个案件中的被告均提出“稻花香”是大米通用名称的抗辩。在“祖谷稻花香”案件中,被告辩称,稻花香大米产自黑龙江省五常市,以“稻花香”稻种种植,用此米做饭时会散发特殊的清香,故取名稻花香,认为在外包装标注稻花香是表示该产品品种属性。但对这些抗辩,最高人民法院都以证据不足未予认可。

(三)“椰子”诉“椰子鞋”案

原告福州大掌柜公司在第 25 类“鞋”等商品上经核准注册“椰子”商标,被告佰良公司在网店上销售的商品标注为“Dliziz 旗舰店正品椰子款 350v2 白冰淇淋男鞋女鞋运动跑步鞋小白鞋”等。其中,“Dliziz”系佰良公司注册商标的组成部分,“椰子款”源于 Adidas 品牌旗下的“yeezy”运动鞋以及类似样式的流行鞋款。最高人民法院认为[(2021)最高法民申 1784 号]:被告在网店销售标题中使用的是“椰子款”，且并未在商品标题等信息中突出使用“椰子”文字，同时亦标注了自身的商标及商品型号，二审法院结合相关网络搜索情况及相关公众的通常认知，认定上述标注方式系对鞋款的描述而非指示商品来源，并无不当。

（四）“青花椒”案

“青花椒”系列商标案是近期比较热点的案件，一是因为本案原告维权的范围广、所涉被告多，二是因为十三届全国人大五次会议上的《最高人民法院工作报告》提及该案。

在本系列案中，原告主张的是在第43类“饭店、餐厅”核准注册的“青花椒”文字商标。目前可以查到的原告起诉的多件案件中，除了撤诉之外，大多都是胜诉的结果。四川省高级人民法院在（2021）川知民终2153号案中认为，青花椒为植物及一种特定调味料的通用名称，但不足以证明青花椒为饭店、餐厅等服务的通用名称。被告在其店招上“青花椒”字样左上方附加“馋猫”，“青花椒”的前面使用“重庆”二字，后面带有“鱼活鱼自助”文字，“青花椒”与“重庆”“鱼活鱼自助”在字体、字号、色彩、高度等方面均保持一致，没有将“青花椒”三个字单独突出使用。该“青花椒”字样是对其提供的特色菜品鱼火锅中含有青花椒调味料的客观描述，并非商标性使用。因此，二审改判驳回原告诉讼请求。

（五）“金银花”花露水系列侵权案

“金银花”花露水系列案也是比较热点的案件。原告同样针对众多被告发起一系列维权诉讼，且绝大多数案件均是原告胜诉。原告主张的“金银花”商标申请于20世纪90年代，根据当时的审查规则获得核准注册。

以江苏省高级人民法院的（2020）苏知终24号案件为例，法院的审理思路具有一定典型性。该案中被诉侵权产品有两款包装，均在瓶身正面标注“清润”“金银花花露水”“清香型”字样，差异之处在于包装正面的“金银花花露水”文字字体不同。被告抗辩，原告商标缺乏显著性，“金银花花露水”作为产品通用名称使用，其对“金银花”文字属于合理使用。

该案一审法院认为,金银花又名忍冬花,是一种草本植物,具有清热去火、通经活络的作用,在花露水中使用金银花,可以提升止痒、防痱祛痱、清热舒爽、提神醒脑的功效。但被告不能证明"金银花花露水"已成为通用名称。两款包装中:一款包装的"金银花"文字位于瓶身正面显著部分,为艺术字体,呈黑色并加粗显示,与其他文字在字体上存在明显区分,具有较强的识别性,因此认定构成商标侵权;另外一款包装,"金银花"与其他部分为相同字体且文字大小一致,普通消费者施以一般注意力会认为该"金银花花露水"文字系指代使用金银花作为原料的花露水,而非"金银花"牌花露水,因此认定不构成商标侵权。

二审法院认为:两款产品均在正面显著位置突出使用"金银花",具有区分商品来源的作用,构成商标性使用。被诉产品上"金银花"标识与原告注册商标相比,字体虽略有差异,但读音、文字、含义、排列顺序、排列方向均相同,从呼叫功能上无法进行区分,且整体结构和视觉效果均相似,构成近似商标。如果被告想要标明涉案被控侵权商品含有金银花成分,应当以善意方式,在必要的、合理的范围内予以标注,被控侵权商品包装上"金银花"标识字体醒目、位置突出,已超出了正当使用的界限,构成商标性使用,故不属于正当使用,认定构成商标侵权。

二、对商标正当使用的辨析

在商标侵权案件中,被告可以通用名称或直接表示商品特点(缺乏显著性)为由进行商标正当使用的抗辩,具体认定可以参考最高人民法院《关于审理商标授权确权行政案件若干问题的规定》(2020 年修正)。而实务中要证明通用名称举证难度比较大,如上述案件中,"稻花香"和"青花椒"都没有被认定为通用名称,其中"青花椒"虽然是调味料的通用名称,但不是餐馆、饭店服务的通用名称。直接表示商品特点的一般是缺乏商标应有的显著性,也即不符合《商标法》第 10 条第 1 款第 2 项之规定,如前述案件中的"3 两 3"和"椰子鞋";前面案件中,"金银花"是特殊的个案,在花露水等商品上,"金银花"应该是直接指示了商品的原料,但因为该商标授权很早,当时商标行政机关对显著性审核标准不严格。特别注意一点,《商标法》规定可以正当使用的是"直接表示”商标的质量、原料、功能等特点，在一些情况下，如果不是直接表示而是暗示商品的特点但不影响识别商品来源功能的，则不符合前述规定，如“稻花香”商标用在大米上，就符合该特征，是暗示商品的特点。另外，如“飘柔”洗发水、“健力宝”饮料等。

综合以上案例可以看出，使用他人注册商标标识是否构成正当使用要具备描述性、善意、合理等条件，使消费者不会对商品或服务来源造成混淆，使用人也不会不正当地利用权利人的商誉。具体分析如下：

1. 描述之目的，只能为了描述商品，不是为搭权利人的“便车”或商誉。

2. 符合善意的标准。在使用时，不能突出显示他人的注册商标，否则极有可能超过正当使用的范围。特别是在与其他描述性的词语或自己的商标一起使用时，不能突出他人的注册商标。

3. 有合理使用的基础。正当使用得有合理的意图，如不使用该标识描述就不能经营或者影响经营。是否合理要根据不同的情形具体分析。例如，权利人的注册商标已经注册多年且有一定知名度，后使用人还在商品上使用且并非必要使用。

三、建议

随着对公平市场竞争秩序的逐渐重视，之前个案的审判思路可能已经悄悄发生变化，如被写入四川省两会期间两院报告和《最高人民法院工作报告》的“青花椒”案，四川省高级人民法院的二审改判可能是该类案件的转折点，以及最高人民法院提审的“金银花”案。《最高人民法院工作报告》提及“青花椒”案的内容是在“维护市场公平竞争”部分，明确要严惩妨碍公平竞争、损害群众利益行为，对“碰瓷式维权”不予保护。新的司法动向的变化体现了私权和公共利益要达到良性的平衡，权利要有边界，既要保护知识产权，又要防止权利被滥用。新修改的《商标法》《专利法》都体现了这一点。特别是用于维权的权利本属于公有领域的资源，司法应该保持审慎，对权利的边界要以严格的标准区分清楚，不能仅为了保护私权而限制公共利益。尤其对涉及行业发展的类型化案件，相比原先的一边倒，司法更多考虑行业发展的公平和利益平衡。当然，看似相同的案件，在审理中都可能会因情形的不同和证据的不同导致个案的结果不同。从不同案件的分析中,我们应该看到某类案件的审理趋势。

判断商标是否近似,应当考虑请求保护注册商标的显著性和知名度。虽然商标领域不提保护创新,但法律对商标权的保护范围和强度仍与创新息息相关,也即对商标权的保护要看商标的显著性。针对臆造性的商标,可以明显看出在认定商标近似性时法院自由裁量权比较大,即使针对一审、二审法院因保守考虑没有认定商标近似的,也有一些案件在再审程序中获得支持。当然除了商标显著性,商标的知名度也有很大贡献。参考著作权法关于作品原创性的"额头出汗"原则,法律保护力度强的是具有较强显著性(最好是臆造性的词),且是经过权利人长期使用和宣传的标识。

从澳大利亚VD销量第一品牌“OSTELIN”案谈“误认条款”的克服*

王绿韵

一、案情介绍

“OSTELIN”品牌成立于1924年,有超过98年的研发和生产历史,是澳大利亚销售量排名第一的维生素D品牌。早在2017年,商标权人就意图进入中国市场,并尝试在第5类的“维生素制剂;鱼肝油;人用药;医用药物;营养补充剂”等商品上申请注册“OSTELIN”系列商标,但是数次都因商标局认为“‘OSTELIN’译为‘骨化醇’,使用在指定商品上,易使消费者对其原料特点产生误认,不得作为商标使用”而被驳回。2020年,商标权人再次尝试申请注册“OSTELIN”商标,同样因上述理由被商标局驳回。为了争取该商标在中国的注册,商标权人在复审程序中提交了网络词典修改后的释义,用以证明“OSTELIN”并无含义这一事实,遗憾的是商标评审委员会还是以“OSTELIN”可译为“骨化醇”,骨化醇为维生素D3的一种较为重要的活性代谢物,将其使用在鱼肝油、维生素制剂等商品上,易使相关公众对商品的功能等特点产生误认,申请商标构成《商标法》第10条第1款第7项所指的情形为由,驳回了该商标的注册申请。

经多处查证发现,“OSTELIN”的含义很可能是在其商品引入中国时被错误地收录成“骨化醇”的含义。鉴于这样的客观事实,代理人建议客户提起驳

---

* 原文于2022年7月公开发表。

回复审行政诉讼,并争取在庭前就证据进行质证的机会,最终获得了法院的支持。在该案判决中,北京知识产权法院认定,"根据双方当事人提供的现有证据,无法认定'OSTELIN'具有'骨化醇'或其他含义。诉争商标用在指定使用的商品上,相关公众在通常情况下根据其一般认知不会对商品的特点或者产地产生误认,并被误导消费。因此,诉争商标并不违反商标法第十条第一款第(七)项的规定,被诉决定对此认定有误,本院依法予以纠正"。

二、案件法律意义

实践中,申请商标一旦因违反绝对理由被驳回,特别是涉及《商标法》第10条第1款第7项规定之误认情形被驳回后,通过后续救济程序克服该驳回理由而获得商标注册都非常困难。这主要是因为绝对理由涉及违反商标的显著性、非功能性以及公共利益、具有绝对性。审查人员对于申请商标的性质不熟悉,也无从了解。综上,就更需要代理人如实、及时、有效地获取证据,为客户争取权利。上述"OSTELIN"案件,能够最终获得法院的支持取得注册,无疑对如何克服《商标法》第10条第1款第7项规定之误认情形,特别是外文商标的中文释义所产生的误认情形,具有一定的指导和借鉴意义。就本案所涉及的中文释义问题,众所周知,在国外较知名的一个外文商标正式投入中国市场前,该外文商标很有可能已经"被动"地为本地媒体或本地消费者所介绍。在这种"被动"的传播中因缺乏权利人对商标规范使用的监管,该商标就有可能被错误地标记为某种含义,或直接用以指代某种商品。这无疑给该商标在今后的注册程序中制造了困难,甚至让该商标面临通用化的危险。而本案中的"OSTELIN"商标正是在这样的情况下被认定可译为"骨化醇"。因此,如何收集详尽的、全面的证据来证明"OSTELIN"本身确为臆造词而不具有任何含义,因而也就不会产生《商标法》第10条第1款第7项规定之误认情形,是本案获胜的关键逻辑点所在。同样地,该案也提示权利人针对这种被动的、不规范的商标使用,应采取积极的措施予以纠正,以化解商标被通用化的危机,达到商标注册的目的。

三、代理技巧和心得

首先,在驳回复审阶段,代理人就已经与客户进行了大量且充分的沟通,对该商标的来源、含义、使用情况进行了详尽的调查和了解。前期沟通的充分性,才使代理人有信心在驳回复审结果不利的情况下仍然建议客户提起行政诉讼。

其次,代理人对驳回的原因进行了详尽的分析。通过多方查阅"OSTELIN"的释义,代理人了解到审查员是参考了网络释义而作出的驳回决定。因此,代理人建议客户联系各大网络词典对"OSTELIN"的错误收录进行更正,客户接纳了该意见,主动、积极地推动该更正,并保存了相应的更正过程和更正结果作为证据。代理人对"OSTELIN"一词进行了图书馆检索,包括对国家图书馆收录的报纸、期刊、杂志进行了关键词为"OSTELIN"的检索,以及对国家图书馆收藏的英汉、英英、汉英字/词典关于"OSTELIN"和"骨化醇"收录和释义的检索。通过检索结果发现,有关"OSTELIN"的记载更多为品牌名称,同时各权威字/词典也没有对该单词释义的收录。

此外,代理人还联系客户了解该商标的创意来源,而客户通过查阅各种资料追踪到该商标的设计理念,即该商标最初设计是为了解决"骨质疏松症"(英文osteoporosis),旨在改善骨密度问题,因此通过截取"osteoporosis"的前四个字母并结合"lin",臆造出了"OSTELIN"商标。通过合理的解释,代理人给法官呈现出该商标确为客户"专门、精心设计"的印象。同时,代理人还提供了"OSTELIN"在其他国家的商标注册证书用以佐证该单词的可注册性,以及"OSTELIN"品牌商品各大网络平台的使用证据,用以表明"OSTELIN"作为商标对商品来源的正确指向性。

最终,针对代理人提交的以上证据,被告国家知识产权局没有提供充分证据证明"OSTELIN"指代"骨化醇"含义。代理人最终取得了该驳回复审行政诉讼案件的胜利,帮助客户获得了商标权,同时也消除了该商标演变为通用名称的风险。

"OSTELIN"商标自2017年尝试注册,到2022年最终注册公告,历时5年之久。这期间代理人和客户之间的充分沟通、紧密配合是本案获胜的关键所在。充分的沟通确保了信息传递的正确性和翔实性，而客户在基于对代理人法律意见的信任下所采取的积极、主动的措施和对该商标不懈的追求也奠定了本案成功的基石。同时，我们应该看到，针对此类涉及绝对理由的商标驳回案件，若确有足够证据，即使在成功率普遍不高的情况下，也应充分运用救济机制，维护自身合法权益，争取商标注册。

关于同时适用法定赔偿和惩罚性赔偿的知识产权司法实践分析*

朱 悦

2019 年 11 月 24 日，中共中央办公厅、国务院办公厅印发《关于强化知识产权保护的意见》，就“研究制定知识产权基础性法律的必要性和可行性，加快专利法、商标法、著作权法等修改完善。完善地理标志保护相关立法。加快在专利、著作权等领域引入侵权惩罚性赔偿制度。大幅提高侵权法定赔偿额上限，加大损害赔偿力度”作出具体安排。2020 年 5 月 28 日，十三届全国人大三次会议审议通过的《民法典》第 1185 条确立了知识产权惩罚性赔偿的一般性规定。之后，我国知识产权类法律在已有基础上进行修订或修正，现《专利法》《商标法》《著作权法》《反不正当竞争法》①都已完善了惩罚性赔偿制度的条款。

2021 年 3 月 3 日，最高人民法院《关于审理侵害知识产权民事案件适用惩罚性赔偿的解释》生效后，最高人民法院又于同月 15 日发布 6 起《侵害知识产权民事案件适用惩罚性赔偿典型案例》，给全国法院统一司法裁判予以案例指导。2022 年 4 月，山东省高级人民法院《关于审理侵害知识产权民事案件适用惩罚性赔偿的裁判指引》和北京市高级人民法院《关于侵害知识产权民事案件适用惩罚性赔偿审理指南》出台，这两份文件更细致地从司法实践角度对知识产权民事案件中适用惩罚性赔偿的规则进行了规定。其中，笔

---

* 原文于 2022 年 9 月公开发表。

① 在现行《反不正当竞争法》(2019 修正)中，仅侵犯商业秘密行为可适用惩罚性赔偿。

者较为关注的是一般性赔偿与惩罚性赔偿是否可以同时适用的问题。

笔者所谓的“一般性赔偿”，以 2019 年修正的《商标法》为例，即《商标法》第 63 条第 1 款所述的“侵犯商标专用权的赔偿数额，按照权利人因被侵权所受到的实际损失确定；实际损失难以确定的，可以按照侵权人因侵权所获得的利益确定；权利人的损失或者侵权人获得的利益难以确定的，参照该商标许可使用费的倍数合理确定”和第 3 款所述的“权利人因被侵权所受到的实际损失、侵权人因侵权所获得的利益、注册商标许可使用费难以确定的，由人民法院根据侵权行为的情节判决给予五百万元以下的赔偿”，其中第 3 款被称为“法定赔偿”。而“惩罚性赔偿”指的是《商标法》第 63 条第 1 款所述的“对恶意侵犯商标专用权，情节严重的，可以在按照上述方法确定数额的一倍以上五倍以下确定赔偿数额”。笔者发现，在最高人民法院 2021 年 3 月发布的 6 例典型案例中，法院仅考虑惩罚性赔偿的金额，并以惩罚性赔偿的金额进行了司法裁判，但并未论述惩罚性赔偿与一般性赔偿金额的关系。

在山东省高级人民法院《关于审理侵害知识产权民事案件适用惩罚性赔偿的裁判指引》“九、关于惩罚性赔偿计算方式与赔偿总额”明确了：“惩罚性赔偿数额为惩罚性赔偿计算基数与倍数的乘积。除维权合理开支外的赔偿总额应当为惩罚性赔偿计算基数与惩罚性赔偿数额之和，即赔偿总额为惩罚性赔偿计算基数乘以（1 + 倍数）。”“十二、关于惩罚性赔偿计算基数的除外情形”明确了：“适用法定赔偿确定的数额不作为惩罚性赔偿的计算基数。”“二十一、关于惩罚性赔偿与法定赔偿的问题”明确了：“在被告侵权行为存在多个事实的情况下，人民法院对能够确定计算基数的部分可以适用惩罚性赔偿，对不能确定计算基数的部分可以适用法定赔偿。”从上述几点可知，该裁判指引明确了惩罚性赔偿与一般性赔偿可以同时适用，特别地，在适用法定赔偿同时，对可以确定惩罚性赔偿计算基数的部分也可以适用惩罚性赔偿。

北京市高级人民法院《关于侵害知识产权民事案件适用惩罚性赔偿审理指南》“3.1 赔偿总额”明确，“适用惩罚性赔偿确定的赔偿总额为基数及基数与倍数乘积之和”。“5.8 部分适用”也明确了：“同一侵权行为造成的损害后果中，如果部分损害后果能够确定的，可以依权利人请求对该部分损害后果适用惩罚性赔偿，对难以确定损害后果的部分另行依法确定赔偿责任。”从上述两点可知，该审理指南明确了惩罚性赔偿与一般性赔偿可以同时适用，特别地，针对在适用法定赔偿时对可以确定惩罚性赔偿计算基数的部分也可以适用惩罚性赔偿。

就惩罚性赔偿与一般性赔偿可否同时适用的问题，两地高院给出了一致的"可以同时适用"的解答，还进一步明确了，可以将法定赔偿中可以确定的损害后果作为计算基数来计算惩罚性赔偿的金额。除上述两份文件外，笔者在上海市和广东省的两地法院也找到了同时适用惩罚性赔偿与一般性赔偿的案例及精彩的说理：

案例一

二审案号：(2022)沪73民终187号

一审案号：(2020)沪0115民初85435号

一审法院认为，惩罚性赔偿是相对于补偿性赔偿而言的。补偿性赔偿的目的是填补权利人的实际损失。而惩罚性赔偿的目的不仅在于填补权利人的实际损失，还在于通过责令侵权人支付高于甚至数倍高于实际损失或侵权获利的金额，加大对源头侵权、恶意侵权、重复侵权等具有严重恶劣情节侵权的打击力度，形成威慑从而阻吓侵权的发生。故惩罚性赔偿与补偿性赔偿具有倍比关系，后者是前者的计算基数。基数固然重要，但机械认为只要基数的全部数额不能查明就不能适用惩罚性赔偿，将严重影响该制度功能的发挥，使恶性侵权者轻易逃避法律惩罚。据此，一审法院认为，既然基数全部数额查明时可以适用惩罚性赔偿，举重以明轻，部分数额能够确定时也可就该部分适用惩罚性赔偿。最终，一审法院经审理认为，被告具有明显主观故意构成商标侵权并创新适用"惩罚性赔偿＋法定赔偿"的计算方式判决被告公司支付赔偿金186万余元。这是上海市浦东新区人民法院（本案一审法院）首例协调适用惩罚性赔偿和法定赔偿的案件。

二审法院认为，本案中一审法院将被告的侵权行为分成两部分计算赔偿数额，可查明具体销售情况的出口订单部分适用了惩罚性赔偿，无法查明具体销售情况的境内销售行为则适用了法定赔偿。上述赔偿方式及赔偿数额的确定均考虑了被告的主观故意、侵权规模及情节、可查明的具体销售情况等因素，确定的数额亦合理，二审法院予以认同。

案例二

二审案号:(2021)粤73民终3395号(以上诉人撤回上诉结案)

一审案号:(2020)粤0104民初46217号

一审法院认为,就惩罚性赔偿部分,一审法院已查明被告销售涉案侵权商品的部分获利是2802.5元,该部分获利可作为计算惩罚性赔偿的基数……(被告)对侵权产品来源、性能、行业认可度均非常清楚,于此情形下,其销售涉案游戏机,主观上存在明显的侵权故意……被告网络店铺、实体店铺均销售侵权产品,销售范围较广泛。被告收到本案诉讼材料后,已经知晓原告维权,但并未停止销售侵权商品……审理过程中,一审法院责令被告提交侵权商品销售账簿,但被告以不存在相关数据和报表为由而拒绝提交。此外,(被告)在破坏原告商品品质同时,恶意引导游戏玩家不使用原告的游戏账户,对原告造成重大损失,侵权后果严重。考虑前述因素,一审法院认定被告的侵权行为已达到情节严重的程度。基于上述分析,对于已查明侵权获利部分,符合适用惩罚性赔偿的条件,一审法院亦依据原告的申请适用惩罚性赔偿计算方法,确定部分侵权损害赔偿金额。就法定赔偿部分,被告未举证证明侵权商品销售量及进货价,而其网络店铺显示的库存数量为38件。由此可以推定,被告并非仅销售5件侵权商品。未能查明的侵权商品销售量部分,被告的侵权获利不能确定,原告的损失亦因此难以查实。对于不能认定部分的损失,一审法院适用法定赔偿计算侵权损害赔偿金额。最终,一审法院判决的赔偿总数额为惩罚性赔偿数额、法定赔偿数额和原告为本案支付的合理维权开支之和。

从以上分析可知,在原告请求适用惩罚性赔偿并且可以计算出部分确定的惩罚性赔偿计算基数的前提下,至少在北京、上海、广东、山东四地司法中可以同时适用一般性赔偿与惩罚性赔偿,即案件的总赔偿金额包括一般性赔偿、惩罚性赔偿和合理开支。笔者认为,在最高人民法院于2020年9月颁布《关于完善统一法律适用标准工作机制的意见》后,在全国法院逐渐统一法律适用标准的当下,上述文件和案例是具有指导意义和典型性的。

进一步,经过上述分析,笔者对"法定赔偿"又有了新的理解和思考。我们先看一下现知识产权类法律关于"法定赔偿"的条款依据:

我国2020年修正的《专利法》第71条第2款规定,权利人的损失、侵权人获得的利益和专利许可使用费均难以确定的，人民法院可以根据专利权的类型、**侵权行为的性质**和情节等因素，确定给予 3 万元以上 500 万元以下的赔偿。最高人民法院《关于审理专利纠纷案件适用法律问题的若干规定》（2020 修正）第 15 条规定，没有专利许可使用费可以参照或者专利许可使用费明显不合理的，人民法院可以根据专利权的类型、**侵权行为的性质**和情节等因素，依照《专利法》第 65 条第 2 款的规定确定赔偿数额。

我国 2019 年修正的《商标法》第 63 条第 3 款规定，权利人因被侵权所受到的实际损失、侵权人因侵权所获得的利益、注册商标许可使用费难以确定的，由人民法院根据**侵权行为的情节**判决给予 500 万元以下的赔偿。最高人民法院《关于审理商标民事纠纷案件适用法律若干问题的解释》（2020 修正）第 16 条第 2 款规定，人民法院在适用《商标法》第 63 条第 3 款规定确定赔偿数额时，应当考虑侵权行为的性质、期间、后果，**侵权人的主观过错程度**，商标的声誉及制止侵权行为的合理开支等因素综合确定。

我国 2020 年修正的《著作权法》第 54 条第 2 款规定，权利人的实际损失、侵权人的违法所得、权利使用费难以计算的，由人民法院根据**侵权行为的情节**，判决给予 500 元以上 500 万元以下的赔偿。最高人民法院《关于审理著作权民事纠纷案件适用法律若干问题的解释》（2020 修正）第 25 条第 2 款规定，人民法院在确定赔偿数额时，应当考虑作品类型、合理使用费、**侵权行为性质**、后果等情节综合确定。

我国 2019 年修正的《反不正当竞争法》第 17 条第 4 款规定，经营者违反本法第 6 条和第 9 条规定，权利人因被侵权所受到的实际损失、侵权人因侵权所获得的利益难以确定的，由人民法院根据**侵权行为的情节**判决给予权利人 500 万元以下的赔偿。

从上述法条中，不难发现，司法在适用“法定赔偿”时需要考虑侵权人的“主观过错程度”“侵权行为性质”等因素，而是否“故意侵权”也是惩罚性赔偿的考虑因素之一。“故意侵权”虽然通过侵权人的客观行为表现，但该等“侵权行为”的客观表现却与赔偿金额的客观性无关，即“法定赔偿”作为法官酌定的赔偿金额，必然存在法官的自由裁量空间，而当法官考虑“侵权人的主观过错程度”“侵权行为性质”等因素并判以高额法定赔偿金时，其实已经赋予了“法定赔偿”可以带有惩罚性的特质。如今,既然法定赔偿与惩罚性赔偿可以同时适用,那么司法机关在适用法定赔偿时,是否应回归填平原则?是否还需要再考虑“侵权人的主观过错程度”“侵权行为性质”等因素?可以持续关注司法理论与实践对该问题的后续分析和应对。

结合案例浅谈专利实践中的创造性答复*

周　萍

《专利法》第22条第3款规定,创造性是指与现有技术相比,发明具有突出的实质性特点和显著的进步,实用新型具有实质性特点和进步。

判断发明是否具有突出的实质性特点,就是要判断对本领域的技术人员来说,要求保护的发明相对于现有技术是否显而易见。发明是否具备创造性,应当基于所属技术领域的技术人员的知识和能力进行评价。而判断要求保护的发明相对于现有技术是否显而易见,通常可按照以下三个步骤进行,也就是我们常说的"三步法":

1. 确定最接近的现有技术;

2. 确定发明的区别特征和发明实际解决的技术问题;

3. 判断要求保护的发明对本领域技术人员来说是否显而易见。

因此,我们可以从"三步法"的各个步骤进行答辩,以下将进行分析说明。

针对第一步:

在实际审查过程中,审查员在确定最接近的现有技术时,都会优先考虑技术领域相同或相近的现有技术,基于审查员专业的检索能力,其通常都会较为准确地提供一个与本申请文件最接近的现有技术,因此,本文将着重分析第二、三步。

针对第二步:

---

* 原文于2022年5月公开发表。

在进行技术特征比对时，我们应该客观判定对比文件中的技术特征是否等同于本申请文件中的技术特征，通常可以从技术特征本身是否等同，以及技术特征的功能/用途是否等同等方面进行。以具体案例进行说明。

案例1——针对技术特征本身是否等同：

涉案专利1要求保护一种基于区块链系统的模型处理方法，其权利要求1包括以下步骤：

从所述区块链系统中获取第t训练阶段的聚合模型，所述第t训练阶段的聚合模型是根据第t训练阶段的样本数据训练得到的目标模型与第t-1训练阶段的聚合模型进行聚合处理得到的，其中，t>1且t为整数；

根据第t+1训练阶段的样本数据对所述第t训练阶段的聚合模型进行训练，得到第t+1训练阶段的目标模型；

根据所述第t+1训练阶段的目标模型和所述第t训练阶段的聚合模型进行聚合处理，得到第t+1训练阶段的聚合模型；

将所述第t+1训练阶段的聚合模型进行上链处理，并将所述第t+1训练阶段的样本数据和所述第t+1训练阶段的目标模型进行关联上链。

审查意见指出：对比文件1中“基于其链下维护的私有数据，对其在链上维护的多种模型中的目标模型进行训练，得到第二训练结果”相当于涉案专利1中“根据第t+1训练阶段的样本数据对所述第t训练阶段的聚合模型进行训练，得到第t+1训练阶段的目标模型”。

笔者在仔细对比涉案专利1与对比文件1之后发现：

对比文件1中下层节点的融合结果是将上层节点的第一训练结果与下层节点的第二训练结果进行简单融合得到的结果。如图1所示：

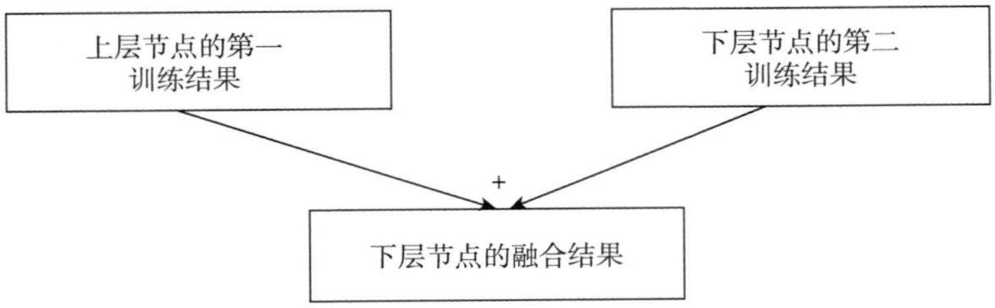

图1 不同节点训练结果融合

而涉案专利1中第t+1训练阶段的聚合模型是基于第t+1训练阶段的样本数据对第t训练阶段的聚合模型进行训练，以及聚合第t训练阶段的聚合模型得到的模型。如图2所示：

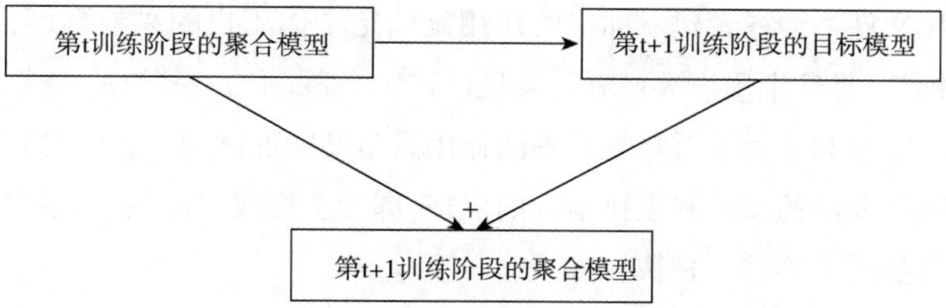

图2　不同训练阶段的模型聚合

可见，通过对比文件1中融合过程和涉案专利1的聚合过程可以明显得出，对比文件1中技术特征“下层节点的第二训练结果”与“上层节点的第一训练结果”并没有任何关联关系，而涉案专利1中技术特征“第t+1训练阶段的目标模型”是利用第t训练阶段的聚合模型训练得到的。换言之，涉案专利1中技术特征“第t+1训练阶段的目标模型”与“第t训练阶段的聚合模型”存在关联关系。因此，对比文件1中技术特征“下层节点的第二训练结果”与涉案专利1中技术特征“第t+1训练阶段的目标模型”本身是不能等同的。而涉案专利1中正是由于第t+1训练阶段的目标模型是利用第t训练阶段的聚合模型进行训练得到的，所以不用再通过全量历史样本数据进行模型训练，从而提升了模型训练的效率。

笔者主要基于前述理由进行意见陈述，最终成功说服审查员，使该涉案专利1在答审后获得授权。

案例2——技术特征的功能/用途是否等同：

涉案专利2要求保护一种主播标签建立方法，其权利要求1包括以下步骤：

确定当前观看主播直播的用户的个体特征；

基于所述个体特征，确定当前观看主播直播的用户的群体特征；

基于所述群体特征，为主播建立标签。

审查意见指出：对比文件1中“将得出的所述表情数据，与所述视频建立映射关系,作为该视频的标签信息或更新该视频的标签信息”相当于涉案专利2“基于所述群体特征,为主播建立标签”。

笔者在仔细对比涉案专利2与对比文件1之后发现:

对比文件1为视频建立标签的作用是确定个体用户的兴趣喜好,即为视频建立标签,是确定用户喜好哪种类型(标签)的视频的一种快捷方式。

而涉案专利2为主播建立标签的作用是帮助除群体用户之外的其他用户识别主播所表演的类型和主播本人的风格,即为主播建立标签,是用户能够依据标签去熟悉主播的一种快捷方式。

可见,对比文件1中技术特征“建立标签”与涉案专利2中技术特征“建立标签”的作用是不能等同的。而涉案专利2为主播建立标签正是其发明点。

笔者为了强调涉案专利2为主播建立标签的场景,增加了“标签用于用户识别主播的表演类型和风格”的内容至权利要求1中,并结合前述理由和应用场景进行意见陈述,最终成功说服审查员,使该涉案专利2在答审后获得授权。

总结:在比对技术特征时,需要仔细查阅对比文件,不放过审查意见所指出的任何一个等同的技术特征,做到客观,并在陈述理由时明确指出出处,做到有理有据地反驳,这样就可能改变审查员的对比认定。

针对第三步:

经过第二步之后,审查员通常采用两种思路进行评述:思路一是该区别技术特征本身就是纯粹的公知常识,如公理、定理等经过长时间验证后得到的结论;思路二是基于已有的对比文件公开的内容,可由“本领域技术人员”很容易想到,因而该区别技术特征是本领域的常规设计/惯用技术手段。

但是不管采取何种思路,大部分审查意见往往直接给出结论,并没有在真正意义上论述其所认定的公知常识被公众普遍可知的依据。换言之,在实际审查过程中,公知常识仍难以摆脱被主观认定的宿命。以具体案例进行说明。

案例3——针对简单认定的公知常识:

涉案专利3要求保护一种虚拟场景中的数据处理方法,其权利要求1包括以下步骤:

若检测到在虚拟场景中创建了任务线程,则根据所述任务线程的类型确定所述任务线程的优先级,并确定所述任务线程关联的目标数据的重要度;

根据所述任务线程的优先级,从所述虚拟场景对应的多个队列中选择与所述任务线程的优先级相匹配的第一目标队列;

按照所述目标数据的重要度将所述目标数据添加至所述第一目标队列中的指定位置处,所述指定位置与所述目标数据的重要度相匹配;

处理所述第一目标队列中的目标数据,并根据所述第一目标队列中的目标数据的处理情况调整所述多个队列中至少一个队列的目标数据。

审查意见指出:对所属领域的技术人员而言,用于处理的数据可根据实际需求选择虚拟场景中的处理数据,这些是所属技术领域的惯用技术手段。

笔者在仔细对比涉案专利3与对比文件1之后认为:

涉案专利3中的虚拟场景中各个线程所对应的功能有区别,即各个线程只能处理与之匹配的任务。例如,游戏场景中主线程处理关键任务,辅助线程处理辅助任务,上报数据线程处理数据上报任务等。而其他普通场景中始终存在多个线程,各个线程所对应的功能并未区分,即各个线程可以处理任意的任务。例如,终端运行多个应用场景中任一个线程可以处理应用a启动的任务,也可以处理应用b启动的任务,还可以处理应用c启动的任务等,只要该线程处于可处理任务状态(可处理的任务未达到上限)即可。

可见,涉案专利3中虚拟场景与现有技术中的普通场景针对线程的处理是存在区别的,因而对于具体的处理过程必然也是存在区别的,并非审查员简单认定,就可以选定虚拟场景中的处理数据。

笔者基于前述理由以及一些其他理由进行意见陈述,最终成功说服审查员,使该涉案专利3在答审后获得授权。

案例4——针对在对比文件的基础上为惯用技术手段:

涉案专利4要求保护一种实现服务器动态访问的方法,其权利要求1包括以下步骤:

服务请求端向运营商域名解析服务器发起域名解析请求,获取所述运营商域名解析服务器返回的第一服务器访问地址;

根据所述第一服务器访问地址,所述服务请求端发起服务器访问请求,以获取数据服务;

接收响应所述服务器访问请求而返回的第一响应消息;

如果所述第一响应消息指示所述服务请求端进行的服务器访问过程中发生网络劫持,则尝试通过其他域名解析服务器获取第二服务器访问地址,根据所述第二服务器访问地址重新执行所述数据服务的获取。

审查意见指出:对比文件1公开了向域名解析服务器发起域名解析请求,在此基础上,采用运营商域名解析服务器来解析域名,属于本领域惯用手段。

笔者在仔细对比涉案专利4与对比文件1之后认为:

其一,对比文件1向域名解析服务器发起域名解析请求,并未提及任何其他类型的域名解析服务器。其二,对比文件1的侧重点在于如何在移动终端的应用进行服务器访问过程中检测是否发生了域名劫持,并在检测到发生了域名劫持的情况下,使用备用域名或者提示用户更换为备用域名解析服务器,以保证移动终端的应用正常访问对应网站。

可见,对比文件1并未给出向不同类型的域名解析服务器发起域名解析请求的启示,因此,在其基础上是不容易想到涉案专利4在特定情况下采用运营商域名解析服务器解析域名,即涉案专利4在特定情况下采用运营商域名解析服务器解析域名不属于本领域惯用手段。

笔者基于前述理由以及一些其他理由进行意见陈述,最终成功说服审查员,使该涉案专利4在答审后获得授权。

总结:在存在区别技术特征时,应当引导审查员从所属技术领域的技术人员角度看我们的技术问题和技术方案,在需要时,可以适当增加相关内容,着重突出区别点,以争取尽早授权。

从以上的案例可知,如果我们从“三步法”的各个步骤进行答辩,并适当地指出审查员在判断过程中没有站在本领域的技术人员立场,就有可能给审查员设置重重阻碍,使其无法得出无创造性的结论。

同时笔者认为,为了在答复阶段实现有据可依、有理可争,申请人还应进一步反思如何对原始的申请文件进行优化。即在申请文件对技术方案进行布局描述的过程中,申请人应该对权利要求书中记载的技术特征进行合理适当的限定,并在说明书中作出必要翔实的说明,具体包括技术问题产生的原因—技术缺陷的分析拆解—解决方案的推导实现—达到预期技术效果等,以便后续在审查答复过程中进行举证说理。

《欧洲专利公约》框架下实质审查阶段的口头审理程序*

刘　潇

欧盟作为中国的主要贸易伙伴之一，是国内创新主体主要的知识产权布局区域之一。下面，笔者介绍一下《欧洲专利公约》(European Patent Convention, EPC)框架下实质审查阶段的口头审理程序(oral proceedings)。

根据 EPC 第 116 条(Article 116)，当欧洲专利局(European Patent Office, 简称 EPO)认为合适的情况下或者应任何一方(审查员、申请人等)的请求而以会晤的方式(包括远程视频会晤)进行的审理程序。当申请人主动请求口头审理程序时，只有在受理部门认为合适或者打算驳回专利申请的情况下，才会进行口头审理程序。另外，在受理处(Receiving Section)、审查部(Examining Divisions)和法律部(Legal Division)的口头审理程序的过程不会被公开。

通常，实质审查阶段的口头审理程序将会经历以下过程：

1. EPO 发出口头审理程序的传唤(summons to oral proceedings)。在该文件中，将告知口头审理程序的时间和方式(面对面会晤还是视频会晤)、提交书面答复意见和/或申请文件修改的截止时间以及需要讨论的要点。

2. 申请人应在指定日期之前提交书面答复和/或申请文件修改，其中针对权利要求书的修改可以包括主请求(main request)和辅助请求(auxiliary request)等若干个文本。

---

* 原文于 2022 年 3 月公开发表。

3. EPO 针对申请人提交的书面答复和/或申请文件修改提出简短意见(brief communication)。如果申请人提交的答复通过,审查部门可以取消会晤或延后会晤的时间。

4. 申请人或者其代表在指定的时间参加会晤。

5. EPO 发出口头审理程序的决定。该决定通常也是整个审查过程的最终决定。如果申请被驳回,申请人可以向欧洲专利局的申诉委员会提出申诉(appeal)。

实质审查阶段的口头审理程序一般会在第一次审查意见通知书(communication)之后出现。根据 EPO 的《审查指南》(Guidelines for Examination),仅在同时满足以下条件时,口头审理程序才可作为扩展检索报告(Extended European Search Report,EESR)之后的第一次通知书(first action):

1. 审查部门认为,即使考虑到申请人对检索意见的答复,该申请也没有授权前景;

2. 当前权利要求的内容与作为检索依据的权利要求的内容在实质上没有区别;

3. 检索意见提出的对审查程序结果至关重要的一项或多项驳回理由仍然适用。

除此之外,对于采用口头审理程序作为第一次通知书的情况,EPO 的《审查指南》还规定了进一步的限制:审查员必须完整地处理申请人的所有请求;传唤所附的附件不得包含 EESR 中未出现的驳回理由或对比文件,必须涵盖所有的驳回理由并且提供必要的法律和事实依据;另外,审查部门还需要提供为何将口头审理程序作为第一次通知书的原因。

以下是关于实质审查阶段的口头审理程序的一些知识点:

1. 申请人至少有两个月的期限进行准备[Rule 115(1),EPC],通常将有四个月以上的期限。

2. 申请人未出席,口头审理程序可继续进行[Rule 115(2),EPC]。

3. 口头审理程序的传唤的附件可以引用新的对比文件。

4. 即便不参加口头审理程序的会晤,也必须在指定日期之前提交书面答复。

一般而言,欧洲专利实质审查阶段的口头审理程序可以被看作是审查阶段的最后一次陈述机会。一件专利申请收到口头审理程序的传唤意味着审查员不看好该专利申请的授权前景,并且打算驳回该专利申请。因此,申请人可以权衡通过口头审理程序说服审查员的可能性以及需要付出的成本,选择以下方式中的一种:(1)放弃口头审理程序;(2)仅提交书面答复而不参加会晤;(3)提交书面答复并且参加会晤。

为了避免口头审理程序作为第一次通知书发出(这会导致申请人的答辩机会减少),当EESR对本申请较为不利时,应当酌情考虑在答复EESR时对权利要求作出修改。申请人可以充分利用EPO接受同时提交多个请求(包括主请求以及一个或多个辅助请求)的机制,为自己争取尽可能大的权利要求保护范围以及尽可能多层次的权利要求保护范围。

可以看到,欧洲专利的口头审理程序与中国专利的电话通知具有较大差异。在中国,当收到审查员的电话通知时,往往是审查员认为该申请具有较好的授权前景,仅通过解决简单的形式问题或者并入少量特征等即可达到授权要求。因此,切勿将二者混淆而当成相似的程序。

浅谈半导体领域专利申请案件的撰写方法*

王思佳

半导体领域主要包括芯片设计、芯片制造和芯片封测等技术领域。其中芯片设计包括规格定义、系统级设计、前端设计和后端设计等环节。芯片制造则需要根据芯片设计所提供的设计图制造光罩，并通过多种工艺步骤将光罩图案转移至晶圆上，从而形成芯片。芯片制造常用的工艺步骤包括光刻、刻蚀、清洁、沉积、离子注入、平坦化处理等。芯片封测包括封装步骤和测试步骤，从而保证产品最终达到规定的尺寸、形状、性能等技术指标。笔者主要从以下四个方面对半导体领域的撰写方法进行探讨。

一、注重对各部件的相互关系及其技术效果的说明

半导体器件内的各部件通常是现有的，如浅沟槽隔离结构、硅穿孔、支撑结构、接触层等。这些基础的部件很容易找到相应的对比文件，但是这些基础部件所组成的整体结构及其所起的作用却不一定相同。为了避免审查员简单地将本申请的部件等同于对比文件的部件，应当着重对各部件的相互关系及其技术效果进行说明。各部件之间的关系包括位置关系、尺寸关系、功能关系等。阐明这些相互关系的技术效果能够帮助审查员认定技术问题，避免推导出过于上位的技术问题。

举例而言，两个第一鳍部相对的侧壁上有功函数层，功函数层包括第一功

---

* 原文于2022年10月公开发表。

函数层和第二功函数层，第一功函数层覆盖第一鳍部的表面，第二功函数层位于第一功函数层上。此外，还可以说明第一功函数层与第二功函数层的厚度关系、功函数大小关系、具体材料的异同、二者与第一鳍部的高度关系等。由此，可以从部件之间的干扰程度、产品的运行速率、制造工艺的难度和效率等多角度来阐述技术效果。

在答复意见时，为了避免落入审查员的思维定式，代理人可以首先从理解专利保护的整体技术方案所要解决的技术问题出发，即从整体技术方案所能实现的目的和达到的技术效果出发，对整体技术方案进行梳理；其次，对整体技术方案进行拆解以得到各个技术特征，并判断这些技术特征是否满足独立性和价值性的要求，独立性是指不需要再通过与其他技术内容组合就能够体现其自身的功能，价值性是指不仅具有独立的功能，而且已经在整体技术方案中产生了作用；最后，对拆解的技术特征与现有技术进行对比分析。如此，有利于避免对技术特征进行过度拆解或拆解不到位的问题，从而导致未落脚于整体技术方案所要解决的技术问题。

二、工艺步骤之间的顺序关系也是一种技术特征，但撰写时对各工艺步骤描述的先后顺序并不代表对步骤顺序的限定

在撰写制造方法类的权利要求书时，代理人通常会按照工艺的先后顺序对多个步骤进行描述。在一些情况下，如果结构特征暗含了各工艺步骤的顺序，为了避免累赘，则无须再直接描述步骤之间的顺序关系。举例而言，在衬底上形成绝缘层，在绝缘层上形成导电层。前述例子暗含了导电层形成于绝缘层之后。在另一些情况下，已有的描述并不能体现工艺步骤之间的顺序关系时，则需要直接对顺序关系进行限定。举例而言，进行第一离子注入处理，以便在衬底内形成源漏极；所述第一离子注入处理后，进行第二离子注入处理，以便在衬底内形成电极层。前述例子则明确表示了电极层是形成于源漏极之后的。

如果工艺步骤之间的顺序关系是一种公知常识，或者发明点不涉及工艺步骤的顺序关系，则可以只在说明书中对顺序关系进行描述。反之，还应该在权利要求书中体现这种顺序关系。在专利审查时，审查员通常会对各工艺步

骤进行拆解以便和各对比文件进行对比。若工艺步骤本身是一种现有技术，而权利要求书未阐明工艺步骤之间的先后顺序，且说明书也未记载这种先后顺序所带来的技术效果，则可能对新颖性、创造性的审查产生不良影响。

三、注重对数值范围及其技术效果的说明

在半导体领域，各工艺方法、结构类型通常是相似的，然而工艺参数、结构参数的细微差别可能会产生与对比文件不同的作用，因此，专利文件对数值范围进行限定的情况相当普遍。在限定数值范围时需要注意以下问题：

第一，在专利无效阶段，说明书中的数值范围不允许增添至权利要求书中，因此，若该数值范围与核心发明点有关，或者具有有益效果，则该数值范围需要记载于权利要求书中，否则可能造成专利无效的后果。第二，可以在数值范围内挑选多个具体的数值示例在实施例中进行说明，从而为将来权利要求修改数值范围提供依据。第三，对数值范围的作用原理与技术问题之间的关系进行逻辑推导式的说明。第四，尽量从多方面阐述该数值范围所能解决的技术问题，从而为争辩预料不到的技术效果提供依据。第五，针对数值范围的技术效果提供实验数据等证明。

四、关于制造方法类的说明书的撰写方法的讨论

为了扩大保护范围，独立权利通常会对制造方法进行上位处理。例如，制造某半导体结构的工艺步骤共包括四个小步骤，实际上独立权利可能只撰写了两个上位步骤。为了让权利要求得到说明书的支持，可以采用总分的方式进行撰写。示例地，参考多个附图，先总述第一个上位步骤及其技术效果，再分别对各附图对应的多个小步骤进行说明，此后再列举其他能够实现上位步骤的实施方式。第二个上位步骤也可采用前述方法进行说明。总分撰写方式的优点在于：第一，以独立权利的上位步骤为主要脉络撰写说明书，使说明书的层次十分清晰；第二，每个上位步骤及其有益效果都得到了详细的说明，有利于体现技术方案的创造性；第三，独立权利中每个上位的方案都有多个具体的实施例进行支持，有利于避免出现权利要求范围过大的问题。

但上述撰写方式可能具有可读性较差的缺点。例如，在上位步骤包括许

多小步骤,并附有很多参考附图的情况下,若最开始就对上位步骤进行总述,由于上位步骤复杂且抽象,且读者并不能对应到具体的附图,因而仅阅读文字说明可能难以对上位步骤进行深入理解,进而无法明确上位步骤与有益效果之间的逻辑关系。

为了解决可读性较差的问题,可以采用分总的方式进行说明书的撰写。分总方式是按照小步骤的顺序依次进行撰写的,每写一个小步骤即对应相应的附图进行说明;写完一个大步骤的多个小步骤后,对大步骤进行总述,并列举实现大步骤的其他实施方式;写完多个大步骤后,再对多个大步骤之间的关系进行说明。由于文章从头至尾都能对应参考到相应附图,因而可读性更好。在多个小步骤得到理解之后,再对大步骤及其有益效果进行总述,则技术手段与技术效果之间的关系会更加明晰。另外,总述大步骤之后,对大步骤的其他实施例方式进行扩展,也能够使上位的技术方案得到说明书的支持,从而避免保护范围过大的问题。

另外,还可以对总分方式和分总方式进行结合,即采用总分总的方式进行撰写。撰写方式可以根据具体案情进行选择。例如,若制造方法的上位程度较小,步骤总数较少,参考附图较少,可以采用总分方式进行撰写。反之,则可以采用分总方式或者总分总的方式进行撰写。

浅谈存在多种实施方案专利申请的撰写*

隆　杰

一、具有多种实施方案专利申请文件的撰写方法

通常客户提供的一份交底资料中不只是采用 1 个实施方案来解决技术问题，也有可能是 2 个或者 3 个以上的实施方案来解决交底中所存在的技术问题；为了将 2 个或多个实施方案撰写在一份专利申请文件中，就需要对各个方案进行分析，判断各个实施方案之间是否具有关联性，是否包含一个或者多个相同或相应的特定技术特征，以及各个实施方案之间所解决的技术问题是否相同。

以下是笔者针对多个实施方案专利申请文件的撰写步骤：

简要罗列各个实施方案的技术特征，并分析各个实施方案所要解决的技术问题；先将各个实施方案中的技术特征进行简要罗列，并分析各个技术特征所要解决的技术问题；若各个技术特征所解决的技术问题均相同，则可以进行第二步；若各个技术特征所解决的技术问题不相同，则权利要求可以按照发明重点进行布局。

分析各个实施方案之间的相同或相应的特定技术特征，当所有的实施方案中的技术特征所解决的技术问题均相同时，分析各个技术特征之间是否具有相同或相应的特定技术特征。若有，则进行第三步；若没有，则需要将不同的技术特征提出另一份或其他专利申请。

---

* 原文于 2022 年 8 月公开发表。

对相同或相应的特定技术特征进行上位概括，并将其作为独立权利要求；当判断各个实施方案中的技术特征具有相同或相应的特定技术特征时，对相同或相应的特定技术特征进行合理上位概括，并将其作为独立权利要求中的必要技术特征。

找出各个技术特征之间的中位概念。为了保证布局的合理性以及各个技术特征之间的关联性，再在各个技术特征之间提炼出合适的中位概念，尽量多提炼几条中位概念，以避免在独立权利要求不具备新颖性和创造性的情况下，各个技术特征之间的从属权利要求缺乏单一性的问题；布局中位概念也有利于后续申请文件的修改。

各个实施方案的具体技术特征作为并列的从属权利要求。

笔者结合实际代理工作中的一个案例分析。

二、案例分析

案例指出："在日常清洁过程中，对清洁机上的清洁拖布进行清洁之后易出现污水残留，污水不及时处理易造成细菌滋生，进而引发恶臭的问题。"由此，提出了一种可以避免细菌滋生的结构，并通过不同的结构可以对不同的工作位置输送臭氧，其中改变输出工作位置的结构具有如下三种实施方案：

实施例一：

具有多根输出管道，分别对应不同的输出位置；此外，多根输出管道通过连通管与除臭发生装置连接，并且每个输出管道上均设有电磁阀，以切换输出管道与除臭发生装置的连通状态。

实施例二：

只采用一条输出管道，该输出管道与连通管采用旋转调节件相互连接，输出管道可相对于连通管进行旋转，以改变输出管道的输出工作位置。

实施例三：

输出管道采用软管结构，并采用上下移动调节的方式改变输出管道的输出工作位置。

根据上文所述的撰写方法对上述案例进行分析。

第一步，简要罗列各个实施方案的技术特征，并分析各个实施方案所要解决的技术问题：

实施例一，通过电磁阀改变输出管道的输出工作位置。

实施例二，通过旋转调节件改变输出管道的输出工作位置。

实施例三，通过上下调节件改变输出管道的输出工作位置。

可以看出，这三个实施例所要解决的技术问题均通过相关结构改变输出管道的输出工作位置，以对不同的位置进行除臭处理，避免产生臭味。

第二步，分析不同实施例的相同或相应的特定技术特征：

上述三个实施例提供了三种不同结构的清洁组件。考虑撰写一项能将上述三种不同结构概括在内的独立权利要求，因此需要先确定这三个实施例的相同或相应的特定技术特征。

具体分析上述三种实施例中清洁组件的技术手段。

实施例一：输出管道通过连通管与除臭发生装置相互连通，并在多条输出管道上均设置有电磁阀，控制其开启状态，以改变输出管道的工作位置。

实施例二：包括连通管和输出管，连通管和输出管道通过旋转调节件进行连接，以使输出管道可相对于连通管进行旋转，以调节输出管道的工作位置。

实施例三：输出管采用软管，并通过上下调节件控制输出管道上下移动，进而控制输出管道的输出工作位置。

从上述分析可以看出，这三种清洁组件所共同拥有的技术特征为：

①除臭发生装置；

②连通管；

③输出管道；

④调节件（用于调节输出管道的输出工作位置）。

第三步，对相同或相应的特定技术特征进行上位概括，并将其作为独立权利要求。

从上述分析可以看出，分别通过电磁阀、旋转调节件以及上下调节件调节输出管的输出工作位置，进而改变输出管道的输出工作位置，也即电磁阀、旋转调节件以及上下调节件是相应的特定技术特征，对电磁阀、旋转调节件以及上下调节件上位概括为调节件，并使实施例一、实施例二和实施例三之间具备相应的特定技术特征，使它们符合单一性。

第四步，找出各个技术特征之间的中位概念。

实施例一中具有多个输出管道，并通过电磁阀控制不同的输出管道与除臭发生装置连通，以对应一个或多个输出工作位置；实施例二中通过旋转调节件控制输出管道的输出工作位置，该输出管道对应多个输出工作位置；实施例三中通过上下调节件控制输出管道的输出工作位置，其与实施例二中的旋转调节结构相同，也对应多个输出工作位置。

从上述分析可以看出，在实施例一、实施例二和实施例三中的输出管至少对应一个不同的输出位置（输出管至少具有一个不同的喷射位置），因此，可以将至少对应一个不同的工作位置作为共属的从属权利要求，也即各个技术特征之间的中位概念。

第五步，将各个实施方案中的具体技术特征作为并列的从属权利要求。

实施例二和实施例三的共同技术特征是通过机械控制输出管的一个输出工作位置；实施例一则是在输出管上设置电磁阀控制输出工作位置。因此，可再撰写一项将实施例二和实施例三概括在内的从属权利要求，也即将实施例二和实施例三中的技术特征再进行一次中位概括。

再将实施例二和实施例三的具体结构分别撰写进一步的从属权利要求。然后，将实施例一的结构撰写一条与实施例二和实施例三的从属权利要求并列的从属权利要求。

三、具有多种实施方案专利申请文件的撰写可能存在的问题及解决办法

上文所述的具有多种实施方案专利申请文件的撰写可能存在以下两个问题：

1. 独立权利要求是否具备新颖性和创造性

其一，独立权利要求具备新颖性和创造性是申请文件必要的条件；其二，针对申请文件中多个并列的技术特征，独立权利要求具备新颖性和创造性是并列从属权利要求之间是否具备单一性的前提条件。只有独立权利要求具备新颖性和创造性，才能满足《专利法》第 31 条第 1 款以及《专利法实施细则》有关单一性的规定。

《专利法》第 31 条第 1 款规定：“一件发明或者与实用新型专利申请应当

限于一项发明或者实用新型。属于一个总的发明构思的两项以上的发明或者实用新型,可以作为一件申请提出。”

《专利法实施细则》规定,“可以作为一件专利申请提出的属于一个总的发明构思的两项以上的发明或者实用新型,应当在技术上相互关联,包含一个或者多个相同或者相应的特定技术特征,其中特定技术特征是指每一项发明或者实用新型作为整体,对现有技术作出贡献的技术特征”(使发明相对于现有技术具有新颖性和创造性的技术特征)。

也就是说,在一项独立权利要求因缺乏新颖性、创造性等不能被授予专利权的情况下,从属权利要求之间有可能存在缺乏单一性的问题。

例如:

权利要求1:一种显示器,具有特征A和B。

权利要求2:权利要求1所述的显示器,具有另一特征C。

权利要求3:权利要求1所述的显示器,具有另一特征D。

第一种情况:与现有技术公开的显示器相比,权利要求1所述的具有特征A和B的显示器具有新颖性和创造性。

权利要求2和3是进一步限定权利要求1保护范围的从属权利要求,因此,权利要求1、2、3具有单一性。

第二种情况:从两份现有技术文献的结合来看,权利要求1所述的显示器不具有创造性。而特征C和D分别是对现有技术作出贡献的技术特征,并且两者完全不相关。

由于权利要求1不具有创造性而不能被授予专利权,剩下的权利要求2和3实际上应被视为独立权利要求,确定其是否具有单一性。而权利要求2中的特定技术特征C与权利要求3中的特定技术特征D不相同,也不相应,因此,权利要求2和3无单一性。

解决方法:可以尽量多布局几条中位概念的从属权利要求,保证能在修改独立权利要求之后让各个并列的从属权利要求之间具备单一性。

2. 各个实施例之间的特定技术特征不相应

当其中一个实施例中的技术特征与其他技术特征不相应时,也即所采用的技术手段与其他实施例不相同,与其他实施例不具备单一性,不能在同一份申请文件中出现,应当针对该实施例中的技术特征单独申请一份专利。

例如,针对上述案例分析中,在采用烘干装置对清洁机上拖布的水分进行烘干,避免拖布水渍残留而引发臭味的问题。

可以看出,这一实施例中采用烘干装置来杀菌除臭,其与实施例一、实施例二和实施例三所采用的除臭发生装置不相同,也即二者之间不具有相应的特定技术特征,该实施例与其他实施例之间不具备单一性。

解决办法:将不是相同或相应的特定技术特征作为一份或多份申请文件进行撰写。

四、小结

在撰写具有多种实施方案的专利申请文件时,笔者总结如下:

对各个实施方案中的技术特征进行简要汇总,再对每个实施方案中的技术特征进行比较分析,看各个技术特征之间所解决的技术问题是否相同。

针对技术问题相同的技术特征,判断各个技术特征之间是否具备相同或相应的特定技术特征,并初步判断该特定技术特征是否具备新颖性和创造性。

若是(具备相同或相应的特定技术特征且该特定技术特征具备新颖性和创造性),则根据找出的相应的特定技术特征进行上位概括,作为独立权利要求,再找出各个技术特征之间的中位概念,以便后续文件的修改,并再对具体相关技术特征作为从属权利进行布局。

若否(不具备相同或相应的特定技术特征或该特定技术特征不具备新颖性和创造性),则会导致与其并列的其余独立权利要求之间,甚至从属权利要求之间失去相同或者相应的特定技术特征,即缺乏单一性,因此需要分案申请,也就是按照不同的技术特征撰写一份或多份分案申请。

浅谈日本抵触申请的认定*

陈　曦

一、关于日本抵触申请

在日本专利审查中，存在类似于我国抵触申请的规定，被称为扩大化的在先申请（为方便起见统称为抵触申请），与我国一样，日本实务中所认定的抵触申请会影响在后申请的新颖性，但不会影响创造性。

日本对抵触申请的认定与我国的规定有相似之处，但也存在一定差异。

在日本的审查实务中，在认定一件在先申请是否构成在后申请的抵触申请时，该在先申请与在后申请须满足以下要件：

1. 关于申请人、发明人：在先申请的发明人须与在后申请的发明人不同（发明人为申请书所记载的全体发明人）；而且，以在后申请递交时为基准时间点，在先申请的申请人须与在后申请的申请人不同。

2. 申请在先且公开在后：在先申请的申请日应早于在后申请的申请日（有优先权的，都为优先权日），且在先申请的公布或公告为在后申请递交之后（以时刻为单位）。

其中，关于在先申请的申请日，存在以下几种情况：

（1）如果在先申请没有优先权，以实际申请日为准；

（2）如果在先申请要求了《巴黎公约》优先权或国内优先权，对于优先权基础申请中记载的发明，以优先权日为准；

---

* 原文于 2021 年 6 月公开发表。

(3)如果在先申请为分案申请、变更申请、基于实用新型注册提出的专利申请,以实际申请日为准;

(4)如果在先申请是一件指定了日本的PCT国际申请[①]且要求了优先权,以优先权日为准,若没有要求优先权,以国际申请日为准。

3. 在后申请权利要求的发明与在先申请的原始说明书、权利要求书或附图记载的发明或实用新型相同或实质相同。对于在先申请的原始说明书等记载的发明,根据该说明书等记载的事项以及参考在先申请的申请时的技术常识所能够导出的事项,也能够作为抵触申请的基础。

上述1、2为抵触申请的形式要件,上述3为抵触申请的实质要件。

二、具体案例

在实务中,抵触申请的问题没有新颖性、创造性甚至清楚性等问题那样常见,容易被忽视。即便作为专利审查员,在认定抵触申请时也可能出现失误或不当。

例如,笔者在实务中就遇到过如下案件。

本申请是我国申请人L递交的一件日本专利申请。

在实质审查阶段,日本审查员在审查意见通知书中引用了在先申请A,将其认定为本申请的抵触申请,并且指出该在先申请A已公开本申请权利要求1中的具体化合物1~3。

(一)关于在先申请A的状态

笔者阅读审查意见通知书后,首先核查了本申请与在先申请A的申请日、优先权日等信息,总结如表1所示:

---

① 指依据《专利合作条约》提出的申请,PCT是《专利合作条约》(PATENT COOPERATION TREATY)的简称。以下同。——编者注

表1　本申请与在先申请A的信息

—	本申请	在先申请A(抵触申请)
申请日	2020年6月10日	2019年9月4日
优先权日	2019年6月14日 2019年8月15日 2019年8月19日	2018年9月4日
公开日	2020年12月24日	2020年3月20日

如表1所示,本申请具有三项优先权基础申请,其中,第三项优先权基础申请的申请日为2019年8月19日,而且,本申请与该优先权基础申请的权利要求书、说明书及附图内容一致,因此,本申请至少能够有效享有该优先权。

本申请与在先申请A都有优先权日,在此情况下,在先申请A的优先权日在本申请的优先权日之前,且在先申请A的公开日在本申请的优先权日之后,满足上述“申请在先、公开在后”的要件。

然而,笔者在研究了该在先申请A的内容之后发现,在先申请A是一件以韩语提交的PCT国际申请,并基于另一件韩国专利申请B要求优先权。在审查员作出审查意见通知书的时间点,该在先申请A已进入中国,但未进入日本。

根据日本《专利法》第184条之13,对于以外文形式提交的PCT国际申请,无论是以专利申请的形式还是以实用新型申请的形式进入日本国家阶段,只有在提交了说明书与权利要求书的日语译文后,才能作为另一件专利申请的抵触申请。

于是,关于上述在先申请A是否确实能够构成本申请的抵触申请,就成了一个问题。

经与本案审查员确认后获知,审查员在审查时并没有确认在先申请A的申请人是否已提交相应的日译文。

鉴于此,是否能够基于上述日本《专利法》的规定,以在先申请A不能构成本申请的抵触申请为理由反驳审查员?

对于这一点,本案的日本审查员又指出:由于在先申请A的日译文提交期限还未到,不能判定其申请人最终是否提交,因此,不能认定在先申请A不能构成本申请的抵触申请。

事实上,虽然日本审查员于在先申请 A 的状态尚未明确的阶段就作出上述审查意见也不尽合理,但仍然缺乏十足的反驳理由。

日本代理人给出以下建议:等待在先申请 A 的日译文提交期限,如果期限截止时仍未提交在先申请 A 的日译文,则上述审查意见自然不成立。

(二)关于化合物发明的优先权问题

笔者在进一步研究申请文件的内容后发现:关于在先申请 A 所公开的本申请权利要求 1 中的具体化合物,在先申请 A 的优先权基础申请 B 虽然记载了该化合物,但没有具体记载制备该化合物的相关实施例以及所能实现的技术效果。

在抵触申请的认定上,日本的《专利及实用新型审查基准》第Ⅲ部分记载了以下内容:

第 3 章第 4.2 节

审查员基于满足 2(1)的形式要件(抵触申请的上述形式要件)的其他申请的原始说明书等来认定“引用发明(满足抵触申请的形式要件的其他申请的原始说明书等所记载的发明)”。审查员基于“第 2 章第 3 节新颖性、创造性的审查方式”3.1.1(1)对出版物所记载的发明的认定,来认定原始说明书等所记载的发明[将 3.1.1(1)中的“出版物”替换为“原始说明书等”、将“本申请的申请时”替换为“其他申请的申请时”]。

第 2 章第 3 节 3.1.1(1)

即使是本领域技术人员能够基于原始说明书所记载的事项以及与其等同的事项能够把握的发明,在下述情况下也不能将该原始说明书所记载的发明作为引用发明:关于产品发明,基于原始说明书等的记载内容以及其他申请的申请时的技术常识,本领域技术人员无法明确能否制备出上述产品。

在本案中,由于在先申请 A 的优先权基础申请 B 没有具体记载上述化合物的制备实施例及技术效果,因此本领域技术人员基于该优先权基础申请 B 无法制备出化合物,即该优先权基础申请 B 相当于没有记载上述化合物发明。

因此,审查员指出的在先申请 A 所记载的上述化合物 1 ~3 不能享有优先权 B,从而使在先申请 A 的上述化合物发明的实际申请日为在先申请 A 的国际申请日,而非优先权日。由于在先申请 A 的国际申请日为 2019 年 9 月 4 日,在本申请的申请日之后,因此,在先申请 A 不能构成本申请的抵触申请。申请人最后以该理由进行了争辩,本申请已顺利获得授权。

三、小结

在本案中,审查员对于抵触申请的认定出现了错误。无论是在我国还是在日本,抵触申请的概念看似简单,但实际中有可能涉及其他问题,如本案中的相关化合物是否能有效享有优先权的问题。

在实务中,在审查员引用了抵触申请的情况下,应该重新对在先申请、在后申请,以及可能存在的优先权文件的内容进行仔细的分析和比对,避免因为对抵触文件的错误认定而影响申请人的利益。

浅谈有效利用对比文件答复审查意见*

刘国萍

一、引言

在答复创造性审查意见时，需要对本申请和对比文件的技术方案进行整体性分析。通常在仔细阅读本申请和对比文件的技术方案之后，将本申请和对比文件的技术特征一一对应列出形成特征对比表，根据特征对比表进行依次比对，可进行如下初步思考：

1. 确定审查员认定的区别技术特征是否正确；

2. 基于实际的区别特征得出实际解决的技术问题是否正确；

3. 整体认定技术方案的创造性是否正确。

多个区别技术特征相互配合可解决技术问题，至少一个技术问题的解决方案可形成整体技术方案，区别技术特征 →技术问题 →整体技术方案三者依次递进，可采用逐步拓展的方式，对本申请和对比文件进行分层次把控。

根据审查意见，创造性的评价通常主要会涉及以下三种情况：

1. 是否存在技术启示。

①本申请和对比文件的目的和作用是否相同；

②对比文件未明确记载相同作用，客观上具有相同作用，是否认同。

2. 区别技术特征是否是本领域的公知常识。

3. 对比文件是否能够包括以下几种情况：

---

* 原文于2022年12月公开发表。

①多个对比文件之间是否存在结合障碍；

②多个对比文件结合后是否给出了与本发明相反的技术教导。

根据以上三种情况，在创造性争辩的分析时，除了考虑对比文件的技术方案本身之外，还可以尝试从对比文件本身的发明目的寻找争辩点，具体可以从以下两个角度进行分析：

1. 在判断本申请和对比文件的目的和作用是否相同时，通常最直接的方式就是对发明目的和技术效果进行比对，会常常忽略对比文件的背景技术，但是在判断对比文件时，有时对比文件的背景技术会给我们一些启示。

可以理解的是，一般背景技术一般包括以下方面：(1)对保护的客体或其相关基本概念进行概述；(2)对现有技术方案进行具体介绍并提出该方面存在的缺陷。尤其是针对引证反映这些背景技术的文件，我们要重视，由于发明目的是针对背景技术中的缺陷提出，那么对比文件背景技术引证的专利、期刊、杂志、手册和书籍等会更深入体现出该文件反映的方案，且该方案作为对比文件的现有技术，更深入地反映出对比文件的发明目的和作用，并由此与本申请的发明目的进行比对。

针对这种情况，可以进行以下答复思路：在依次经过分析对比文件背景技术引证的文件 →对比文件的发明目的 →对比文件和本申请的发明目的比对，如果本发明与对比文件具有完全不同的目的，尤其是两个发明目的对于某一方面技术手段的选用方向相悖。此时，基于不同的发明目的，本领域技术人员也通常不会有动机将对比文件中的相关特征进行适应性改变或置换而得到本申请的技术方案。在技术思路上两者有如此大的区别，本发明与对比文件相比，具有的创造性不言自明。

2. 在判断本申请和对比文件的目的和作用是否相同时，对比文件的说明书除了文字部分，说明书附图作为说明书一个非常重要的组成成分，其作为补充说明书文字部分的描述，使人能够直观地、形象化地理解对比文件的技术特征和整体技术方案。尤其对于篇幅较长或者是外国的对比文件，为了提高作业效率，对比文件的附图不仅能直接、快速反映技术特征和理解技术方案，并且可以根据对比文件的附图辅助推断或再次验证本申请方案目的和作用是否相同。

二、案情介绍

案例

发明专利申请号201510976589.3，专利名称是一种便于维护的导向装置（以下简称本申请），本申请修改前的权利要求1如下：

一种便于维护的导向装置，其特征在于：包括机架及可拆卸的安装于机架两端的第一导向座、第二导向座，所述导向座内侧的两端均可拆卸地安装L形结构的导轨，所述导轨的折弯处设置导入角，所述导入角的斜度为10°至20°。

其中，申请文件中说明书附图如图1和图2所示：

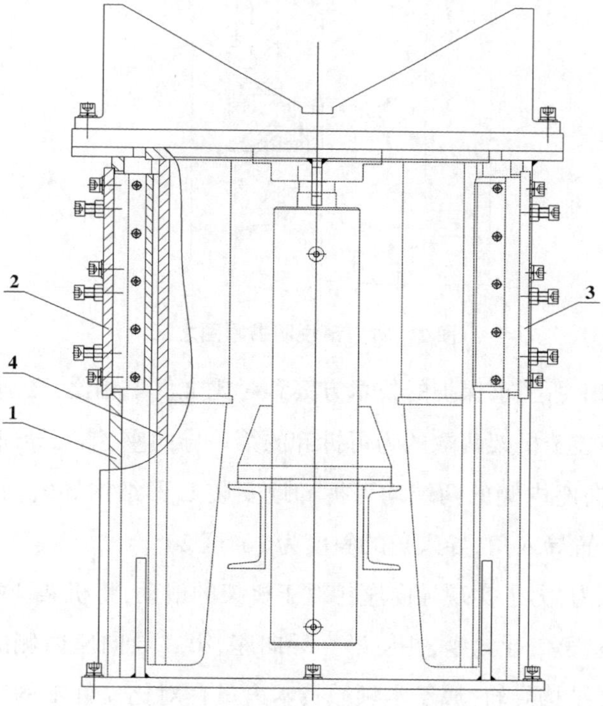

图1　本申请说明书附图之一

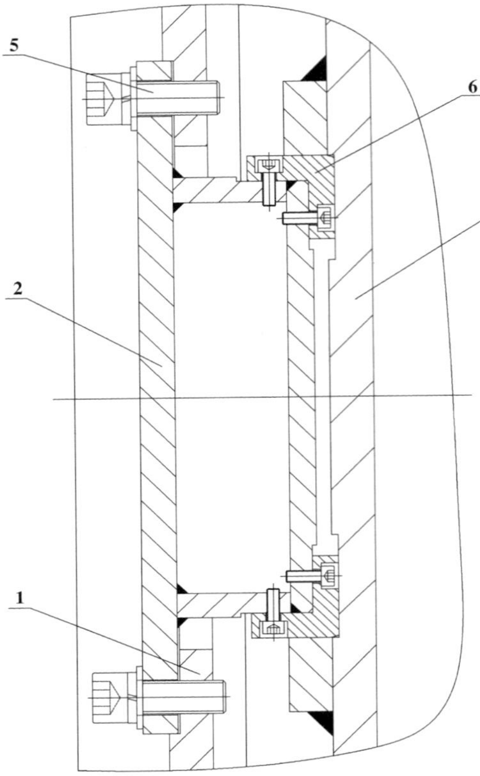

图 2　本申请说明书附图之三

权利要求 1 所要求保护的技术方案和对比文件 1 相比,区别技术特征是:①本申请中安装于机架两端的为可拆卸的第一导向座、第二导向座,且第一导向座、第二导向座内侧的两端均可拆卸地安装 L 形结构导轨;②本申请的导轨的折弯处设置导入角,导入角的斜度为 10°至 20°。

审查员认为,为了实现导向座相对于机架的滑动,将机架两端安装可拆卸的第一导向座、第二导向座,并使第一导向座、第二导向座内侧的两端均可拆卸地安装 L 形结构导轨,属于本领域技术人员在对比文件 1 的基础上根据实际的需要作出适应性改进,并不需要付出创造性的劳动。

审查员认为,对比文件 2(CN 203384221U)公开了轨体 1 的底端的一侧(折弯处)设有倒角面 4(导入角),(如图 3 所示)且其在对比文件 2 中所起的作用与其在本发明中为解决技术问题所起便于导轨的安装的作用相似。因此,对比文件 2 给出了将上述技术特征用于该对比文件 1 以解决技术问题的启示,因而不具备《专利法》第 22 条第 3 款规定的创造性。

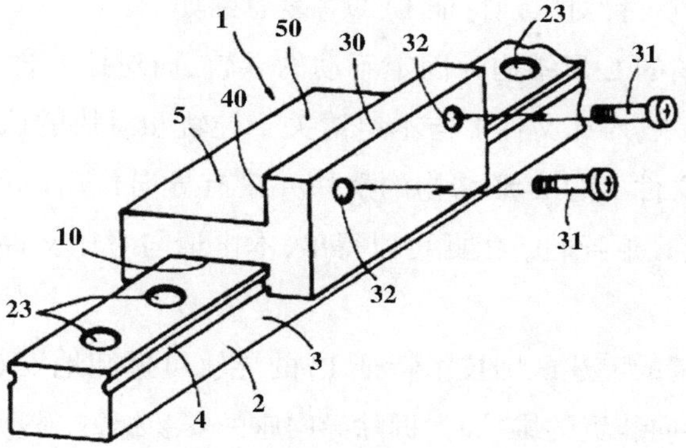

图 3　对比文件 1 中说明书附图之一

针对区别特征 1):

对比文件 1 为外国文献,可以先通过对比文件 1 的附图和文字部分获得以下技术方案,导轨 2 固定于机架 14 上,L 形结构的滑块 1 与导轨 2 配合滑动,两个 L 形结构的滑块 1 分别安装于平台 13 的两端,L 形结构的滑块 1 带动工作台 13 沿导轨 2 滑动。具体地,L 形结构的滑块 1 和导轨 2 通过设置凸缘的滑块和相应匹配凹槽的导轨实现配合滑动。(如图 4 所示)

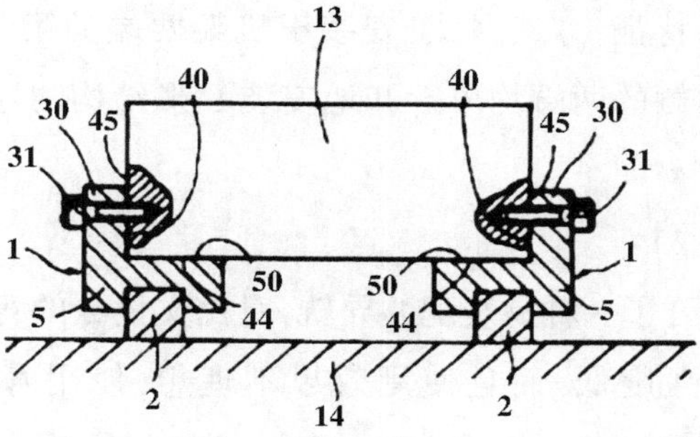

图 4　对比文件 1 中说明书附图之四

通过对比可知,本申请的 L 形结构的导轨与对比文件 1 所公开的导轨和滑块的结构并不相同。本申请的 L 形结构的导轨 6 与被导向件 4 配合滑动,对比文件 1 的平台 13 仅为还可以固定连接其他设备的工作台,并非为本申请的导向座。同时,对比文件 1 的 L 形结构的滑块 1 和工作台 13 一起沿导轨 2 滑动,起到了导向作用的部件为导轨 2,并非工作台 13。

通过上述分析,针对区别特征 1)的答复思路如下:

其一,本申请的 L 形结构为固定不动的导轨,而对比文件 1 的 L 形结构为可以滑动的滑块,对比文件 1 与本申请关于导轨和滑块的认定是完全相反的。同时,对比文件 1 的 L 形结构的滑块并没有导向作用,更不能相当于本申请的导向装置 L 形导轨。由此可以得出,本申请与对比文件 1 的导向装置完全不同。

其二,本申请的上述区别技术特征 1)的导轨可拆卸地安装在导向座上,其能够在进行导向装置的维护时,拆除导向座的安装螺钉,松开导轨的紧固螺钉,即可更换导轨,操作方便、简单,能实现整体安装拆卸,以便于导向装置结构的安装维护。

然而对比文件 1 中 L 形结构的滑块 1 和导轨 2 通过设置凸缘的滑块和相应匹配凹槽的导轨实现配合滑动,L 形结构的滑块 1 与导轨 2 通过凸缘和凹槽连接,不便于拆卸安装。

另外,在对比文件 1 仅需要实现平台 13 滑动的基础上,对比文件 1 也没有拆卸滑块和导轨的必要。在对比文件 1 技术方案仅通过滑块和导轨滑动的配合下,本领域技术人员没有动机改进对比文件 1 的结构,以获得本申请的上述区别技术特征 1)。因此,安装于机架两端的第一导向座、第二导向座并且导向座内侧的两端均可拆卸地安装 L 形结构的导轨并不是适应性改进。

针对区别特征 2):

对比文件 2 公开了一种易装配的导轨,对比文件 2 的背景技术指出:"现有技术中的导轨,强度低,而且使用效果不理想,使用寿命短。中国专利 200720035675.5 公开一种一体式滑轨,具有一体结构,在一侧面上具有纵向的长的导槽,与所述的导槽相对的另一侧面上设置有用于减少导轨制造过程变形的纵向的至少一个工艺缺口。此结构相对复杂,而且滑轨使用性能相对不佳,固定性较差。"

对比文件 2 公开的内容是"轨体上部设有内凹状的滑槽和滑槽缺口,所述的滑槽的上部设有与之相一体化的滑槽缺口,所述的轨体底端的一侧设有倒角面”,从对比文件2的背景技术看出,上述倒角面主要是为了解决对比文件2背景技术所提及的申请号为200720035675.5的专利中的缺陷。上述申请号为200720035675.5的专利公开的内容是“一种一体式滑轨,在一侧面上具有纵向的长的导槽,与所述的导槽相对的另一侧面上设置有用于减少导轨制造过程变形的纵向的至少一个工艺缺口”,对比文件2提出倒角面这个技术特征主要是为了改进上述专利中结构相对复杂的工艺缺口。用相对简单的倒角面来代替工艺缺口,用以增强滑轨使用性能和固定性能,同时加强使用效果、延长导轨寿命。

通过上述分析,针对区别特征2)的答复思路如下:

对比文件2利用相对简单的倒角面只是可以达到简化结构复杂的工艺缺口和烦琐的生产加工过程作用效果,但是根本没有涉及机座安装维护的问题;而本申请的上述区别技术特2),在导轨的折弯处设置有导入角,方便导轨安装维护,易于导轨和导向件的装配和拆卸,而且结构简单便于整体安装。本申请导入角与对比文件2中的倒角面所要解决的技术问题、目的及技术效果并不相同。

由此可得,利用倒角简化工艺缺口和导入角便于安装和维护这两种方案完全属于不同的技术构思,通过整体上的分析,可以得出:本发明与对比文件2分别针对完全不同的目的,提出了不同的技术方案,基于对比文件2的技术方案,本领域技术人员也不会有任何动机通过对比文件2的倒角面获得本申请的导入角的技术方案。在技术思路上两者有如此大的区别,对比文件2没有给出本申请的上述区别技术特征2)的技术启示。

通过上述答复,该专利最终获得了授权。

三、亮点

1. 通过本申请和对比文件的附图比较,由此判断出本申请与对比文件的技术方案、发明目的和技术效果是否相同,尤其对比文件为外国文献解读困难时,通过对比文件的附图可以直观了解方案。

2. 在对比文件背景技术引证文献时,需要仔细阅读,以深层次了解对比文件的发明目的,并与本申请的发明目的进行比对,如果两者目的不同,那么就会显现不同的技术方案,本领域技术人员也不会有任何动机进行更改,通过这种思路,可以为"是否存在技术启示"提供一定的策略。

浅谈专利撰写过程中对技术方案的扩展*

赵新龙

一、前言

我国《专利法》第26条第4款以及《专利审查指南》第二部分第二章3.2.1节均记载了权利要求书应当以说明书为依据的相关内容。权利要求书应当以说明书为依据,是指权利要求应当得到说明书的支持。权利要求书中的每一项权利所要求保护的技术方案应当是所属技术领域的技术人员能够从说明书充分公开的内容中得到或概括得出的技术方案。

然而,在代理实践中,专利代理师面对的技术交底书大多仅记载了解决某一技术问题的最优实施方式。如果在权利要求书中仅要求保护最优实施方式的技术方案,势必会缩小保护范围。如果为了获得较大的保护范围,权利要求书对技术交底书中的技术特征进行适当上位概括而说明书未对技术方案进行充分扩展,后续可能存在权利要求未得到说明书支持的问题。

因此,在技术交底书记载了最优实施方式的情况下,如何对技术方案进行扩展,从而获得较大保护范围,而且避免出现不支持的问题,是本文欲讨论的问题。下面结合一具体案例进行说明。

* 原文于2022年2月公开发表。

二、案例

(一)技术交底书记载的最优实施例

1. 技术问题

现有的植保无人机在进行喷洒作业时,会出现农作物受药不均匀的问题,例如,有的农作物未被喷药而出现漏喷,有的农作物重复喷药而出现重喷。出现农作物受药不均匀的问题由以下三种原因造成:第一,无人机自身加减速,桨叶风场的强度也会发生变化,进而导致喷出的雾滴范围发生变化;第二,无人机在转弯时,内外侧桨叶的速度不一致,导致喷出的雾滴分布不均匀;第三,农作物非均匀地种植在田地上,一部分田地需要喷药,个别田地不允许喷药。

综上所述,当面对无人机姿态/速度改变,或不同种植环境田地的情况时,如果植保无人机的喷幅保持不变,就会出现农作物受药不均匀的问题。

2. 技术方案

发明人提出一种通过在线调整喷头的间距和角度调节无人飞行器的喷幅。具体来说,如图 1 和图 2 所示,植保无人机包括喷洒单元,每个喷洒单元包括安装架、第一喷头和第二喷头,齿条安装在安装架上,两个第一喷头均通过齿轮与齿条相啮合。当两个第一喷头通过齿条和齿轮相对于安装架移动时,两个第一喷头之间的间距随之改变,从而调节无人机的喷幅。同时,第二喷头可转动地连接于第一喷头,当第二喷头相对于安装架摆动时,同样可调节无人机的喷幅。

3. 技术效果

由此可以看出,技术交底书中喷头的运动方式包括两种:移动(第一喷头)和摆动(第二喷头),移动的运动方式可以调整两个第一喷头之间的间距,摆动的运动方式可以调整第二喷头的出液方向。这样,调整喷头的间距和角度,可以达到控制喷洒均匀度和喷幅的目的,解决喷洒不均匀的问题。

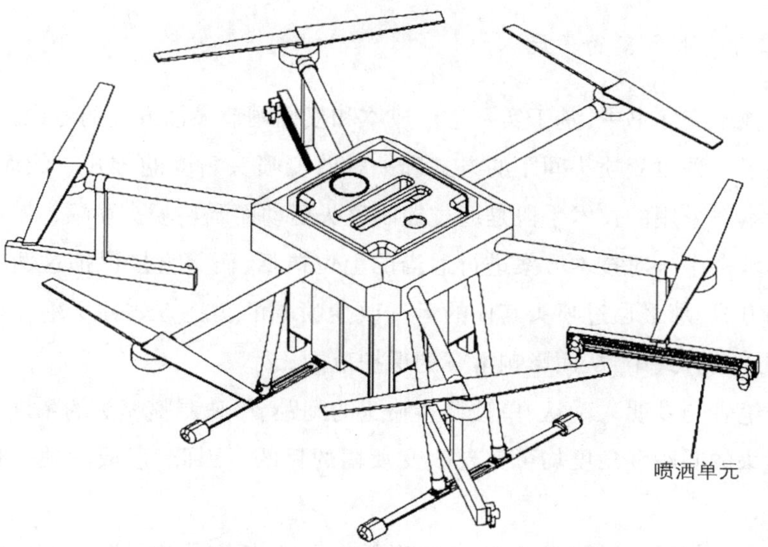

图 1　植保无人机的喷洒单元

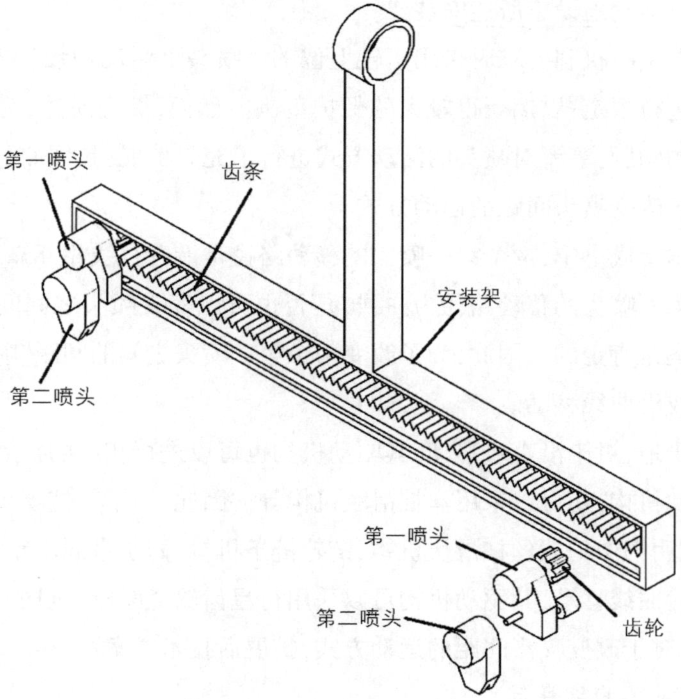

图 2　每个喷洒单元的喷头结构

(二)技术方案的扩展

在技术交底书中,基于实际生产成本和喷幅调节最佳方式的考虑,发明人仅提供了一种改变喷头间距的方式和一种改变喷头角度的方式。然而,从整体来看本案采用的技术手段是通过控制喷头运动而调整喷头喷幅。若在独立权利要求书中未对技术方案进行适当的上位概括,而是直接保护这两种具体的运动方式,那么通过喷头其他的运动改变喷幅的实施方式并不落在该两种具体的运动方式中,从而影响本案的保护范围。

经笔者与发明人确认,单独调整喷头的间距、单独调整喷头的角度或同时调整喷头的间距和角度均可实现改变喷幅的目的。因此,形成的独立权利要求如下:

无人飞行器,包括(1)机架;(2)喷洒单元,包括安装架、喷头和驱动机构,所述安装架连接于所述机架,所述驱动机构安装于所述安装架上,且能够驱动所述喷头可活动地设于所述安装架。

笔者在撰写权利要求时采用了较上位的“喷头可活动地设于安装架”的技术特征进行限定,以期获得较大的保护范围。然而,综上所述,为了避免出现不支持的问题,笔者对喷头的活动方式进行了充分扩展,具体如下:

1. 对于改变喷头间距的运动方式

在技术交底书中,两个第一喷头的移动路径是沿着直线相互靠近或远离,如果两个第一喷头的移动路径为曲线,是否也可以实现喷头之间间距可调的效果?答案是肯定的。因此,为了改变两个第一喷头之间的间距,喷头可以沿直线移动或沿曲线移动。

进一步地,对于沿直线移动,其驱动机构也可以进行相应的扩展。除了齿轮齿条驱动机构,还可以采用丝杠滑块机构等。因此,为了支持喷头沿直线移动,可在说明书中记载丝杠滑块机构、链轮链条机构、同步带同步轮机构等。

对于沿曲线移动,其驱动机构可以采用行星齿轮、摆杆等机构。

因此,对于改变喷头间距的运动方式,扩展后技术方案如下:

(1)喷头沿直线移动

图3示出的是驱动机构采用齿轮齿条机构(最优实施方式)。

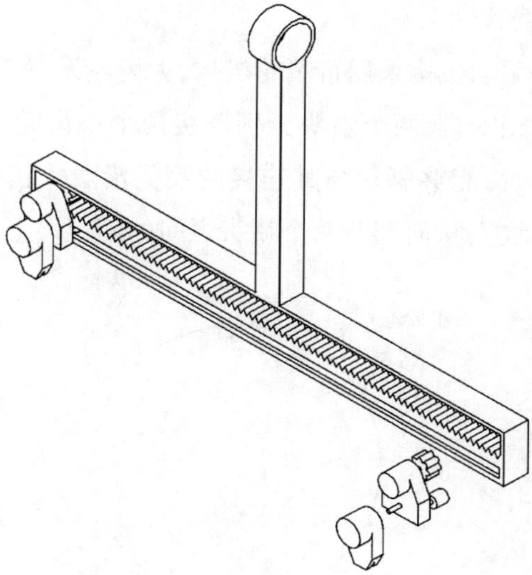

图 3　齿轮齿条机构

图 4 示出的是驱动机构采用丝杆滑块机构，两个丝杆可转动地设置在安装架上，喷头通过滑块可移动地连接于丝杆。当两个丝杆旋转时，可带动两个喷头沿着丝杆的方向移动，从而调节两个喷头之间的间距。

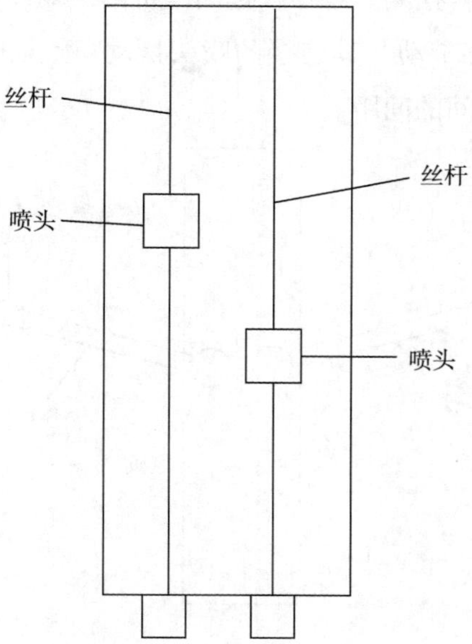

图 4　丝杆滑块机构

(2)喷头沿曲线移动

图5示出的是驱动机构采用行星轮机构,大齿轮设置在安装架上,两个小齿轮分别与大齿轮相啮合,两个喷头分别连接两个小齿轮。两个小齿轮沿着大齿轮的周向转动时,能够驱动与其连接的喷头沿着大齿轮的周向转动(喷头的移动路径为曲线),从而调节两个喷头之间的间距。

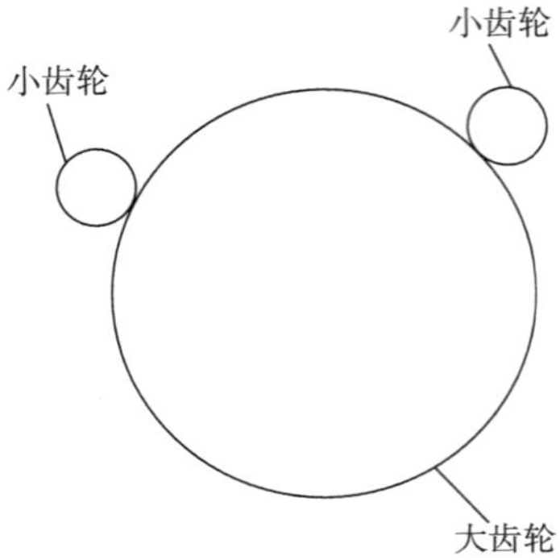

图5　行星轮机构

图6示出的是驱动机构采用的是摆杆机构,两个电机设置在安装架上,并能够分别驱动两个摆杆摆动。各摆杆远离电机的一端设有喷头。当电机驱动摆杆摆动时,摆杆能够带动与其连接的喷头摆动(喷头的移动路径为曲线),从而调节两个喷头之间的间距。

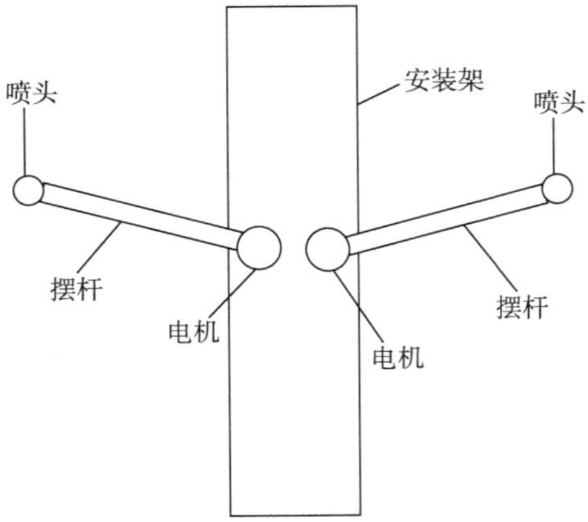

图6　摆杆机构

由此可以看出,为了支持改变喷头间距运动的技术特征,笔者按照喷头的移动路径分为沿直线和沿曲线,接着,沿直线移动的驱动机构可以采用齿轮齿条、丝杆滑块等机构;沿曲线移动的驱动机构可以采用行星轮、摆杆机构等。

2. 对于改变喷头角度的运动方式

可以采用喷头与电机直接驱动连接的方式,也可以在喷头与电机之间设有传动机构(如齿轮箱)等。

三、总结

在机械领域中,常常会遇到的发明点在于:部件的运动方式。通过部件本身的运动,或部件与部件之间的相对运动,来达到某一技术效果。此时,依据发明人提供的最优实施方式,可对技术方案进行横向扩展。例如,部件的移动路径可以为直线或曲线的,部件移动的驱动机构可以是齿轮齿条、丝杆滑块等。对技术方案的横向扩展,以提供多个具体的实施方式支撑较上位的技术特征,最终获得较大的保护范围。

浅议“一案两请”的适用条件*

阚梓瑄

一、引言

我国《专利法》第 9 条第 1 款规定：同样的发明创造只能授予一项专利权。但是，同一申请人同日对同样的发明创造既申请实用新型专利又申请发明专利，先获得的实用新型专利权尚未终止，且申请人声明放弃该实用新型专利权的，可以授予发明专利权。《专利法》第 9 条第 1 款规定了禁止重复授权的普遍原则，以及在该普遍原则之下的例外情形。其中例外情形有严格的适用条件，本文结合典型案例阐述该例外情形的适用条件。

为了描述方便，本文将同一申请人同日对同样的发明创造申请实用新型专利和发明专利称为“一案两请”。“一案两请”作为一种特殊的专利申请策略，综合了发明和实用新型的优势，受到越来越多申请人的青睐，详细来说“一案两请”具有以下优势：

（1）增加获得专利权的可能性

根据《专利法》的规定，实用新型的创造性高度低于发明，通常称实用新型为小发明。因此，一个技术方案在达不到发明的创造性高度而无法获得发明专利权的情况下，仍有可能满足实用新型的创造性要求，从而能获得实用新型专利权。

* 原文于 2021 年 8 月公开发表。

(2)快速获得专利权

通常来说,实用新型审查周期短,如6个月至1年;发明的审查周期长,通常3年左右。因此 通过“一案两请”的方式进行申请,申请人可以快速取得实用新型专利权,从而可以使申请人尽早地行使专利权。

(3)获得较长的专利保护期限

众所周知,实用新型专利的保护期限相对较短,仅为10年,发明专利的保护期限较长,为20年。因此采取“一案两请”申请策略,申请人可以获得20年的保护期。

然而,“一案两请”有严格的适用条件,例如《专利法》第9条第1款规定的“先获得的实用新型专利权尚未终止,且申请人声明放弃该实用新型专利权”以及《专利法实施细则》第41条第2款规定的“应当在申请时分别说明对同样的发明创造已申请了另一专利”。以下结合典型案例对不满足上述条件的后果进行详细说明。

二、案例一(第109490号复审决定)

涉案申请(以下简称本申请)是申请号为201110172337.7、申请日为2011年6月15日的发明专利申请。经实质审查,国家知识产权局原审查部门以本申请不符合《专利法》第9条第1款的规定发出驳回决定。驳回决定引用的对比文件1(CN202541761U)是本申请人于本申请日提出的实用新型,该实用新型的权利要求与本申请的权利要求相同,并已于2012年11月21日公告授权。

申请人不服该驳回决定,于法定期限内向国务院专利行政部门专利复审委员会(以下简称专利复审委员会)提出了复审请求,未修改权利要求。

专利复审委员会认为,对比文件1是本申请人在本申请的申请日同日就同样的发明创造提出的另一件实用新型专利申请,虽然在文字描述的方式上有所不同,但是就其限定的技术方案的实质来看,两者的权利要求中都具有相同的技术方案,二者属于同样的发明创造,且该实用新型专利申请已经被授予专利权,因此本申请的权利要求不符合《专利法》第9条第1款关于“同样的发明创造只能授予一项专利权”的规定。

由于申请人在申请时未对同样的发明创造已申请了实用新型专利作出说明，不符合《专利法》第 9 条第 1 款及《专利法实施细则》第 41 条第 2 款关于通过声明放弃该实用新型专利权，以获得授予发明专利权的规定。因此，申请人不能通过放弃该实用新型专利权而获得本发明专利权。

据此，专利复审委员会作出第 109490 号复审决定：维持原驳回决定。

复审请求人不服专利复审委员会作出的复审决定，于法定期限内向北京知识产权法院起诉。

北京知识产权法院的观点与专利复审委员会一致，作出(2016)京 73 行初 4308 号一审判决：驳回原告诉讼请求。

原告不服北京知识产权法院的一审判决，于法定期限内向北京市高级人民法院上诉。

北京市高级人民法院的观点与专利复审委员会、北京知识产权法院的观点一致，作出(2019)京行终 271 号终审判决：驳回上诉，维持原判。

案例一给出的启示是：同一申请人在同日对同样的发明创造既申请实用新型专利又申请发明专利均应当履行“作出声明”的义务，如果在申请时没有对同样的发明创造已申请另一专利作出说明，申请人不能通过放弃该实用新型专利权而获得本发明专利权。

三、案例二(第 45021 号无效决定)

涉案专利(以下简称本专利)是申请日为 2017 年 3 月 11 日、授权公告日为 2018 年 4 月 13 日的发明专利 201710143522.0。请求人以本专利不符合《专利法》第 9 条第 1 款规定为由，向国家知识产权局提出了无效宣告请求，请求宣告本专利权利要求全部无效。请求人提交的证据 1 是申请日为 2017 年 3 月 11 日、授权公告日为 2018 年 4 月 10 日的实用新型专利，权利要求与本专利相同。

专利权人提交了意见陈述，表明同意放弃实用新型专利权，并已经提交了放弃专利权声明。

专利复审委员会认为，本专利与证据 1 的实用新型构成同样的发明创造，应当宣告该项专利权无效。但是，《专利法》第 9 条第 1 款规定，如果两项专利权为同一专利权人同日申请的一项实用新型专利权和一项发明专利权，专利权人在申请时根据《专利法实施细则》第 41 条第 2 款的规定作出过说明，且发明专利权授予时实用新型专利权尚未终止，在此情形下，专利权人可以通过放弃授权在前的实用新型专利权以保留本专利的发明专利权。

本案中，专利权人在提出本专利的申请时已作出了说明，且本专利授权时证据 1 专利权尚未终止，在无效程序中专利权人针对证据 1 提出了放弃专利权的声明，且该放弃声明已生效。

据此，专利复审委员会作出复审决定：撤销驳回决定。

案例二给出的启示是：同一申请人在同日对同样的发明创造既申请实用新型专利又申请发明专利，因不同程序的时间差等使该发明和实用新型均被授权的，只要专利权人在申请时根据《专利法实施细则》第 41 条第 2 款的规定对本申请还申请另一专利作出过说明，在无效程序中有机会通过放弃实用新型专利权而保留发明专利权。

四、案例三（第 34931 号无效决定）

涉案专利是申请日为 2011 年 8 月 4 日、授权公告日为 2016 年 5 月 11 日的发明专利 201110222488.9，无效请求人以涉案专利不符合《专利法》第 9 条第 1 款的规定为理由，请求宣告涉案专利所有的权利要求无效。请求人提交的证据为涉案专利权人于涉案专利申请日提交的实用新型专利，该实用新型专利的权利要求与涉案专利相同，授权公告日为 2012 年 5 月 9 日。

专利复审委员会认为，依据《专利法》第 9 条第 1 款，禁止重复授权存在如下的例外情形，即对于同一申请人同日对同样的发明创造既申请实用新型专利又申请发明专利的，可通过放弃实用新型专利权的方式获得发明专利权以避免重复授权，但应当满足以下条件：申请人在申请时分别作出说明；在先获得的实用新型专利权尚未终止，且申请人声明放弃该实用新型专利权，否则不能授予发明专利权。

本案中，涉案专利授权日 2016 年 5 月 11 日之前，在先获得授权的实用新型专利权因未在期限内缴纳或缴足年费于 2013 年 8 月 4 日终止，相关技术已进入公有领域，可供公众自由实施应用。如果专利权人后来就此发明创造再次获得发明专利权,以此禁止公众自由实施,这对公众来说是有失公平的。

在先获得的实用新型专利权尚未终止是通过放弃已经授予的实用新型专利权来获取发明专利的前提条件之一。然而,涉案专利不满足该条件,因而不适用《专利法》第9条规定的例外情形,涉案专利不应被授予专利权。

专利复审委员会作出第34931号无效决定:宣告涉案专利权无效。

无效请求人不服专利复审委员会的决定,于法定期限内向北京知识产权法院起诉。

北京知识产权法院认为:《专利法》第9条对同一申请人同日对同样的发明创造既申请实用新型专利又申请发明专利的做法作为禁止重复授权的例外情形给予有条件的肯定。一方面充分保障了申请人的选择权利,使申请人在快速获得授权的同时拥有更长的保护期限,也平衡了公众的知情权利,确保公众的利益不受损害;另一方面对这种做法进行必要的限制,即只有当在先获得的实用新型专利权尚未终止,且申请人声明放弃该实用新型专利权,才可以被授予发明专利权。

据此,北京知识产权法院作出(2018)京73行初3561号判决:驳回原告的诉讼请求。

原告专利权人不服北京知识产权法院的一审判决,于法定期限内向北京市高级人民法院上诉。

北京市高级人民法院的观点与北京知识产权法院的观点基本相同。北京市高级人民法院的观点对《专利法》第9条第1款有进一步解释:其中的"同样的发明创造只能授予一项专利权"应理解为"同样的发明创造不能被两次授予专利权";"同一申请人同日对同样的发明创造既申请实用新型专利又申请发明专利,先获得的实用新型专利权尚未终止,且申请人声明放弃该实用新型专利权的,可以授予发明专利权"应属"同样的发明创造只能授予一项专利权"的例外情形。在该情形下,在满足相应的必要条件下,同样的发明创造可以被两次授予专利权。

本案中,由于专利权人未按规定缴纳实用新型专利年费,"权利恢复期限"已届满,该实用新型专利权已经终止,不可再恢复,不符合《专利法》第9条中的例外规定中"实用新型专利权尚未终止"的条件。此外,实用新型专利权因专利权人不缴纳年费而终止不能等同于专利权人为了获得发明专利权主动声明放弃实用新型专利权而终止。因此,本案不能适用例外情形。

据此,北京市高级人民法院作出(2019)最高法知行终118号终审判决:驳回上诉,维持原判。

案例三给出的启示是:同一申请人同日对同样的发明创造既申请实用新型专利又申请发明专利,如果在先授权的实用新型专利权已于发明授权之前失效,那么发明专利将无法获得授权,或者已授权的发明将被宣告无效。

五、总结

申请人在运用“一案两请”专利申请策略时,务必重视适用条件。只有在申请时作出声明,才能在发明将要授权时享有《专利法》第9条赋予的选择权;只有在发明专利授权前保持实用新型专利有效,才能通过声明放弃实用新型专利权的方式获得发明专利权。

浅议技术方案理解对于海外专利申请译文准确性的影响*

金　鹏

引　言

近年来，随着国内专利申请人海外申请案量的日益增多，专利申请文件的译文是否准确也就成了将来在国外进行专利审查乃至确权、行权过程中的第一道关卡。

如大家所知，在专利申请文件的翻译过程中，除了需要考虑语言因素外，还要同时对技术层面以及法律层面的因素予以考量。本文拟通过两个中英翻译示例，与大家探讨技术方案的理解给译文准确性带来的影响。

一、示例一

某中文权项的特征为："其中，**在垂直于背板的截面上，所述凹陷区的最低点在所述背板上的正投影位于所述电极的正投影以外。**"

对于以上特征，若按中文语序直接翻译，则得到的英译文为"wherein, on cross – sections perpendicular to the backplane, orthographic projections of lowest points of the recessed areas on the backplane are located outside the orthographic projections of the electrodes"。

在以上翻译中，是将"在垂直于背板的截面上"当作了整个句子的状语，但

* 原文于 2022 年 1 月公开发表。

结合技术方案仔细分析各特征之间的关联后就会发现,这种理解是不准确的。

具体而言,“所述凹陷区的最低点在所述背板上的正投影”的位置与“垂直于背板的截面”事实上并无直接关联。例如,凹陷区位于背板的上方,该凹陷区的最低点的“正投影”是从垂直于背板的方向而来,而该“截面”也是垂直于背板,因此,“在垂直于背板的截面上”并不适合作为整个句子的状语来限定凹陷区最低点在背板上的正投影位置。

在此理解的基础上,进一步结合说明书和附图能够确定,“在垂直于背板的截面上”是用于修饰“所述凹陷区的最低点”之用,即用于限定凹陷区“最低点”的形成位置。

也就是说,上述中文权项特征应当被理解为:“其中,所述凹陷区在垂直于背板的截面上的最低点在所述背板上的正投影位于所述电极的正投影以外。”

据此,可以采用分词等体现“在垂直于背板的截面上”是用于修饰“所述凹陷区的最低点”的,可以得到相应的译文为“wherein, orthographic projections of lowest points of the recessed areas on the backplane are located outside the orthographic projections of the electrodes, the lowest points of the recessed areas being in a cross – section perpendicular to the backplane”。

二、示例二

某中文权项的特征为,“**所述互动清单中记录了接入所述直播间的各观众客户端,基于所述多媒体业务清单各自选取的候选多媒体业务及关联的客户端标识**”,有英译文为“the interaction list records candidate multimedia services and associated client identifications selected respectively by individual audience clients accessing the live broadcast room based on the multimedia service list”。

在以上译文中,若按照中文行文的语序,将各观众客户端各自选取的对象限定为“候选多媒体业务及关联的客户端标识”。该译文的正确与否将取决于对选取对象的限定是否正确。

易于理解的是,直播间中的“候选多媒体业务”是供各观众客户端选取的,那么译文正确与否就进一步聚焦到“关联的客户端标识”是否由各观众客户端选取。

具体分析上述特征，能够注意到进行“选取”的依据是“基于所述多媒体业务清单”。再查看该权项，能够找到相关特征为“所述多媒体业务清单中至少记录了能够互动的多媒体业务的业务标识和业务接入地址”；进一步查看说明书，能够找到相关记载为“在上述多媒体业务清单中，包含各个多媒体业务的业务描述信息，其中，至少记录一个多媒体业务的业务标识以及业务接入地址，还可以包括业务基础信息，如可参与客户端数目”。

结合权利要求书和说明书记载的上述相关内容，能够确定的是，在多媒体业务清单中**并不包含客户端标识**。

再联想到日常所见的各类直播间，如游戏直播间，当某客户端 A 在直播间提供的游戏列表中选取了某游戏后，直播间会将该游戏的名称和选取该游戏的客户端 A 一起呈现，即“关联的客户端标识”并非客户端在选择游戏时选取的，而是“各观众客户端”在选择游戏前已经具备的标识。

综合以上权利要求书和说明书记载的相关内容以及日常生活常识方面的考量，上述中文权项特征应当被理解为，“所述互动清单中记录了：接入所述直播间的各观众客户端基于所述多媒体业务清单各自选取的候选多媒体业务，及关联的客户端标识”。

据此，可以得到相应的译文为“the interaction list records candidate multimedia services selected respectively by individual audience clients accessing the live broadcast room based on the multimedia service list, and associated client identifications”；或者，为使句子主体结构更清晰，也可采用分词作定语单独修饰“candidate multimedia services”，得到相应的译文为“the interaction list records candidate multimedia services and associated client identifications, the candidate multimedia services being selected respectively by individual audience clients accessing the live broadcast room based on the multimedia service list”。

通过以上两个示例，希望大家能够从中体会到技术方案的理解对于译文准确的重要性。同时，更希望对读者中的各位专利代理师朋友有所启迪，助力各位更好地将对技术方案的理解融入日后的专利翻译工作中，以期为客户打造保护范围更为精准的专利申请文件，从而为申请递交后的专利审查、确权、行权等后续环节打下更为坚实的基础。

浅议权利要求技术特征划分对专利侵权、专利确权和专利授权的影响

金云嵋　孙　强

引　言

权利要求的技术特征，是评价权利要求技术方案新颖性和创造性的基础，也是界定权利要求保护边界的基础。在专利生命周期的授权、确权和维权过程中，准确地划分技术特征，对鼓励创新、保护发明创造和明确权利边界、保障社会公众利益都至关重要。最高人民法院认为，技术特征划分应该结合发明创造的整体技术方案，考虑能够相对独立地实现一定技术功能并产生相对独立的技术效果的较小技术单元。

一、技术特征划分的重要性

专利权是一种排他性权利，公开换保护是其得以运行的基础，其公开的权利范围边界，不仅关乎专利权人的切身利益，也关乎社会公众的信赖利益。

《专利法》第 64 条第 1 款规定：发明或者实用新型专利权的保护范围以其权利要求的内容为准，说明书和附图可以用于解释权利要求的内容。最高人民法院《关于审理侵犯专利权纠纷案件应用法律若干问题的解释》第 7 条第 1 款规定：人民法院判定被诉侵权技术方案是否落入专利权的保护范围，应当审查权利人主张的权利要求所记载的全部技术特征。

每一项权利要求至少包含一项完整的技术方案，而技术方案是由多个技术特征的集合构成的。技术特征作为权利要求的基本组成单元，技术特征的

含义将直接影响权利要求保护范围的大小。

技术特征的含义又与技术特征的划分密切相关。如果技术特征划分过细,则会不适当地缩限保护范围,导致被诉产品被错误地认定为不侵权;如果技术特征划分过宽,则会不适当地扩大专利保护范围,导致被诉产品被错误地认定为侵权。

二、技术特征的划分的现状

目前,无论《专利法》《专利法实施细则》还是司法解释均未对技术特征进行定义,仅《专利审查指南》规定:技术方案是指对要解决的技术问题所采取的利用了自然规律的技术手段的集合,技术手段通常是由技术特征来体现的。但技术特征的具体含义仍不明确,对此,司法实务工作者只能摸着石头过河。

在专利授权审查实践中,关于创造性的判断一直都是专利申请人和专利授权部门博弈的关键点。创造性判断三步法中一项重要的工作就是确定发明的区别技术特征。在确定区别技术特征之前,首先要进行技术特征的划分。目前,大多数审查员是按照不同的功能或效果划分技术单元,进而进行技术特征划分。但功能和效果的认定,并没有统一的标准。而且如果审查员所认定的最接近的现有技术不同于申请人在专利说明书中所描述的现有技术,发明所解决的技术问题是可以重新确定的。针对重新确定的技术问题,技术单元的功能和效果有时不同于专利说明书中描述的功能和效果。针对不同的对比文件,如何客观地认定技术单元的功能和效果,进而准确地划分技术特征,一直以来都是专利审查实践的难点。

在专利侵权实务中,被诉侵权技术方案是否落入专利权的保护范围是专利权人和被诉侵权方争议的焦点。根据司法解释,被诉侵权技术方案包含与权利要求记载的全部技术特征相同或者等同的技术特征的,人民法院应当认定其落入专利权的保护范围;被诉侵权技术方案的技术特征与权利要求记载的全部技术特征相比,缺少权利要求记载的一个以上的技术特征,或者有一个以上技术特征不相同也不等同的,人民法院应当认定其没有落入专利权的保护范围。此即全面覆盖原则。

判断涉案产品是否侵权,需要依据全面覆盖原则将涉案产品与涉案专利的权利要求的技术特征进行比对。而在技术特征比对前，首先要进行技术特征的划分。不同的划分方式，可能导致不同的比对结果，进而出现不同的侵权判定结果。专利权人和被诉侵权方往往会因各自不同的立场和利益，而主张有利于己方的技术特征划分方式。通常，专利权人希望技术特征划分时，技术特征数量越少越好，这样被诉侵权产品因缺少权利要求的技术特征而判定为不侵权的机会就会更少。而被诉侵权方则希望技术特征的划分越细越好，这样特征比对时被诉侵权产品就更难符合全面覆盖原则的要求，从而判定产品不侵权。

三、实务案例

最高人民法院的观点：技术特征划分应该结合发明创造的整体技术方案，考虑能够相对独立地实现一定技术功能并产生相对独立的技术效果的较小技术单元。

案例1：刘某贵与台州市丰利莱塑胶有限公司侵害实用新型专利权案［案号：(2017)最高法民申3802号］

涉案专利保护一种可调节的婴幼儿座椅，其权利要求1包括技术特征：两端分别套设有弹簧(9)，在弹簧(9)的外围套有孔径小于弹簧(9)直径的套体(10)。

被诉侵权产品也为一种可调节的婴幼儿座椅，被诉侵权产品的调节拉杆两端分别通过销轴挂设有弹簧，但被诉侵权产品缺少孔径小于弹簧直径的套体。

争议焦点：被诉侵权产品是否具备与涉案专利权利要求1所述的"(调节拉杆)两端分别套设有弹簧，在弹簧的外围套设有孔径小于弹簧直径的套体"相同或等同的技术特征。

最高人民法院认为：涉案专利权利要求1关于"(调节拉杆)两端分别套设有弹簧，在弹簧的外围套设有孔径小于弹簧直径的套体"实现的功能是：当需要调节椅体高度时，对调节拉杆产生回复力，使销体和卡槽扣紧。可见，"套体"虽然是一个部件，但其功能和效果必须依赖于弹簧的配合才能实现，两者相互配合才能在整体技术方案中发挥作用。因此，在涉案专利权利要求1

中，套体本身无法实现相对独立的功能，不宜作为一个独立的技术特征对待，而应将“其(调节拉杆)两端分别套设有弹簧，在弹簧的外围套设有孔径小于弹簧直径的套体”作为一个独立的技术特征进行比对。

本案中，涉案专利是通过调节拉杆两端设置套体并套装弹簧的方式实现销体和卡槽扣紧的功能，被诉侵权产品则是通过调节拉杆两端设置销轴并挂设弹簧的方式而实现销体和卡槽扣紧的功能。两者虽然不属于相同的技术特征，但是无论是利用弹簧的拉伸原理调节座椅，还是采用弹簧的压缩原理调节座椅，均利用了弹簧具有回复力的基本性质，手段基本相同，利用回复力使销体和卡槽扣紧的功能，并且两者所能达到的效果基本相同。而且采用弹簧拉伸还是压缩的方式对于本领域普通技术人员来说是容易联想到的，因此，两者属于等同技术特征。

复审和无效审理部的观点：忽视区别技术特征之间的关系，将解决技术问题的完整的技术手段割裂，都会出现技术特征碎片化的现象，这种现象容易导致的问题是：将散落于不同现有技术中的零散技术特征或技术特征的局部简单拼凑在一起而误认为现有技术中存在技术启示。

案例2：杨某然与深圳市华思旭科技有限公司的专利权无效纠纷案(第28914号无效决定)

涉案专利保护一种便携式备用电源，请求人认为相对于对比文件1，涉案专利权利要求1包括区别技术特征：为防止汽车应急启动的时候正负极夹子短路或者反接引起电池发烫，电路中串接了一个150A ~ 250A的保险丝，用于汽车启动的大电流输出，电路输出端采用防反接插头，外部连接线正负极线采用不同长度的硅胶线，所述电池组连接有充放电保护电路。

请求人主张：对比文件4公开了在应急电源中设有汽车应急启动时所用的正负极夹子。对比文件5公开了为防止电池短路时因过热而爆炸，在电池组的电路中串接一个保险管。对比文件6公开了导线采用不同长度。对比文件7公开了用作汽车发动机的电瓶线为硅胶线。据此，请求人认为，对比文件1、4、5、6、7共同公开了上述区别技术特征，并且对比文件1、4 ~ 7具有结合的技术启示。

合议组认为：在创造性评判中，试图将发明的某一技术手段机械地割裂成多个零散的技术特征，并且发现这些零散的技术特征能分别从不同的现有技术文件中找到公开之处，由此便得出多篇不同的现有技术文件给出了结合得到该发明的技术手段的技术启示，或者试图从多篇不同的对比文件中抽离出多个零散的、孤立的技术特征，在没有结合的技术启示的基础上将这些零散的、孤立的技术特征进行拼凑从而得到该发明的技术手段，均明显有悖于创造性评判中应该对发明或者现有技术的技术手段进行整体考虑的整体把握原则，应不予支持。

本案中，不仅应对权利要求进行整体考量，而且也应对作为现有技术的对比文件 1、4 ~ 7 进行整体考量，对比文件 1、4 ~ 7 仅公开了一些零散的、割裂的技术特征，这些对比文件本身没有给出将上述区别技术特征应用于对比文件 1 以解决防止汽车应急启动的时候正负极夹子短路或者反接引起电池发烫以及降低在启动过程中两个电瓶夹碰撞导致短路的技术问题的技术启示，同时也没有给出为解决该技术问题将对比文件 1、4 ~ 7 进行结合的技术启示。因此，本领域技术人员根据上述对比文件 1、4 ~ 7 所公开的这些零散的、割裂的技术特征，不能显而易见地得出上述区别技术特征的技术手段。

《专利审查指南》关于创造性判断的规定是：对于功能上彼此相互支持、存在相互作用关系的技术特征，应整体上考虑所述技术特征和它们之间的关系在要求保护的发明中所达到的技术效果。

案例 3：专利号为：2012102364643 的复审案件（第 122752 号复审决定书）

涉案专利权利要求 1 保护一种集装箱底架的自动喷漆机，其权利要求 1 包括技术特征 a：至少一根垂直于纵向轨道的横向轨道，所述横向轨道可沿着所述纵向轨道滑动，可沿横向轨道移动的横移小车以及设置在横移小车上的可升降的喷漆枪组。

在涉案专利的驳回决定中，审查员在评述涉案专利创造性时，将上述技术特征 a 分割成两个相互独立的技术特征。即技术特征 a1，至少一根垂直于纵向轨道的横向轨道，所述横向轨道可沿着所述纵向轨道滑动；技术特征 a2，可沿横向轨道移动的横移小车以及设置在横移小车上的可升降的喷漆枪组。并引用了两篇对比文件分别评述上述技术特征 a1 和技术特征 a2，其中一篇对比文件公开了技术特征 a1，另一篇对比文件公开了技术特征 a2。据此，审查员认为结合这两篇对比文件和本领域公知常识,得到权利要求 1 的技术方案,对本领域技术人员来说是显而易见的。

复审请求人认为:根据涉案专利说明书的记载,上述技术特征 a1 和技术特征 a2 在功能上是彼此相互支持的,两个技术特征相互作用才能共同完成对集装箱底架进行逐行扫描式喷漆,解决集装箱底架均匀、无死角喷漆的问题。

最终,专利局复审和无效审理部接受了复审请求人的观点,并撤销了驳回决定。

可见,忽视区别技术特征之间的关系,将解决技术问题的完整的技术手段割裂,会导致技术特征碎片化,造成无法从整体上考虑技术特征在要求保护的发明中所达到的技术效果,进而无法客观评判技术方案的创造性。

四、结语

虽然《专利法》《专利法实施细则》以及司法解释均未对技术特征的含义作出明确规定,但最高人民法院在司法案例中已明确:技术特征划分应该结合发明创造的整体技术方案,考虑能够相对独立地实现一定技术功能并产生相对独立的技术效果的较小技术单元。专利局实质审查部门以及专利局复审和无效审理部在实务中虽未严格按照最高人民法院对技术特征的定义来划分技术特征,但不论是《专利审查指南》还是专利局复审和无效审理部的案例都明确强调:在进行创造性评判时,应考虑技术特征之间的关系,避免将功能上彼此相互支持、存在相互作用关系的技术特征割裂成多个零散的技术特征,应整体上考虑其在要求保护的发明中所达到的技术效果。可见,虽然最高人民法院和专利局对技术特征的字面表述不同,但内涵一致。相信不久的将来,技术特征的概念会更加清晰,技术特征划分的标准也会更加明确。

现有技术“除外规则”的中美欧实践浅析[*]

章侃铱

引 言

2022年2月发布的《最高人民法院知识产权法庭裁判要旨摘要(2021)》第4项为“同一现有技术文献中存在矛盾记载时公开内容的认定”,该内容源自(2021)最高法知行终83号行政判决书裁判要旨:

“同一现有技术文献所记载的特定技术方案内容与其所记载的其他关联内容存在矛盾,本领域技术人员完整阅读文献后,结合公知常识亦不能作出合理解释或者不能判断其正误的,可以认定该现有技术文献未公开上述特定技术方案。”

上述要旨实质上指示了针对以下情形的裁判规则:在现有技术的公开内容存在错误时,错误部分的方案虽然也符合现有技术的构成要件,但仍可能因错误不能被用于评价新颖性或创造性,也即被排除现有技术的效力。为了便于讨论,本文拟用现有技术的“除外规则”指代上述情形。

在实务工作中,笔者发现其他国家的专利审查实践中也存在除外规则的适用。下面就除外规则分别在中国、美国和欧洲专利实务中的体现进行法规和案例层面的介绍和比较分析。

---

* 原文于2022年11月公开发表。

一、中国实践

(一)相关规定

中国《专利法》第22条第5款给出了现有技术的定义。国家知识产权局发布的《专利审查指南》第二部分第三章第2.1节进一步给出了现有技术的确定规则和示例。

虽然中国《专利法》和《专利审查指南》中未见有关现有技术除外规则的表述,但据了解,国家知识产权局的内部审查规范中确实存在关于除外规则的规定。该规定的大致表述是,对于现有技术中记载相互矛盾但本领域技术人员能够判断属于明显笔误或者能够给出唯一合理解释的内容,这些内容自身不再具有现有技术的效力,而最终更正或合理解释后的新内容则可取代原内容作为现有技术使用。

(二)相关案例

上文提到的最高法知行终83号案在裁判要旨中明确指示了现有技术除外规则的适用,现将案情摘要如下:

国家知识产权局在针对涉案申请(申请号201510452769.1)的第183507号复审决定中,以涉案申请相对于对比文件D1(EP1518906A1)不具备新颖性为由维持了针对涉案申请作出的驳回决定。

申请人对第183507号复审决定不服,向北京知识产权法院提起了行政诉讼。北京知识产权法院经过审理,作出(2019)京73行初14577号行政判决,维持了第183507号复审决定。申请人对一审判决不服,向最高人民法院提起上诉。

案件争辩焦点之一在于现有技术中存在明显矛盾的内容是否能够用来评价涉案申请的新颖性。具体而言,涉案申请独立权利的技术方案涉及在涂料中使用水不溶性的碱式硝酸铋;D1公开的技术方案涉及在涂料中使用水溶性金属硝酸盐,但在列举水溶性金属硝酸盐的示例时提到了一种化合物,该化合物公知属于水不溶性的碱式硝酸铋。案件争辩焦点之一即在于,D1公开的与整体技术方案(在涂料中使用水溶性金属硝酸盐)存在矛盾的部分技术方案(在涂料中使用属于水不溶性碱式硝酸铋的化合物)是否能够作为现有技术使用。

国家知识产权局认为,即使 D1 关于碱式硝酸铋的方案属于错误示例,其客观上仍然公开了包含水不溶性碱式硝酸铋的涂料。

在二审判决中,最高人民法院没有认同国家知识产权局的观点,并经过审理后认为:“以出版物公开方式公开的现有技术,其技术方案的内容以该出版物的客观记载为准。但是,如果该出版物关于该技术方案的记载内容与其他关联内容存在明显前后矛盾,且本领域技术人员根据该出版物记载的其他内容以及其掌握的本领域的公知常识无法给出合理解释的,则不能认定该技术方案被该出版物公开,即不能构成专利法意义上的现有技术。”

二、美国实践

(一)相关规定

美国《专利法》第 102 条(35 U. S. C. 102)规定了专利的新颖性要求,并通过定义结合列举例外情形的方式限定了现有技术的范围。在此基础上,美国《专利审查手册》(Manual of Patent Examining Procedure, MPEP)在第 2121 节详细给出了现有技术的确定规则和关于现有技术的参考争辩理由。

> 2121 Prior Art…
>
> I. PRIOR ART IS PRESUMED TO BE OPERABLE/ENABLING
>
> When the reference relied on expressly anticipates or makes obvious all of the elements of the claimed invention, the reference is presumed to be operable. Once such a reference is found, the burden is on applicant to rebut the presumption of operability…
>
> Where a reference appears to not be enabling on its face, however, an applicant may successfully challenge the cited prior art for lack of enablement by argument without supporting evidence…
>
> See also MPEP § 716.07.

从以上所引 MPEP 的内容可以看出，虽然申请人针对现有技术的不可实施性负有举证责任，但在现有技术明显不可实施时，申请人即使不提供证据也可能成功挑战现有技术的效力。

针对现有技术不可实施性的争辩，MPEP 第 2121 节引用的第 716.07 小节进一步给出了以下参考：

> 716.07 Inoperability of References…
>
> …*In re Yale*, 434 F. 2d 66, 168 USPQ 46 (CCPA 1970) (Correspondence from a co – author of a literature article confirming that the article misidentified a compound through a typographical error that would have been obvious to one of ordinary skill in the art was persuasive evidence that the erroneously typed compound was not put in the possession of the public.).

可以看出，MPEP 通过引用 In re Yale 案判例的形式给出了适用现有技术除外规则的参考争辩理由：如果能够证明对比文件中存在对于本领域普通技术人员而言显而易见的错误（*In re Yale* 案中为印刷错误），则可争辩该错误公开的部分内容不具有现有技术的公开效力。

（二）相关案例

上文提到的 *In re Yale* 案判例针对现有技术的除外规则确立了如下适用标准（以下简称 Yale 标准）：

> Where a prior art reference includes an obvious error of a typographical or similar nature that would be apparent to one of ordinary skill in the art who would mentally disregard the errant information as a misprint or mentally substitute it for the correct information, the errant information cannot be said to disclose subject matter…The remainder of the reference would remain pertinent prior art disclosure.

也即，如果现有技术文献包含明显的印刷错误或类似性质的错误，该错误对本领域普通技术人员来说是显而易见的，并且技术人员从心理上会将该错误信息视为错印而不予考虑或者用正确信息取代该错误信息，则该错误信息不构成现有技术公开。

美国联邦巡回上诉法院（the United States Court of Appeals for the Federal Circuit，以下简称 CAFC）在两件关联案（*LG Electronics Inc. v. ImmerVision, Inc.*，Case Nos. 21 – 2037；– 2038，Fed. Cir. Jul. 11，2022）判决中再次适用了上述规则，现将案情摘要如下[①][②][③]。

原告 *LG Electronics Inc*（以下简称 LG）对被告 *ImmerVision, Inc.*（以下简称 ImmerVision）所持专利 US 6844990 中的两项权利要求分别提出多方复审（IPR）请求，理由是相关技术特征已被发明人为 Eijiroh Tada 的现有技术专利 US 5861999（以下简称 Tada 专利）公开。

ImmerVision 的专家证人通过实验发现，Tada 专利中被 LG 引用作为现有技术的实施例方案记载了错误的数据；进而发现该部分错误记载来自对说明书中另一不相容实施例内容的错误拷贝，并且与日本优先权申请文件中的正确记载不一致；而在使用正确记载数据的情况下，上述实施例方案就没有公开相关技术特征。

美国专利审查和上诉委员会（Patent Trail and Appeal Board，以下简称 PTAB）受理了上述 IPR 请求，并在决定 IPR2020 – 00179 和 IPR2020 – 00195 中认定上述记载错误属于会被本领域技术人员自动忽略或更正的明显错误，从而基于 Yale 标准认定涉案专利的相关技术特征没有被 Tada 专利公开。

LG 不服上述决定并上诉至 CAFC，争辩 Tada 专利中的记载错误不属于明显错误。理由主要包括：（1）Yale 标准要求普通技术人员能“立即发现错误”，而 ImmerVision 的专家证人经过 10 ~ 12 个小时的实验和计算才确认了 Tada 专利中的错误，且该错误在过去 20 年都未曾被发现；（2）Tada 专利中的

---

① 美国 CAFC 判决：LG Electronics Inc. *v.* ImmerVision, Inc.，Case Nos. 21 – 2037；– 2038，Fed. Cir. Jul. 11，2022；https://cafc. uscourts. gov/opinions – orders/21 – 2037. OPINION. 7 – 11 – 2022_1975922. pdf。

② See Vincent Li，*Clearly, the Disclosure Was an Error*，IP Update（July. 21，2022），https://www. ipupdate. com/2022/07/ clearly – the – disclosure – was – an – error/.

③ 参见叶何铭：《联邦巡回上诉法院认定现有技术文献错误记载不构成公开》，载微信公众号“知产北京”2022 年 7 月 18 日，https://mp. weixin. qq. com/s/bhD2QScNjlQwYJez99Y9gQ。

错误在程度上超出了印刷错误,Yale标准应限定于单纯的拼写错误。

CAFC经过审理最终在判决中支持了PTAB的观点、驳回了LG的以上理由,并称Yale标准对错误的发现并没有时间上的要求,而Yale标准中的印刷错误与本案中的复制粘贴错误也没有实质区别。

三、欧洲实践

(一)相关规定

《欧洲专利公约》(European Patent Convention,EPC)第54条第(2)款给出了现有技术的定义。欧洲专利局(European Patent Office,以下简称EPO)颁布的《审查指南》(以下简称欧专局审查指南)在G部第IV章进一步给出了现有技术的确定规则和示例,并在其中第9节明确规定了现有技术文献存在错误时的审查指引。

9. Errors in prior - art documents

Errors may exist in prior - art documents.

When a potential error is detected, three situations may arise depending on whether the skilled person, using general knowledge,

(i) can directly and unambiguously derive from the prior art document that it contains an error and what the only possible correction should be;

(ii) can directly and unambiguously derive from the prior art document that it contains an error, but is able to identify more than one possible correction; or

(iii) cannot directly and unambiguously derive from the prior art document that an error has occurred.

When assessing the relevance of a document to patentability,

in case (i), the disclosure is considered to contain the correction;

in case (ii), the disclosure of the passage containing the error is not taken into account;

in case(iii),the literal disclosure is taken into account as is.

根据欧专局审查指南的上述规定,现有技术文献中的错误记载根据本领域普通技术人员的不同认知结果可能存在三种处理情形:如果能够直接、毫无疑义地确定存在错误且存在唯一的修正结果,则将该修正结果视为现有技术内容;如果能够直接、毫无疑义地确定存在错误但可能存在多种修正结果,则错误记载不能被作为现有技术考虑;如果不能直接、毫无疑义地确定存在错误,则将字面公开视为现有技术内容。

(二)相关案例

在《欧洲专利局上诉委员会判例法》一书中,新颖性一章在第4.9小节汇总了与现有技术文献错误记载相关的上诉委员会决定,现摘录部分决定要点如下。

在T412/91一案中,委员会认为,对比文件中的不正确教导不包含在现有技术中。具体而言,是否构成现有技术文件公开内容不仅取决于其公开内容中实际使用的字词,而且还取决于所述公开向技术人员揭示的技术事实。如果一项陈述彻底是错误的,无论是由于其固有的不可能性还是由于其他材料显示其是错误的,那么,尽管已被公开,该陈述也不构成现有技术的一部分。相反,如果技术人员不能看出陈述是错误的,那么它就构成现有技术的一部分。

在T230/01一案中,委员会指出,即使一份文件的公开内容有缺陷,所述文件通常也构成现有技术的一部分,除非可以明确地证明这份文件的公开内容是不可实施的,或者这份文件的字面公开内容是明显错误的并且没有表达出预期的技术事实。这种不可实施的或错误的公开内容不应被视为现有技术的一部分。

四、比较分析

综上所述,无论是从成文规定还是判例的角度,中国、美国、欧洲的专利实务当中都存在现有技术除外规则的适用,各有特点又相互呼应。下文尝试从五个方面加以比较分析:

(一)法理基础

如果说实质审查制度是用于平衡专利权与公众利益的天平,那么对于评价专利不可或缺的现有技术则无疑是天平上的重要砝码。在现有技术的认定标准较为宽松时,天平倾向于公众利益;反之,则有利于专利权人。

在越来越多的国家/地区在专利授予条件中选择"绝对新颖性"标准的趋势下,除外规则的适用对于现有技术的认定标准就承担了重要的调节作用。绝对新颖性标准大大放松了现有技术的认定标准,而除外规则的适用可以尝试将天平稍稍倾向专利权人。

中国《专利法》在2008年第三次修正后确立了绝对新颖性标准。在上文所引用的案例之前,审查实践中更多是与上述案例中被告相同的观点。

EPC自1979年签订伊始,第54条新颖性定义就体现了绝对新颖性标准。目前能确定的第一个涉及除外规则的上诉委员会决定T 89/87是1989年作出,而上文所引用的欧专局审查指南G部第Ⅳ章第9节则在2012年版中才有成文。

美国《专利法》在2011年颁布的美国《发明法案》(America Invents Act,AIA)之后才通过修改体现出附条件(一年宽限期)的绝对新颖性。上文所引用的In re Yale案判例形成于1970年。

从现有技术的认定标准来看,三者当中,美国仍然是对专利权人最为友好的国家;欧洲虽然最早选择了绝对新颖性标准,但同时也规定了最为具体可行的现有技术除外规则;相比之下,中国的专利制度改革走在了国际前沿,但在除外规则的适用上较为保守。

(二)法律背景

除外规则的适用与现有技术的定义密不可分。

根据中国《专利法》第22条第5款,"现有技术,是指申请日以前在国内外为公众所知的技术",这一定义突出了现有技术的"技术"实质。根据这一定义,现有技术文献中的错误是否能够构成"技术"就已经存在解释的空间。以出版物公开为例,公开内容中的错误信息可能由于其不可实施性就已经不符合"技术"的含义,也就不可能构成专利法意义上的现有技术。在这一法律规定的背景下,除外规则似乎没有单独规定的必要,而是可以通过审查和司法实践等形式进行法律的字面解释加以体现。

根据 EPC 第 54 条第(2)款,"state of the art shall be held to comprise **everything** made available to the public by means of a written or oral description, by use, or in any other way, before the date of filing of the European patent application",这一定义显然无法通过字面解释来排除现有技术中的错误内容。相应地,除外规则也就有了单独规定的必要,也即需要通过补充规定或判例对法律进行限制解释,才能将自身符合"现有技术"法律定义的错误内容排除现有技术的效力。

根据美国《专利法》第 102 条第(a)(1)款,"A person shall be entitled to a patent unless(1) the claimed invention was patented, described in a printed publication, or in public use, on sale, or otherwise available to the public before the effective filing date of the claimed invention",与 EPC 第 54 条第(2)款的规定类似,根据该法条字面含义理解的现有技术也应当涵盖了其中公开的错误内容。

仅从法律规定来看,欧洲和美国限定了更为宽泛的现有技术范围,需要对法律进行限制解释才能适用除外规则;相比之下,中国《专利法》给出的现有技术定义看起来更为合理,可以通过法律的字面解释来适用除外规则。

(三)与"可实施性"要件的竞合

不可实施(或不可再现)的公开内容不构成有效的现有技术是欧美专利实务中被普遍接受的观点,而存在错误的公开内容通常也不具有可实施性。这样一来,单独规定除外规则的必要性再次成为值得考虑的问题。

欧专局审查指南在 G 部第Ⅳ章给出了比较明确的指引。具体而言,第Ⅳ章第 2 节详细解释了现有技术的可实施性要件,可概括为"如果一份现有技术文件披露了与所要求的发明的新颖性和/或创造性相关的主题内容,该文件的披露必须使技术人员能够利用普通常识再现该主题内容"。接续,如上文所引的第Ⅳ章第 9 节详细解释了现有技术文献存在错误时的处理原则,此处不再赘述。

从上文所引 MPEP 第 2121 节和第 716.07 小节的内容可以看出,虽然美国专利审查实践中现有技术一般都假定具有可实施性,而证明不可实施性的责任在申请人,但至少明确了要求考虑现有技术的可实施性,同时倾向于将记载错误作为争辩现有技术不可实施的理由之一。

相比之下,在中国专利审查实践中,似乎只能从《专利法》规定的现有技术定义理解出可实施性的要求,而《专利审查指南》并未提到在确定现有技术时是否应当考虑可实施性或可再现性。

虽然部分错误情况可能同时导致现有技术不可实施,但并非所有错误都会破坏现有技术的可实施性。例如,上文所引美国案例中的 Tada 专利,其记载的错误数据同时导致相关实施例无法实施;但在上文所引中国案例的对比文件 D1 中,其在水溶性金属硝酸盐的示例中误载了属于水不溶性碱式硝酸铋的化合物,并不意味着在涂料中使用该化合物的方案不能实施。

因此,从现有技术的除外规则和不可实施性的竞合角度看,欧专局审查指南的规定更为合理,值得参考。

(四)适用范围

现有技术除外规则的错误类型和错误程度决定了除外规则的适用范围,进而能够影响现有技术的认定标准。

欧专局审查指南对除外规则的适用范围给出了比较明确的指引。根据上文所引欧专局审查指南 G 部第Ⅳ章第 9 节的规定,本领域普通技术人员能够直接、毫无疑义确定的错误不能被作为现有技术考虑;在此基础上,如果存在本领域普通技术人员能够直接、毫无疑义确定的唯一修正结果,则该修正结果将被视为现有技术内容。

从上文所述的国家知识产权局的内部审查规范的规定来看,自身记载矛盾是触发除外规则的必要条件;在确定存在矛盾的基础上,本领域技术人员能够判断属于明显笔误或者能够给出唯一合理解释的,以更正或合理解释后的内容作为现有技术。上文提到的最高法知行终 83 号案判决似乎综合了上述内部审查规范和欧专局审查指南的观点、同时又扩大了除外规则的适用范围。具体而言,在错误类型上,该判决认定不构成现有技术的事实基础是存在矛盾内容;在矛盾内容的错误程度上,该判决采纳了类似欧专局审查指南的观点,即认定本领域技术人员无法给出合理解释的不构成专利法意义上的现有技术。同时,该判决在裁判要旨中还指出,存在矛盾记载但本领域技术人员"不能判断其正误的"也被认定未被公开,这显然扩大了除外规则的适用范围。笔者谨慎认为该观点有待商榷,欧专局审查指南将存在此类问题的字面公开视为现有技术的观点值得参考。

上文提到的 Yale 标准看起来对于现有技术除外规则规定了最为严苛的适用标准,即仅"明显的印刷错误或类似性质的错误"并且本领域普通技术人员"从心理上会将该错误信息视为错印而不予考虑或者用正确信息取代该错误信息"时,该错误信息才不构成现有技术公开。尽管如此,"类似性质的错误"仍然为 Yale 标准留下不小的解释空间。例如,纽曼法官就在上文提到的两件关联案判决中提出了不同意见①,她认为 Yale 标准中的错误应当是指对读者而言很明显并且可以很轻松被无视而无须质疑信息内容的错误,Tada 专利中的错误不应当视为 Yale 标准中类似性质的错误。

综上,除了欧专局审查指南对于除外规则适用范围的规定比较明确,中国和美国专利实务中触发除外规则的错误边界还比较模糊,都存在有待商榷的问题。还可以注意到,上述专利审查实践中对于现有技术错误的认定都引入了本领域普通技术人员的角度,从而为除外规则的适用进一步留出了解释和争辩的空间。

(五)适用结果

从上文第一至三节的内容可以看出,除外规则的适用结果可概况为两个层次。第一层次是排除错误内容的现有技术效力,这也是适用除外规则的直接结果和应有之义。第二层次则在第一层次的基础上,进一步认定具有唯一可能的更正内容具有现有技术效力。

中国国家知识产权局的内部审查规范针对属于明显笔误或者存在唯一合

---

① 美国 CAFC 判决:LG Electronics Inc. *v*. ImmerVision, Inc., Case Nos. 21 - 2037; - 2038, Fed. Cir. Jul. 11, 2022; https://cafc. uscourts. gov/opinions - orders/21 - 2037. OPINION. 7 - 11 - 2022_1975922. pdf。

理解释的矛盾内容规定了第二层次的结果。然而,其中没有明确下面的情况如何适用除外规则,即本领域技术人员只能确定现有技术中存在矛盾,但矛盾的内容既不属于明显笔误也不存在唯一合理解释时,矛盾内容是否具有现有技术的效力。最高法知行终 83 号判决在一定程度上弥补了上述漏洞,即将根据公知常识无法给出合理解释的矛盾内容排除现有技术的效力。

上文提到的 Yale 标准看起来只提到了第一层次的适用结果,即将明显的印刷错误或类似性质的错误不视为现有技术公开。然而,标准同时提到符合上述错误的条件之一是本领域普通技术人员会用正确信息取代错误信息。因此,虽然上文提到的 LG 诉 ImmerVision 案判决在适用 Yale 标准时只排除了错误内容的现有技术效力,但笔者认为该标准隐含表述了第二层次的适用结果,即在本领域普通技术人员能够理解出正确信息的情况下,该正确信息可取代错误信息作为现有技术公开的内容。

如上文第三节所述,欧专局审查指南针对不同的错误情况规定了不同层次的适用结果,即针对能够直接、毫无疑义地确定且存在唯一修正结果的错误采用第二层次的适用结果,针对能够直接、毫无疑义地确定但不存在唯一修正结果的错误采用第一层次的适用结果。此外,欧专局审查指南还补充规定了针对不能直接、毫无疑义确定存在错误的,将字面公开视为现有技术内容。

综上,适用除外规则的两个层次结果在中美欧的专利实务中均有所体现。相比而言,欧专局审查指南的规定最为明晰、完备,对现有技术的除外规则适用指示更加清楚,具有借鉴价值。

五、结语

现有技术是评价专利的基石,而除外规则对于现有技术的认定标准有着重要的调节作用。无论是中国《专利法》强调现有技术的实质在于“技术”,还是欧美专利审查实践中对现有技术“可实施性”的考量,都体现了适用现有技术除外规则的合理性。在此基础上,针对除外规则的适用,中美欧专利实践中不约而同地引入了本领域普通技术人员的角度,又通过成文规定或者判例的形式各自呈现出不同的适用范围和适用结果,这些都为规则适用留出了解释和争辩的空间。

一文了解机器学习类专利申请的权利要求书撰写方式*

王　妮

随着人工智能技术的不断发展,机器学习类专利申请的申请量逐年增加。

近年来,中国已经成为人工智能专利申请的大国,不仅远超第二名的美国,而且人工智能专利申请数量增速也正以超出美国1~2倍的速度高速增长,创新势头迅猛。

在2018年1月至2021年10月,全球新增65万件人工智能专利申请。申请数量最多的国家分别为中国、美国和日本。其中,中国的申请数量已达到44.5万件,占比68.5%。

人工智能的创新目前仍处于非常活跃的阶段,至少在未来的3~5年里还将有更多的人工智能基础技术产生。与此对应的,人工智能专利的申请数量还将持续大幅增长。①

因此,对于专利代理师而言,掌握机器学习类专利申请,尤其是权利要求书的撰写方式成为一门必修课。

当专利代理师在撰写机器学习类专利申请时,可能会遇到应用现有模型的技术方案、同时涉及模型训练过程和应用过程的技术方案,以及需要撰写模型作用机理的技术方案。面对不同类型的技术方案,需要采用不同的撰写方式。基于此,对所能遇到的不同类型的方案的撰写方式进行汇总。

---

* 原文于2022年7月公开发表。

① 智慧芽:《2021年人工智能专利综合指数报告》,载《钱江晚报》2021年12月15日。

一、类型一:应用现有模型

部分机器学习模型已经发展成为能够直接加以利用的成熟模型,还有部分机器学习模型为已经进行了适应性训练的预训练模型。对于此类机器学习模型,权利要求书可以仅对输入和输出结果进行描述即可。

案例一

以 transformer 模型为例的编码模型作为自然语言处理中的一种注意力机制模型,已经被广泛应用在特征深度交叉方面,以期学习出特征的高阶表达。因此,对于此类机器学习模型可以直接应用,并描述对应的输入和输出结果。

专利代理师在面对该案例时,采用了如下描述方式:

将特征向量输入编码模型中,以使编码模型对特征向量进行编码处理得到嵌入向量。

案例二

BERT① 预训练模型是一种经典的以无监督的方式训练而成的语言训练模型,也能够对其直接应用,例如利用迁移学习后的 BERT 预训练模型对病例文本等数据进行校正。

专利代理师在面对相关案例时,采用了如下描述方式:

利用拼写校正模型对所述有效文本进行拼写校正得到校正文本。

不仅如此,还可以进一步对 BERT 预训练模型的迁移学习方式进行描述,例如:

获取正确文本样本和错误文本样本,并利用所述正确文本样本和所述错误文本样本微调预训练的拼写校正模型得到迁移学习后的拼写校正模型。

因此,对于预训练模型,除了描述应用过程之外,还可以对迁移学习的方式进行描述,以在审查意见答复阶段结合预训练模型的优势进行创造性争辩。例如,训练代价较小,配合下游任务可以实现更快的收敛速度,并且能够有效地提高模型性能,尤其是对一些训练数据比较稀缺的任务适用。换句话说,预训练方法可以被视为让机器学习模型基于一个更好的初始状态进行学习,从

---

① 全称为 Bidirectional Encoder Representation from Transformers。

而能够达到更好的性能。

二、类型二:同时涉及模型的训练过程和应用过程

一些机器学习模型具备创造性的内容能够同时体现在机器学习模型的训练过程和应用过程中,因此,可以分别从机器学习模型的训练过程和应用过程两方面撰写,以全面保护两套主题的专利申请。

案例三

支持向量机(Support Vector Machine,以下简称 SVM)是一类按照监督学习方式对数据进行二元分类的广义线性分类器。将已确定的年龄特征与年龄值样本输入 SVM,可以进行人脸年龄识别模型的训练。其中,SVM 的核函数采用线性核函数。通过核函数来进行计算分类,主要用于线性分类,具有参数少和速度快的优点。

专利代理师在面对该案例时,采用了如下描述方式:

(训练模型阶段)一种年龄识别模型的训练方法,其特征包括:

检测并提取待识别图像样本中的人脸的特征点,并预处理所述待识别图像样本,以提取所述人脸的全局特征;

基于所述特征点,提取所述人脸的局部特征,并根据所述全局特征与所述局部特征确定所述人脸的年龄特征;

基于所述年龄特征和年龄值样本,通过支持向量机对年龄识别模型进行训练。

对应地,在应用阶段,预先训练好的年龄识别模型可以是根据年龄特征与年龄值样本训练成的。因此,将已确定的年龄特征输入该年龄识别模型中,可以输出该人脸的年龄值。

(应用模型阶段)一种年龄识别方法,所述方法包括:

检测并提取待识别图像中的人脸的特征点,并预处理所述待识别图像,以提取所述人脸的全局特征;

基于所述特征点,提取所述人脸的局部特征,并根据所述全局特征与所述局部特征确定所述人脸的年龄特征;

将所述年龄特征输入预先训练好的年龄识别模型中,以得到与所述待识

别图像中的人脸对应的年龄值。

根据案例3可以发现,在从机器学习模型的训练过程和应用过程两方面进行撰写的过程中,相同处理步骤的处理过程和对应描述是相同的,因此仅需要对训练过程和应用过程的区别之处简单区分即可。其中,应用过程的区别之处的撰写方式可与类型一相同。

对于类型二所涉及的机器学习模型的训练过程和应用过程,大部分的机器学习模型的区别之处在于训练过程中存在"损失函数"作用。

在损失值不满足预期的情况下,需要对机器学习模型继续进行训练,直至训练完成;在损失值满足预期的情况下,才会进一步到达应用阶段。

换个角度思考,机器学习模型的应用阶段也只不过是"损失值"满足预期的情况。

因此,通过"损失值"这一连接点,即可将类型二中的机器学习模型的训练阶段和应用阶段进行统一。亦即通过一套权利要求书实现对训练阶段和应用阶段的机器学习模型进行保护的效果。

案例四

在训练阶段得到待验证分类向量,可以对该待验证分类向量进行重构,以根据重构损失值确定该待验证分类向量是否为语义分类向量。

在使用阶段得到该待验证分类向量,可以确定该待验证分类向量即为语义分类向量,也就是在重构损失值满足期望的情况下确定待验证分类向量为语义分类向量。

专利代理师在面对该案例时,采用了如下描述方式:

对所述语义文本向量和所述标准分类向量进行全连接处理得到待验证分类向量;

确定与所述待验证分类向量对应的重构损失值,以根据所述重构损失值确定所述待验证分类向量为语义分类向量。

三、类型三:撰写模型的作用机理

对于案例一,换个角度思考,编码模型只是实现编码处理的一种方式。其中,"实现编码处理"才是主要目的。

对此进行引申，在权利要求书中的撰写中，具体的机器学习模型显然并非“必选项”，因此，可以通过描述机器学习模型的作用机理的方式，以使机器学习类专利申请“摆脱”机器学习模型的束缚，以使专利申请文件更加技术化、细节化和范围扩大化。

案例五

映射处理可以利用word2vec模型对关联文本进行处理实现，但是，可以通过对映射处理这一处理过程的描述“省去”对word2vec模型，甚至上位的词向量生成模型的限定。

专利代理师在面对该案例时，采用了如下描述方式：

获取原始文本，并对所述原始文本进行分词处理得到关联文本；

对所述关联文本进行映射处理得到关联文本向量。

在此过程中，并未提及word2vec模型，而是对word2vec模型所实现的映射处理的目的进行限定。可以发现，采用这种方式之后，专利代理师省去了对机器学习模型的上位过程，而是转变成对具体的机器学习模型的作用机理的学习和掌握，各有优劣。专利代理师在实际工作过程中，可以根据具体方案或者不同客户采取对应的处理方式。

四、总结

综上，对于应用现有模型的技术方案，可以采用直接描述输入和输出结果的方式。当该现有模型为预训练模型，会在不同领域存在对应的迁移学习过程，还可以根据实际情况对迁移学习过程进行描述。

对于同时涉及机器学习模型的训练过程和应用过程的技术方案，可以分别从训练过程和应用过程两方面进行撰写，全面保护技术方案的不同主题。除此之外，因为节省权项或其他原因，还可以通过“损失值”将机器学习模型的训练过程和应用过程统一描述，实现一个权项同时保护训练阶段和应用阶段的机器学习模型的目的。

对于涉及机器学习模型的作用机理的技术方案，可以通过描述机器学习模型的作用机理的方式省去对机器学习模型的上位和限定，从而起到扩大专利申请文件的保护范围的效果。

一文详解发明专利申请中申请文本、公开文本、授权公告文本的作用*

宋晓宝

我国对发明专利申请实行早期公开、延迟审查制度，因此，一件发明专利申请从申请到授权的过程中，通常会存在申请文本、公开文本、授权公告文本，而各个文本起到不同的作用。

一、申请文本

申请文本是申请人在向国家知识产权局提出专利申请时提交的文本，专利申请一旦被受理后，国家知识产权局便会给出申请日和申请号。

根据《专利法实施细则》第 51 条：发明专利申请人在提出实质审查请求时以及在收到国务院专利行政部门发出的发明专利申请进入实质审查阶段通知书之日起的 3 个月内，可以对发明专利申请进行主动修改；申请人在收到国务院专利行政部门发出的审查意见通知书后对专利申请文件进行修改的，应当针对通知书指出的缺陷进行修改。

但是，上述修改必须满足《专利法》第 33 条的规定："申请人可以对其专利申请文件进行修改，但是，对发明和实用新型专利申请文件的修改不得超出原说明书和权利要求书记载的范围，对外观设计专利申请文件的修改不得超出原图片或者照片表示的范围。"

---

* 原文于 2022 年 8 月公开发表。

而申请文本是原始提交的文件，其所显示的范围是作为判断修改是否超范围的客观依据。

另外，在申请日与公开日之间，由于申请文本始终处于保密状态而并未公开，基于公开换保护的原则，此期间并不会给予专利申请以专利权的保护。

二、公开文本

公开文本是指国务院专利行政部门收到专利申请后，经初步审查认为符合《专利法》要求后所公开的文本，公开文本上标注公开号和公开日。

公开文本从公开日起可以作为《专利法》第 22 条第 5 款所称的现有技术。

另外，根据《专利法》第 13 条，“发明专利申请公布后，申请人可以要求实施其发明的单位或者个人支付适当的费用”。即对于发明专利申请而言，在从发明公开日起至发明专利授权公告日之间，处于临时保护阶段，在临时保护期内实施该发明的单位或者个人应当向权利人支付适当的使用费。但权利人向实施者要求支付适当的使用费的前提是，被诉技术方案同时落入发明专利申请公布时申请人请求保护的范围和发明专利公告授权时的专利权保护范围。

三、授权公告文本

授权公告文本是指发明专利申请经过实质审查没有发现驳回理由，由国务院专利行政部门作出授予发明专利权的决定并予以公告时所公布的文本。

根据《专利法》第 42 条，“发明专利权的期限为二十年，实用新型专利权的期限为十年，外观设计专利权的期限为十五年，均自申请日起计算。自发明专利申请日起满四年，且自实质审查请求之日起满三年后授予发明专利权的，国务院专利行政部门应专利权人的请求，就发明专利在授权过程中的不合理延迟给予专利权期限补偿，但由申请人引起的不合理延迟除外。为补偿新药上市审评审批占用的时间，对在中国获得上市许可的新药相关发明专利，国务院专利行政部门应专利权人的请求给予专利权期限补偿。补偿期限不超过五年，新药批准上市后总有效专利权期限不超过十四年”。该规定给出了保护期限届满日(终点)的计算方法(从申请日起算),并没有给出保护期的起点日。但根据《专利法》第39条,发明专利权自公告之日起生效。根据该规定,应以授权公告日作为专利保护期的起点。

另外,由于发明专利申请从授权公告日起正式被授权,受到全面保护。但是,发明专利公告授权后,未经专利权人许可,为生产经营目的使用、许诺销售、销售在临时保护期内已由他人制造、销售、进口的产品,且该他人已支付或者书面承诺支付《专利法》第13条规定的适当费用的,对于权利人关于上述使用、许诺销售、销售行为侵犯专利权的主张,人民法院不予支持。

申请文本是最原始的文本,公开文本可能对申请文本进行了修改,而授权公告文本是在审查过程中可能又作了修改而形成的,这些修改以及意见陈述等就会形成该专利申请的历史档案的一部分,在解释权利要求的保护范围中作为内部证据发挥重要作用。

中国外观设计专利中的参考图*

黄　艳

中国外观设计专利相对于发明专利和实用新型专利是较为独特的一种专利类型。众所周知,外观设计专利最为核心的法律文件之一就是外观设计图片或者照片。而参考图作为一种特殊的图片或者照片,被较为广泛地应用于外观设计专利中,但是其法律地位的定位一直存在争议。本文试图基于相关规定和案例就参考图的法律地位进行探讨。

一、有关外观设计图片或者照片的法律地位的相关规定

根据2021年6月1日起实施的《专利法》(第四次修正)第27条:"申请外观设计专利的,应当提交请求书、该外观设计的图片或者照片以及对该外观设计的简要说明等文件。申请人提交的有关图片或者照片应当清楚地显示要求专利保护的产品的外观设计。"

《专利法》第64条第2款规定:"外观设计专利权的保护范围以表示在图片或者照片中的该产品的外观设计为准,简要说明可以用于解释图片或者照片所表示的该产品的外观设计。"

现行《专利法实施细则》第27条第2款规定:"申请人应当就每件外观设计产品所需要保护的内容提交有关图片或者照片。"

可见,《专利法》和《专利法实施细则》均明确了作为外观设计专利的必要

* 原文于2022年1月公开发表。

文件之一的外观设计图片或者照片的法律地位，即用于确定外观设计专利权的保护范围。但是，在法律法规的层面上，并没有对外观设计图片或者照片进一步进行细分，亦即没有对外观设计图片或者照片的具体表现形式及其对应的法律性质给予区别性的规制。实践中，并非所有视图无一例外地都可以用于确定权利的保护范围，如“参考图”。

二、外观设计专利对外观设计图片或者照片的一般性要求

外观设计专利中，若要对某外观设计产品的整体或局部进行保护，对所提交的图片或者照片的数量并无限制，通常达到清楚展现所要保护的产品的外观设计之目的即可；并且，申请人可以根据所要保护的产品的具体情况采用合适的附图表现形式。例如，对于三维产品而言，除了六面正投影（主、后、左、右、俯、仰视图）以及立体图之外，在必要时可以采用展开图、剖视图、剖面图、放大图、变化状态图、参考图等，以实现对产品设计的清楚表达和信息披露。

对线条图而言，需要符合中国技术制图和机械制图国家标准中有关正投影关系、线条宽度以及剖切标记的规定等。

而对照片而言，除了要遵循正投影规则之外，还需要确保照片清晰，背景单一，无强光、反光、阴影、倒影等，通常还要避免包含内装物或者衬托物等。

除了线条图和照片之外，外观设计申请也可以采用渲染图，其可以被看作介于线条图与照片之间的一种附图表现形式，也需要满足上述与线条图和照片相关的规定。

三、“外观设计图片或者照片”中有关“参考图”法律地位的依据和来源

参考图作为外观设计专利中使用的一种特殊类型的视图，其与用于确定保护范围的其他正式视图不同，可以不受上述一般性要求的严格限制，参考图既可以展示要保护的产品本身，也可以包含要保护的产品本身之外的内容。实践中，参考图的使用较为自由、形式多样，而其审查通常也比正式视图更为宽松。

根据我国《专利审查指南》相关规定，“申请人可以提交参考图，参考图通常用于表明使用外观设计的产品的用途、使用方法或者使用场所等”；“对比

设计所公告的专利文件含有使用状态参考图，即使该使用状态参考图中包含有不要求保护的外观设计，也可以将其与涉案专利进行比较，判断是否为相同或者实质相同的外观设计”。

《专利审查指南》将参考图作为一种特殊的视图作出了以上所述的说明，但是其采用的措辞“通常用于”“也可以”等所传达的信息却是含糊的、不全面的，使参考图在法律地位的认定上并不明确。目前主流的认知是，参考图不同于正式视图，由于通常用于表明产品用途、使用方法或者使用场所，而经常用于协助进行外观设计的分类。并且，根据提交参考图的不同目的，有的参考图展现的是所要保护的产品设计本身，而有的参考图则不仅包含了所要保护的产品本身，而且还包含了所要保护的产品之外的其他元素；另外，基于目的的不同，可以采用不同的视图命名，例如，使用状态参考图、变化状态参考图、分解状态参考图、组合状态参考图、通电状态参考图等，而且也可以采用阴影线、指示线、尺寸线、文字标注等在正式视图中一般禁止出现的绘制内容。原则上，参考图中超出其他正式视图所显示的内容不属于外观设计保护范围。

北京市高级人民法院发布的《专利侵权判定指南(2017)》明确规定，“参考图通常用于表明使用外观设计的产品的用途、使用方法或者使用场所等，不能用于确定变化状态产品外观设计专利的保护范围”。

北京市高级人民法院所确定的裁判规则明确指出，对于具有变化状态的外观设计产品，参考图不能用于确定其外观设计专利权的保护范围。换言之，产品可以有两种以上的变化状态，而只有正式视图展示的状态是申请人希望保护的，“参考图”顾名思义仅仅是用于参考。可以说，在变化状态产品外观设计专利的保护范围的认定方面，北京市高级人民法院在一定程度上给出了参考图基本上不具备与其他视图同等法律地位的意见。

最高人民法院《知识产权案件年度报告(2018)摘要》提到，使用状态参考图在特定情况下对于外观设计专利权保护范围的确定具有限定作用。在不考虑使用状态参考图对外观设计专利权保护范围的影响，会与外观设计的简要说明发生明显抵触的情况下，人民法院在确定外观设计专利权的保护范围时应当考虑使用状态参考图。

2019 年 12 月国家知识产权局出台的《专利侵权纠纷行政裁决办案指南》

明确指出，确定外观设计专利权的保护范围时，应以正投影视图、立体图、展开图、剖视图、剖面图、放大图以及变化状态图等确定外观设计的形状、图案或色彩内容（剖视图、剖面图表达的内部结构除外），参考图通常表示产品用途、使用方法或者使用场所，从产品种类角度确定外观设计专利权的保护范围。参考图中包含的其他视图中未表示的内容应予排除，参考图与其他视图表示的内容有差异的，应以其他视图表示的内容为准。除参考图以外的其他视图用来确定外观设计专利的形状、图案或色彩。当依据产品的名称、分类号、产品的基本视图不能确定产品的种类时，产品的其他视图，特别是使用状态参考图也为确定外观设计产品的种类提供了重要依据。

可见，随着司法实践的发展，出现了关于“参考图”不同的裁判声音，亦即在确定外观设计专利权的保护范围时，在某些情形下，使用状态参考图应当予以考虑，而不是完全不予理会。

从以上陆续出台的文件可以看出，参考图的法律地位目前实际上是没有明确的法律规定的，并且在一定程度上存在争议。而在具体案件的实务处理中，专利行政机关和法院很可能会基于各自审理的案件的具体情况，酌情考虑参考图在该案件中的地位和作用。

下面通过列举几件有趣的案例来说明“参考图”在实际案件中的考量和认定情况。

四、与“参考图”相关的案例回顾

1.“沙发床（普士）”案

该案为一件较为早期的关于沙发床的外观专利无效案，专利复审委和一审法院在确定外观设计专利保护范围时，均认为应将使用状态参考图排除于专利保护范围之外，二审判决①支持了无效决定②和一审判决③中的上述观点。

在本案中，二审法院认为，使用状态参考图通常仅用于理解被比设计的使用方法或者用途以确定产品类别，不应当作为判断是否与在先设计相同或相

① 参见北京市高级人民法院行政判决书，（2008）高行终字第10号。

② 参见专利复审委员会第8896号无效决定。

③ 参见北京市第一中级人民法院行政判决书，（2007）一中行初字第97号。

近似的依据。就本专利权而言,其主视图、俯视图、左视图、仰视图所表示的产品为一张床,因此,本专利的保护范围即为这些视图所展示的床的外观设计。(如图1所示)虽然从本专利的名称"沙发床"以及本专利所示的使用状态参考图可知,本外观设计专利的产品可以具有沙发和床两种使用状态,但其沙发状态的部分视图仅出现在"使用状态参考图"中,并未以"主视图、后视图、左视图、右视图、俯视图和仰视图"之类的视图形式出现,因此,应当理解为申请人在提出本专利申请之时并不要求保护该外观设计产品作为沙发的外观设计。

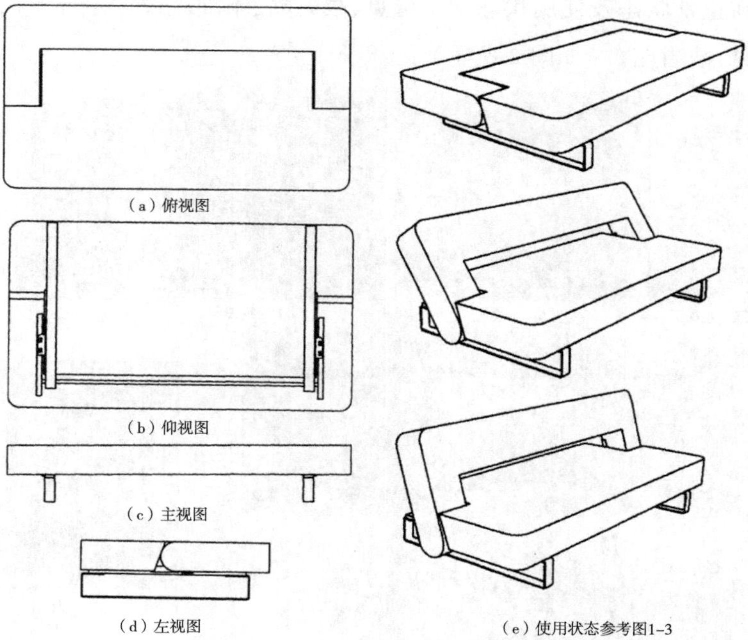

图1 "沙发床(普士)"案中涉案专利的附图

另外,本案还明确,当变化状态产品的外观设计作为被比设计时,对其变化状态的比较应以"使用状态图"为准。"使用状态参考图"中可以出现外观设计专利保护范围之外的形状、图案或色彩;而"使用状态图"中则禁止出现外观设计专利保护范围之外的形状、图案或色彩。两者虽然具有一词之差,但是具有不同的功能。

可以说，本案从专利复审委到一审法院再到二审法院，三方对于外观专利中的参考图在确权程序中的法律定位和价值达成了共识，参考图不应作为专利权保护范围的部分进行考虑。

本案非常重要的意义在于，在确权程序中，明确不将参考图纳入外观设计专利权的保护范围的观点，从一定程度上维护了社会公众的信赖利益。

2.“电动伸缩门（欧雷克斯豪华型Ⅰ）”案

该案为一件外观专利侵权案。涉案专利由主视图、后视图、左视图、右视图、立体图以及两幅使用状态参考图构成，且简要说明明确记载：本外观设计仰视图在正常状态及使用状态均不可见，故省略；本外观设计俯视图在正常状态不可见，故省略。（如图2所示）

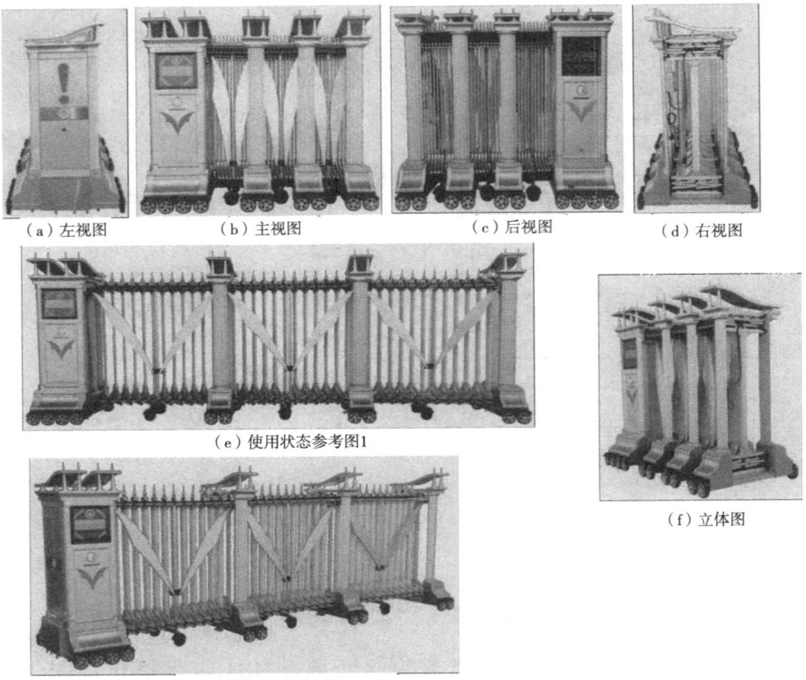

图2 “电动伸缩门（欧雷克斯豪华型Ⅰ）”案中涉案专利的附图

本案中涉及的被诉侵权产品共有两款，专利权人提供的证据中，被诉侵权产品仅有主视图视角和左视图视角下的设计特征可见。

一审法院[①]认为:在涉案专利的外观设计系由主视图、后视图、左视图、右视图和立体图等多视角下的设计特征共同确定的情况下,仅以现有的被诉侵权图片与专利进行比对,无法得出被诉侵权产品与涉案专利外观设计相同或者近似的结论,故作出不构成侵权的认定。

二审法院[②]支持一审的认定,并认为,涉案专利的保护范围应当依据其主视图、后视图、左视图、右视图和立体图确定,使用状态参考图 1 和使用状态参考图 2 不属于确定其保护范围的依据。在此基础上,应将被诉侵权产品的外观设计与由涉案专利的主视图、后视图、左视图、右视图和立体图进行比对,判断二者是否相同或相近似。

再审法院[③]撤销了一审、二审判决,指出:参考图是否会影响外观专利的保护范围不能一概而论,简要说明对于外观设计专利权的保护范围具有解释作用,应当结合简要说明的内容与专利文件的各图片,综合理解专利保护范围。涉案专利的简要说明表明涉案专利产品具有"正常状态"和"使用状态"两种不同的形态。而涉案专利的主视图、后视图、左视图、右视图、立体图显示的是电动伸缩门在收缩状态下的外观设计,仅有状态参考图 1、2 显示电动伸缩门在展开状态下的外观设计。一般消费者结合简要说明、附图以及涉案专利名称,可以清楚地理解涉案专利产品为状态可以变化的产品,使用状态参考图 1、2 表示的即为展开状态下的产品外观设计。如果不考虑使用状态参考图 1、2 对涉案专利权保护范围的影响,会与涉案专利简要说明发生明显抵触。综上,在使用简要说明解释图片所表示的产品外观设计的基础上,在确定涉案专利权的保护范围时应当考虑使用状态参考图 1、2 中的内容。并且一般消费者基于此类产品的特点,以及被诉侵权产品展开状态下的正面、侧面设计,能够合理推定被诉侵权产品的收缩状态和背面设计,且此种事实推定已经达到"具有高度可能性"的程度。经比对,两款被诉侵权产品中的一款落入涉案专利的保护范围,构成侵权。

该案打破了既有的参考图不作为外观设计专利的保护范围的考虑因素的

---

① 参见广州知识产权法院民事判决书,(2015)粤知法专民初字第 589 号。
② 参见广东省高级人民法院民事判决书,(2015)粤高法民三终字第 662 号。
③ 参见最高人民法院民事判决书,(2018)最高法民再 8 号。

思维惯性，通过结合一般消费者的基本认知以及外观专利简要说明传达的设计信息，作出了综合判断，提出在某些特定的情况下在考虑保护范围时需要考虑使用状态参考图。可以说，本案在“参考图”的法律地位上尝试了一定程度的突破，并入选最高人民法院《知识产权案件年度报告(2018)摘要》。

3.“带有图形用户界面的跑步机”案

该案为一件外观专利无效案。涉案专利共包括26幅视图，其中的7幅是跑步机的产品视图(主视图、后视图、左视图、右视图、俯视图、仰视图以及立体图)，以及其中的19幅是界面变化参考图，其简要说明明确指出：本外观设计产品的设计要点在于形状以及显示屏中的图形用户界面内容。(如图3所示)

(a) 立体图　(b) 界面变化参考图1　(c) 界面变化参考图19

图3 “带有图形用户界面的跑步机”案中涉案专利中的附图

本案中，复审委认定：结合涉案专利的产品名称以及简要说明中记载的上述关于涉案专利的设计要点和图形用户界面的相关内容，涉案专利要求保护的内容明确清楚表示为完整的包括图形用户界面的跑步机外观设计，其19幅“界面变化参考图”明显为视图名称标注瑕疵，实际应理解为要求保护的界面设计视图。因此，合议组综合考虑涉案专利申请文件认为，涉案专利要求保护的设计为由其六面正投影视图、立体图和19幅界面变化参考图共同表示的跑步机及其显示屏的图形用户界的外观设计。

本案的决定是在“电动伸缩门(欧雷克斯豪华型Ⅰ)”案之后作出的。可见，参考图有可能由于命名不当而被认定为正式视图。看来，参考图的实际作用要根据个案情况，全面地、综合地加以判断。

4."调味罐"案

该案为一件外观专利无效案,其对比设计为一篇在涉案专利的申请日之前申请但在涉案专利的申请日之后公开的在先的中国外观专利文献,在该对比设计中披露有参考图。

在本案中,复审委指出,对比设计显示了组件1至组件4可与组件5相分离,其组合状态参考图示出了一种组件1至组件4与组件5组合后的排列方式,但是可以设想组件1至组件4与组件5组合的顺序可以有多种,其中应包含与涉案专利同样的排列方式,在此情况下,对比设计将呈现与涉案专利完全相同的视觉效果。因此,涉案专利与对比设计属于相同的外观,对比设计构成涉案专利的抵触申请。

就本案而言,判断作为对比设计的在先申请是否构成涉案专利的抵触申请时,是以在先申请文件的全部内容作为判断依据的。虽然在先申请文件中的参考图不属于在先申请的保护范围,但在与涉案专利进行对比时,参考图被予以考虑。(如图4、图5所示)

(a)主视图

(b)立体图

图4 "调味罐"案中涉案专利的附图

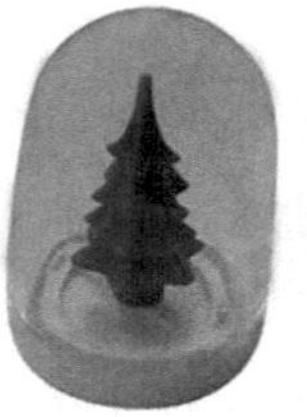

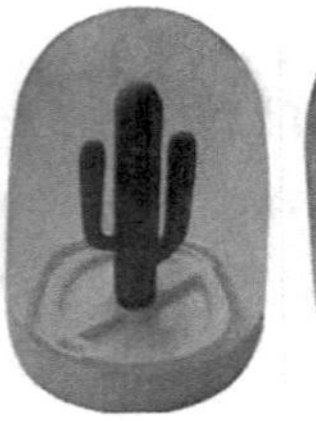
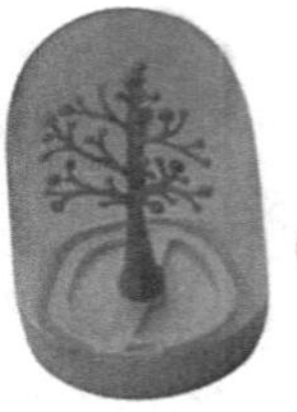
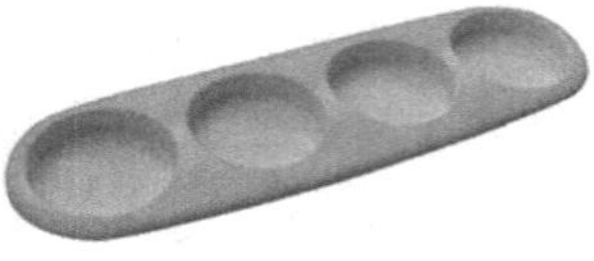

（e）组件5立体图

（a）组件1立体图 （b）组件2立体图 （c）组件3立体图 （d）组件4立体图

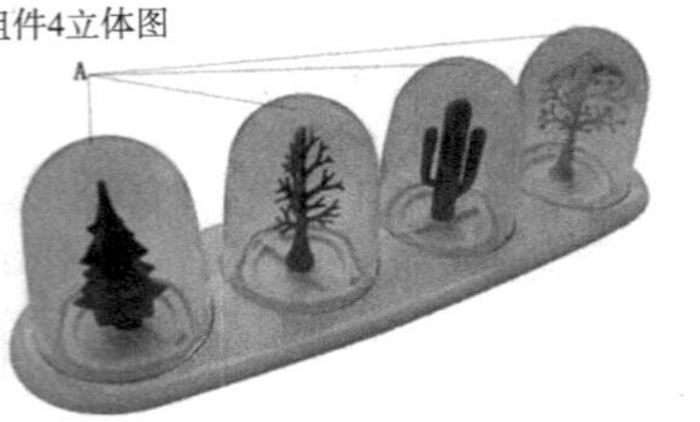

（f）组合状态参考图2 （g）组合状态参考图1

图 5 “调味罐”案中所引证的抵触申请的附图

5.“把手(HB9169G)”案

该案为一件外观专利侵权案,其与前面所述的“调味罐”案在“参考图”(如图 6 所示)的使用上具有异曲同工之效。

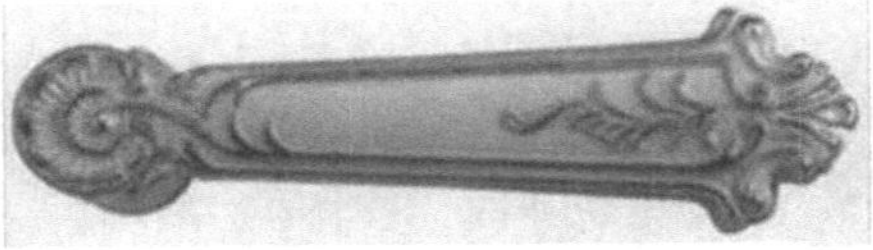

（a）左视图 （b）主视图 （c）右视图

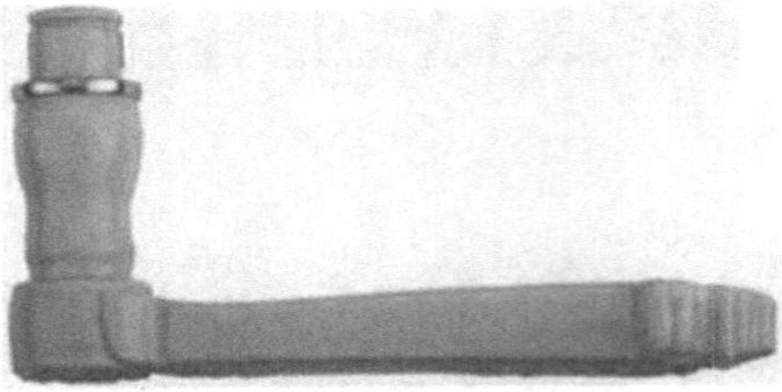

（d）俯视图

图 6 “把手(HB9169G)”案中涉案专利的附图

在本案中,被诉侵权人提出了一篇在涉案专利的申请日之前申请但在涉案专利的申请日之后公开的在先中国外观专利文献,作为抵触申请。该抵触申请中的使用状态参考图和被控侵权产品经比对被认定为实质相同(如图 7 所示),最终被诉侵权人以该抵触申请中的设计方案作为不侵权抗辩的主张成立,故侵权不成立。本案以抵触申请作为不侵权抗辩的主张获得了一审①、二审②以及再审③的支持。

（a）左视图（b）右视图 （c）主视图 （f）使用状态参考图

图 7 “把手(HB9169G)”案中引证的抵触申请的附图

以笔者看来,抵触申请的立法本意主要是体现先申请原则,同时避免重复授权。虽然“参考图”并不必然被认定为该抵触申请保护范围的一部分,但是其披露的信息却是抵触申请实实在在存在的内容,基于先申请原则的考量,可以破坏在后申请的新颖性。

五、行政和司法实践对申请阶段使用“参考图”的启示

通过以上案例的回顾,外观专利中命名为“参考图”的视图在某些情形下具有与其他正式视图同等的法律地位。

在通常情况下,参考图应该是专利权人未将其列入专利保护范围的视图,

---

① 参见上海市第一中级人民法院民事判决书,(2014)沪一中民五(知)初字第 20 号。

② 参见上海市高级人民法院民事判决书,(2014)沪高民三(知)终字第 52 号。

③ 参见最高人民法院民事裁定书,(2014)民申字第 1772 号。

致使参考图中展示的未通过正式视图给予保护的产品设计很大概率会被视为贡献,亦即不作为保护范围的一部分,不具有约束第三方的法律效力。但是,以参考图命名的视图的法律地位并非一成不变,应视案件的具体情况,结合案件中的其他信息,进行综合判断。

以笔者看来,"参考图"的设立本意还是供参考之用,并不是用来限定外观设计的保护范围,其作为原始公开的一部分,可以对抗第三人就相同或实质相同的设计在后获得权利,只有在特定的情形下,参考图才具有正式视图的法律地位。为此,笔者建议,在已明确正式视图所要保护的范围的情况下,可以在以下(并非穷举)情形中酌情考虑使用"参考图":

(1)需要表明外观设计产品的用途、使用方法、使用场所、使用场景等;

(2)需要展示所要保护的外观设计之外的元素和内容;

(3)需要对产品的特殊部位进行展示或说明;

(4)需要对产品的特殊材质进行说明;

(5)对于具有变化状态的产品,希望展示变化的过程或趋势,但是不希望保护这些变化过程或趋势呈现的状态;

(6)GUI 申请中由于界面中的内容画面采用色块等方式表达,而需要通过参考图来展示具体界面以便于理解;等等。

总之,为了防止视图名称使用不当导致的不利后果,对于创新主体而言,不要忽略或者轻视参考图的法律意义和现实作用。在外观设计申请时需要理性地确定好申请策略,明确期望获得的保护范围,正确使用视图命名,必要时布局好"参考图"需要披露的信息,以便在今后的确权和侵权程序中达到事半功倍的效果。